刘国光

经济论著全集

（社会主义市场经济的完善与发展时期的反思 2009——2016年）

第 17 卷

知识产权出版社
全国百佳图书出版单位

目　录

劉國光

对当前宏观经济形势和扩大内需问题的一些思考[*]

——2009年2月7日在中国宏观经济学会会长顾问会上的发言

（2009年2月7日）

去年4月13日在中国宏观经济学会会长顾问会上，讨论经济形势，当时宏观经济政策还是"双防"，我提出宏观调控近两三年的任务，把经济增长由2007年的11.9%逐步回调到潜在增长率8%~9%，把物价由当时的7%~8%逐步调整到正常的物价波动区间，即正3%以下，负2%以上。（详见《关于近期宏观调控目标的一点意见》，《中国经济报告》2008年5月刊）

没有想到经济形势变化很快，只经过八九个月，GDP增速就由2007年的13%降为2008年的9%，第四季度降到同比增长6.8%。物价也很快地从2008年2月份同比上涨8.7%，落到2009年1月同比上涨1%。

我想主要原因是没有正确估计美国次贷金融危机的严重性。去年9月美国经济急转直下，影响我国外贸猛降，与国内房地产周期演变重叠，从而导致工业和投资下降，造成经济迅速下行趋势。前期宏观调控采取适度从紧政策，从国内周期运行来看当时还是必要的，对稳定经济也起了一定的作用，不是引起经济急剧

---

* 原载《中国经济报告》2009年第2期。

下降的主要因素。适应经济变化，宏观政策调整为积极的和比较宽松的，也是及时必要的。

去年经济总的形势，与世界各国相比，9%的GDP增长速度可以说还是"较快发展"，但经济增速和物价指数降的幅度都很大。冷静地说不是平稳而是大落。这是前期大起的自然反应，毋庸讳言。但是与世界美欧日等经济体比，还可以说是"相对平稳"，一枝独秀。

经济下行虽然急了一些，但还是符合我们宏观调控大方向的。我们就是要把超过资源能源环境和人民大众承受能力的过高速度降到潜在的增长速度，把明显的通胀率降到正常的物价波动区间。这样降下来，才有调整失去平衡的结构的空间，才有调整增长方式和发展方式的余地。

今年的经济走势，中外有多种预测。2009年GDP的年速，预测高到9%~10%的也有，低到5%~6%的也有。多数人认同保8%的目标。今后的走势，是L，是U，还是V，有不同看法。企望出现V形走势，是否探底以后重新起飞再上高速度？那结果是重蹈资源能源环境承受不了，积累消费比例失调的局面。所以V形走势并不一定是一个良好的愿望。

今后的经济走势，看来如果没有积极的和比较宽松的宏观政策的介入，按照钟摆摆动的原理，以潜在增长率为轴点，GDP的年增率将从2007年的13%的高度，下滑到潜在增长率8%~9%，达到年度4%~5%或更低一点，才能探底。但是有了积极的和适度宽松的宏观政策的介入和支持，可以弥补一部分出口和投资的下降，探底就可以缓于钟摆的自然摆动，在略低于潜在增长率即在6%~8%之间达到谷底。探底以后，情况怎样呢？最好是不要出现V形走势，重新起飞向过热发展。最好出现的是L形走势，但是这个L形的底部横线要略微上翘，紧贴围绕潜在增长率8%~9%水平的附近，上下波动。如果达到这样的调控结果，我们就能争取到从容地调整结构、调整增长方式、发展方式的时间和空间。能不能做到，不能完全靠市场调节，同时要靠国家计划的调控。

我们现在要进行的结构调整任务很繁重。当前形势逼迫我们非做不可的是外需型经济转向内需型经济。一个像我国这样多人口的大国，发展经济靠2/3的外贸依存度，36%的出口依存度来支撑，是十分不安全的，是不能持续的，这次危机已充分地证明了这一点。转向内需为主，是唯一的出路，也是大家一致的共识。

但是国内需求，包括投资需求和消费需求，又应该是哪个为主？

这些年，事实上投资一直上升得快，消费上升得慢，固定资产投资率已从2000年的35.3%上升为2007年的42.3%，最终消费从62.3%下降为48.8%，其中居民消费从46.4%下降为35.4%，政府消费从15.9%下降为13.4%。这种趋势也是不能长久持续的。因为投资需求除了转化为工资的少量部分，其余大部分都是对生产资料的中间性需求。投资最后的产出供应能力，要靠最终消费需求来消化。

那么我们这次扩大内需促进增长的十项重大措施中，近两年4万亿元的中央为主导的投资计划，资金的投向主要是铁路、公路、机场、电站、电网等基础设施，而与民生消费有关的项目虽然名目不少，但不占主要比例。而2009年全国的20万亿元全社会固定资产投资，则比2008年继续增长20%，其占GDP的比重比上年又有上升。这样就不可避免地延续投资与消费比例偏颇，从而带来供给与需求的进一步失衡。在扩大内需中，投资需求的扩大是比较容易的，许多地区都在追求"大干快上"。但是更需要我们操心的是消费需求的比例上不去。如果消费比上不去，就是说最终消费需求上不去，那内需问题的解决仍是困难的。

扩大最终消费需求，有许多角度、侧面、途径，如就业、社保、税收减免、市场营销等，各方面都在研究思路、对策，都很重要。其中最重要的一个方面，就是国民收入的分配，还缺少考虑。

国民收入初次分配是V：M的关系，最终分解为国家、企业和居民收入。若干年来，V：M的变动趋势很明显，劳动收入的比重在下降，资本收入的比重在上升。国家、企业、居民三者关系是国家、企业收入比重在上升，居民收入比重在下降。比如1997—2007年，我国GDP增长234%，财政收入增长490%，同期城乡居民人均收入分别增长167%和98%。2007年江苏省一个全国最好的电器工厂调查，这个企业年上缴税收两个多亿元，工资支出只7000万元，企业净利润两个亿元。这种分配关系，显然不利于居民最终消费需求。当然，国家的财政收入中，有一部分转化为政府提供的公共服务的消费支出。但这部分服务的支出在GDP中的比重，这几年也是有下降的。

与上述现象相关联的一个重要情况，就是在居民收入部分，贫富差距扩大得很快，表现收入差距的基尼系数，30年来已从0.29上升到近年的0.47，大大超过国际警戒线。这尤其不利于居民最终消费需求的实现。因为富者的边际消费倾向低，贫者消费倾向虽然高，但没有钱不能多消费，而低收入的贫者在居民中又占多数，这样就把总的社会平均消费倾向拉下来，把最终的有效消费需求拉低。

所以要扩大居民最终消费需求，最重要的一条是缩小贫富差距，提高中低收入者特别是贫困户的收入，提高劳动收入在国民收入中的比重。

造成贫富差距扩大的原因很多，许多学者指出，有城乡差距、地区不平衡、行业垄断、公共产品供应不均、财税再分配调节落后以及腐败等。所以在调整收入分配差距时，要从多方面入手。人们往往从财政税收、转移支付等再分配领域入手，如完善社会保障、改善低收入者的民生状况等，这些措施都是完全必要的，而且我们现在也开始这样做了。但是仅仅依靠财税再分配是不够的，不能从根本上扭转贫富差距扩大的趋势。

决定收入差距扩大的最重要的影响要素，是人们财产占有上的差别，即所有制的差别。这连西方经济学家萨缪尔森也承认，"收入差别最主要是拥有财富多寡造成的，和财产差别相比，个人能力差别是微不足道的"。又说，"财产所有权是收入差别的第一位原因，往下依次是个人能力、教育、培训、机会和健康"。30年来我国贫富差距的扩大，除了上面所言的一系列原因外，跟所有制结构的变化，跟公降私升和化公为私的过程，跟私人资本财富积累暴富演进的过程，是不是有关？应当说，有很大的关系。如果不看到这一点，就忽略了造成贫富差距扩大的最主要原因。

所以，不但要从财税再分配和其他途径来缩小收入差距，最重要的是从所有制结构，从财产制度直面这一问题，这样才能从根本上阻止贫富差距的扩大和两极分化的趋势。这就是邓小平所说的："只要我国经济中公有制占主体地位，就可以避免两极分化。"

结论就是：要扩大内需，就必须扩大最终消费需求，要扩大最终消费需求，就必须增大居民收入在国民收入分配中的比重，并且缩小居民收入中的贫富差距，同时扩大政府提供公共服务的消费支出。要根本缩小贫富差距、两极分化，就必须坚持公有制经济为主体和按劳分配为主的宪法原则。

附文：
不宜期望中国出现V和U型走势[*]

今年2月7日在中国宏观经济学会会长和顾问会上，我对今后我国经济走向，会出现一种什么形式，表示了不赞同V和U，而主张L形走势的意见，但L形底部横线，将是从目前6％或更低增率的低谷，略微上翘，紧贴围绕我国潜在经济增长率7％~8％水平线附近，上下波动。我坚持这个看法。

这次世界资本主义经济危机，把社会主义的中国也卷进去，固然是不幸，但在一定意义上未尝不是好事。它提前将我国从高速猛进的快跑急冲中拉回来，符合我国宏观调控的大方向。中央政府制定的"十五"规划增长率就是7％，"十一五"规划增长率就是7.5％。10％以上的增长，不是国家的预期。我们应当尽最大努力，把超过我国资源、环境和人民大众承受能力的过高速度，降到合理的增长速度，以获得调整不平衡的经济结构（内需与外需、消费与投资）的空间，和调整经济发展方式（粗放与集约、发展与资源环境）的余地。人们预测或设想V形或U形走势，无非是表达了一种期望，就是经济重新由低速走向高速。V和U的区别，只在于曲线底部的时间长短。两个曲线的两端都持平，意在复苏繁荣之后，达到危机萧条前的高速顶峰。这种期望的不现实之处，就是它势必使我国的发展方式继续停留在依赖投资和外需拉动，经济结构继续停留在内需与外需、投资与消费、增长速度与资源环境严重失衡的状态。而事实已经证明，经济增长主要依靠外部需求和投资需求而不依靠内部最终消费需求，是不能长期持续的。转变发展方式、调整经济结构是保持国民经济

---

* 刊于《中国宏观经济学会通讯》2009年第2期，6月16日。

持续发展的唯一出路。只有在合理的增长速度条件下，才能为调整经济结构和转变发展方式以必要的空间和余地。

我国经济今后的发展不宜再追求高速，而要以潜在增长速度为目标。就目前的条件来说，我国潜在增长速度为7%~8%，这在中国是一个"中速"，但在世界却是一个"高速"。我们应当珍惜这个速度。不要再以两位数以上的速度为正常现象和实际的追求目标。

要做到这点，在经济运行体制机制上，不能完全靠市场调节，也不能完全靠计划调节，而要发挥市场在资源配置中基础性作用的同时，加强国家计划在宏观调控中的导向作用。强调全国一盘棋，中央和地方朝着一个目标前进，是时候了。

当前世界经济危机中中国的表现与
中国特色社会主义模式的关系*

（2009年3月31日）

当前世界经济危机是20世纪30年代世界经济危机以来最严重的一次世界经济危机，我们不能仅仅从体制运作层面来寻找危机的原因，还要从资本主义制度的本质层面，寻找它的深刻根源。这次危机表面上是金融危机，但本质上同历次资本主义经济危机一样，是生产过剩的周期性危机。这次生产过剩的特点，即由于经济全球化的发展，除了发达国家自身一些产品，如房屋、汽车等生产过剩外，还包括流通领域各种金融产品的过剩，形成虚假的购买力，刺激了发展中国家为发达国家提供廉价产品，造成一些发展中国家严重的生产过剩。这次危机的根本原因是资本主义的基本矛盾，即生产的社会化与生产资料的私人占有之间的矛盾。它表现为各个企业内部的有组织性与整个社会生产的无政府状态之间的矛盾，生产无限制的扩大趋势与劳动人民有支付能力的需求相对不足之间的矛盾，从而引发周期性生产过剩的危机。

社会主义经济体受到为满足人民需要而生产的目的和有计划按比例发展等规律的支配，本质上没有资本主义经济那样的矛

---

* 本文是作者2009年3月31日在中华外国经济学说研究会、中国《资本论》研究会、首都经济学家论坛、教育部社科中心联合召开的"国际经济危机与发展中国特色社会主义"学术研讨会上的发言。

盾，所以理论上不会发生周期性的生产过剩危机。20世纪30年代世界经济危机发生的时候，第一个社会主义国家苏联就是一个例子。那时候苏联与美国等资本主义国家的贸易交往不少，主要是以资源换取装备和技术，利用这个来进行五年计划的建设，蓬蓬勃勃地发展经济，并没有受到当时世界经济危机很大的影响。为什么会这样呢？就是因为两种社会制度，受到两种社会经济规律的支配。所以，社会主义的苏联没有被卷入上次资本主义的世界经济危机。

这次世界经济危机不同于上次的一个景观，是社会主义的中国被卷进去了，受到危机的严重冲击。GDP的增长速度由2007年的13％，一下子降到2008年的9％，第四季度更降为6.8％，2009年第一季度降为6.1％，使我国的经济遭受到极大的困难。这种情况与苏联在上次世界经济危机中遇到的情况全然不同。这又是什么原因呢？

中国进入改革开放阶段，正与发达资本主义国家随着新技术革命和经济全球化进入高涨阶段的长周期相适应。此时中国经济建设适应社会主义初级阶段的要求，实行了允许私有制经济和市场经济的发展，使资本主义因素得以在社会主义条件和框架下，大量生长起来，形成了中国特色社会主义市场经济模式。同时，中国加速对外开放，逐渐主动地参加经济全球化的潮流。这一方面为中国经济的迅速发展创造了条件，另一方面使中国经济逐步地卷入资本主义发达国家主导的市场经济的轨道，受到资本主义市场经济规律的作用越来越大的影响。

我们多年来实行出口导向型的经济发展战略。十三亿人口的大国，对外贸易依存度达到了GDP的70％以上，出口依存度接近GDP的40％的空前高度，致使我国经济的相当大部分与发达资本主义国家的经济紧密地联系在一起。发达国家发生了周期性危机，需求下降，中国经济就会受到极大的冲击和损害。这不能不说是我国经济这次急剧下滑的重要因素之一。但这只是造成我国经济困难的外部因素，我国多年来自己的内部因素才是根本原因。内部的因素，除了在经济发展方面，投资消费比例的扭曲，房市、股市的周期波动等影响外，主要是在经济体制方面，生产资料私人占有制比重的迅速上升和公有制的相对下降、市场化改革的突进和国家计划调控的相对削弱等，这使得资本主义市场经济规律在中国经济中起作用的范围越来越大。这样，在资本主义发达国家主导的经济全球化过程中，中国就很自然地不可避免地被资本主义世界的周期经济危机卷进去。

中国这次实体经济遇到的困难，性质其实与世界各国基本是一样的，就是产能过剩和需求不足。中国因内需不足，多余的生产能力要靠外需消化；一旦外需遇阻下滑，就要回过头来找内需补上。内需有投资需求和消费需求。事实上，这些年投资一直上升得快，消费上升得慢，这种趋势是不能长久持续的。因为，投资需求除了转化为工资的少量部分，其余部分都是对生产资料的中间性需求，投资最后的产出供应能力，要靠最终消费需求来消化。这次扩大内需，仍主要是靠投资需求。但是，如果居民的最终消费需求上不去，单靠投资需求是补不了外需的下降的，内需不足问题还是难以解决。

所谓"内需不足"，换一个角度说就是"产能过剩"。需求不足和生产过剩，是资本主义经济的剥削制度和积累规律，导致两极分化和人民大众有支付能力需求不足带来的不治之症，只能通过周期性的经济危机的爆发来解决。我国这些年来，过度追求市场化的快速发展和鼓励私人逐利，使贫富差距不断扩大，基尼系数从改革开放初的0.28，上升到近年的0.47，超过国际警戒线，这是居民最终消费需求不足的一个非常重要的原因。因为，富者的边际消费倾向低，而贫者消费倾向虽高，但由于没有钱，不能多消费。而低收入的贫者在居民中又占多数，于是把总的社会平均消费倾向拉下来，把最终的有效消费需求拉低。所以，中国当前遇到的问题和资本主义世界的问题，实质上是类似的，就是受资本主义经济规律作用的影响，人民大众有购买能力的消费需求不足，不能消化过剩的生产能力。

其实，过去中国并不存在需求不足的问题。传统计划经济下的主要问题是供给不足，是"卖方市场"，科尔耐称之为"短缺经济"。这是传统计划经济的一个缺陷。改革开放初期，我们提出要以市场取向的改革来矫正供给不足的"卖方市场"的现象，使我国经济逐渐转变为供给略大于需求（差额为储备和机动）的有限"买方市场"，这当然是在国家计划调控下，才有可能做到的。当初设定供给略大于需求的有限买方市场目标，绝不是"需求不足、产能过剩"的市场。"需求不足、生产过剩"，只能是资本主义经济规律作用的表现。

现在回过头来说，中国虽然卷入了这次世界经济危机，受到严重的损失，但相对说来，还是比较轻的。主要发达资本主义国家，如美国、欧盟国家、日本的经济增长率变为负数，其他国家的经济增长率下降比中国都大，只有中国还保持了相当不错的正增长速度，虽然增速的下降幅度也相当得猛，但是运行水平表现不俗，可说是一枝独秀。外国有不少人也相信中国经济可以率先复苏，甚至期望"中国救世界""中国救资本主义"。那么，为什么在危机中中国能有这样的业绩？

这与中国实行的中国特色社会主义模式有关。因为，中国特色社会主义经济模式中，既有社会主义经济因素，也容许资本主义因素存在。简单说来，中国容许市场化、私有化的发展，不是很彻底，还有一些保留。比如，在关键重要领域保持了相当强大的国有实力。又比如，这些年的财政税收金融政策，大大增强了国家控制的财政金融资金实力，包括保持大量外汇存底等。又比如，在建立市场经济体制的同时，加强宏观调控，特别是保持了国家计划调控的余地，如继续编制执行年度计划，五年、十年中长期规划，保留发改委这样庞大的计划机构等。这次应对危机所采取的种种重大措施，就展示了这种出手快、出拳重、集中力量办大事的计划调控的能力，为一些资本主义国家所羡慕称道。另外，中国在融入经济全球化过程中比较谨慎，如资本账户没有完全放开、银行运作尚未完全与外国接轨等。这些都使得中国经济在世界经济危机中受到冲击的影响较少，处置的表现也较好。总之，中国的经济并没有照抄欧美自由市场经济模式，没有遵循新自由主义的"华盛顿共识"，没有如同某些"主流"经济学者所竭力主张的那样。虽然我国经济中有资本主义成分，人家还歪称为"中国特色的资本主义"，但我们实际上还在坚持中国特色社会主义模式，这是我们在这次危机中的表现相对出色的主要原因。

结论是什么呢？

在中国现时的社会经济中，两种社会制度的经济规律，社会主义的经济规律和资本主义的经济规律都在起作用，两者一方面水乳交融在一起，一方面交织着复杂的矛盾和斗争。因为执政党已经明确表示不改旗易帜，庄严宣称坚持中国特色社会主义，所以社会主义社会经济规律还有起作用的广阔余地，保证改革开放沿着社会主义的方向发展。

为了坚持改革开放的社会主义方向，我们一方面要在社会主义初级阶段，把允许用市场经济和私有制经济发展来协助推动我国社会生产力发展的作用发挥尽致；另一方面更要防范陷入资本主义社会经济规律作用消极后果的泥淖。我们要以我为主地参加公正的经济全球化进程，自主掌握对外开放的广度和深度，摆脱资本主义世界经济周期的陷阱。我们必须坚持中国特色社会主义道路，反对把中国特色社会主义歪曲为"中国特色的资本主义"。我们必须坚持公有制为主体和多种所有制经济共同发展；

坚持在国家宏观计划导向下，实行市场取向的改革；坚持按劳分配为主，更加重视社会公平；用社会主义的基本原则来反对资本主义的私有化、市场化、自由化以及两极分化，把资本主义社会经济规律的作用限制在一定范围。只有这样，我们才能在资本主义周期性经济危机的浊流中，高举社会主义的红旗不断前进。

共和国60周年感言四则*

（2009年）

感言之一：前30年和后30年

今年是共和国成立60周年。60年来，我国人民在中国共产党的领导下，对建设社会主义进行了艰辛的探索，包括前30年和后30年，都取得了辉煌的成就。后30年是在前30年的基础上进行的，取得的成就更大一些，是理所当然的。同时，前30年和后30年也都走过曲折的道路，都有各自的失误。这些经验都值得我们总结，作为今后继续前进时，需要思考的宝贵财富。

去年庆祝十一届三中全会召开30周年。我们当时着重强调30年来改革开放的成就，这是很必要的。由于要突出后30年，对前30年的评价，就有不同的看法，这也是不奇怪的。可是值得注意的是，某些别有用心的人，利用庆祝和总结后30年，乘机否定前30年，歪曲和抹黑党的历史，攻击和丑化党的领袖。说什么要"抹掉1949年以后"，要"进行历史性清算"，"架上历史的审判台"，一股仇视社会主义共和国的乌烟瘴气。一些无良学者，假借探索历史分期学术研究的幌子，提出中国自1840年鸦片战争以来，只有两个划时代的标志性历史事件：1911年的辛亥革命和1978年的改革开放；不承认中华人民共和国的成立为标志，其否

---

* 原载《中国社会科学内部文稿》2009年第5期，原题《关于全面认识共和国六十年历史的若干问题》。

定前30年的险恶用心，十分明显。另有一些同志，虽然认可共和国成立是中国从半封建半殖民地社会转为社会主义社会的断代性标志事件，但同时也把十一届三中全会的召开与之并列，说它同样开辟了一个历史时代。这种看法表面上抬高了十一届三中全会的地位，实际上无形抹杀共和国成立在中国近现代史上标志社会制度根本转变的划时代意义。十一届三中全会确实对共和国历史开启了一个新的阶段（改革开放阶段），也具有十分重要的意义，但它毕竟是中国社会主义发展总的历史进程中的一个阶段，而不是一个划分历史时代的断代标志。

以1978年作为断代标志来画线，对比共和国的前后30年，往往会误导人们的判断。去年共和国成立59周年前夕，就有一位同志问道："30年前的中国是个什么样子？"回答是："整个国家处于封闭半封闭的落后状况，国民经济走到了崩溃的边缘。"这一问一答，就勾销了前30年中国进行社会主义革命和建设的伟大成就，这显然与1981年中共十一届六中全会决议中对新中国成立以来的判断是不同的。决议中说，"三十二年来我们取得的成就还是主要的"，即使遇到了"文化大革命"的冲击。文件中还说："我国国民经济虽然遇到巨大损失，仍然取得了进展。粮食生产保持了比较稳定的增长。工业交通、基本建设和科学技术方面取得了一批重要成就，其中包括一些新铁路和南京长江大桥的建成，一些技术先进的大型企业的投产，氢弹试验和人造卫星发射回收的成功，籼型杂交水稻的育成和推广，等等。"[1]

至于中国在对外关系上，前30年是"封闭半封闭"一说，谷牧同志在一篇文章[2]中指出这不符合历史事实。过去毛泽东同志

---

[1]　中共中央文献研究室：《改革开放三十年重要文献选编》上，中央文献出版社2008年版，第188、199页。

[2]　谷牧：《新中国前30年不开放是因毛泽东的失误的看法不符合历史的真实》，《北京日报》2009年11月11日。

主张对外要"做生意"，要"实行友好合作"，要"学习对我们有用的东西"，在实践中也做了很多努力。新中国成立后20多年，我国与西方世界经济联系松散，这不能归因于我国政策的失误，主要是由于西方帝国主义的封锁。

历史难免曲折。前30年的中国确实走过一些弯路，犯过这样那样的错误，主要是经济发展和社会改造有些过急造成的失误。如"大跃进"的急于求成，阶级斗争扩大化，包括"文化大革命"时期过"左"过乱的错误。但是这些缺点错误，盖不过共和国前30年的伟大成就，包括在半封建半殖民地极端落后的基础上建立崭新的社会主义制度，建立比较完整的工业体系和国民经济体系，能够独立自主地站在世界民族之林。前30年的缺点和错误是第二位的，成绩和成就是第一位的。

同样，后30年的中国，在取得经济发展的飞速跃进，人民生活的总体提高，进入世界经济和政治重要一极的巨大成就的同时，在社会关系上发生某些倒退，如三大差距拉开，贫富鸿沟扩大，道德水平滑坡，等等；以及在社会与自然关系上，发生资源破坏、生态、环境恶化等问题。这些社会和自然问题，党和政府正在努力解决。这些缺陷同样盖不过后30年改革开放取得的巨大成就。后30年的缺点和失误是第二位的，后30年的伟大成就才是第一位的。

在共和国成立60周年之际，我们对前30年和后30年的辉煌成就和曲折失误，都应抱着客观的分析态度，绝不能只用后30年的成就来对照前30年的缺失，更不能扬后30年而贬前30年。这是不公正的。共和国的60年，统一于社会主义。共和国给我国人民最宝贵的东西，也是社会主义。60年前，新中国如日东升，跨入了社会主义时代。60年共和国经历了前后30年的两个阶段。前30年新中国社会主义制度的确立，奠定了社会主义建设的基本方向；十一届三中全会以后的后30年，对社会主义建设事业的继承与发展，也是建立在前30年建成的社会主义的基础上的。这两个阶段的辉煌成就和曲折道路，无不与社会主义血肉相连。60年后的共和国，以中国特色社会主义的名义，仍然屹立于世界东方。社会主义中国没有改旗易帜，人民也绝不会让她改旗易帜，这是值得我们共和国的亿万子民欣慰和兴奋的。让我们欢呼：社会主义共和国万岁！

感言之二：从新民主主义到中国特色社会主义

共和国60年，是怎么走过来的？前30年，从新民主主义走起，走向建设社会主义。"改革开放"后，又从中国原有的社会主义，走向"中国特色社会主义"。

1. 从新民主主义走向社会主义

根据毛泽东的新民主主义理论，原来新民主主义革命胜利后，要建立新民主主义国家，在一个较长时间实行新民主主义社会的建设。等到条件成熟时，再由新民主主义社会转向社会主义社会。

在毛泽东的新民主主义理论中，又有"两个革命阶段必须衔接"，新民主主义革命与社会主义革命之间不容横插上某某一个阶段的论述。这可以理解为新民主主义革命一结束，社会主义革命就要开始。

实际情况的演变是：新民主主义革命在全国取得胜利，土地改革完成后，由于农村阶级分化的出现，城市资产阶级与工人阶级矛盾的发展，经过三年恢复时期，就提出了从新中国成立开始向社会主义过渡的总路线。到1956年，基本完成社会主义改造，宣布进入社会主义社会。这是"中国历史上最深刻最伟大的社会变革，是我国今后一切进步和发展的基础"①。

社会主义改造基本完成后，从1957年到1978年，继续进行社会主义建设，在曲折摸索发展中，取得了辉煌的成就。同时因为在生产关系和生产力两方面要求过急，也办了许多超越阶段的错事。主要表现是追求过高过纯的所有制结构和过分集中的计划经济，忽视了生产力不够发达的条件下，非公经济和市场经济存在的必要性。换言之，没有意识到我国社会主义还处在"初级阶段"的特点。

2. 社会主义初级阶段和中国特色社会主义

关于社会主义初级阶段，过去，毛泽东在《读苏联〈政治经济学教科书〉的谈话》等处曾经涉及。他说"社会主义分为两个阶段，不发达的社会主义和发达的社会主义"；又说，"中国的人口多，底子薄，经济落后，要使生产力很大的发展起来，赶上和超过世界上先进的资本主义国家，没有一百多年时间，我看是不行的"②。我们党的正式文件中第一次提出"初级阶段"，是在1981年十一届六中全会关于历史问题的决议中。决议说，"我们的社会主义制度还是处于初级阶段"③，就是从毛泽东上述论断中发展起来的。这以后，在1982年党的十二大上，邓小平进一步根据中国国情，继续毛泽东把马克思主义与中国实际结合起来的传统，第一次宣布"走自己的路，建设有中国特色的社会主义"④，把我国社会主义建设推向新阶段。党的第十三次代表大会的政治报告，系统地阐明了"初级阶段"的内涵，和由此决定

---

① 中共中央文献研究室：《改革开放三十年重要文献选编》上，中央文献出版社2008年版，第185页。

② 《毛泽东文集》第8卷，人民出版社1999年版，第116、302页。

③ 中共中央文献研究室：《改革开放三十年重要文献选编》上，中央文献出版社2008年版，第212页。

④ 中共中央文献研究室：《改革开放三十年重要文献选编》上，中央文献出版社2008年版，第260页。

的"建设有中国特色社会主义基本路线"，即以经济建设为中心，坚持四项原则，坚持改革开放，把一个中心和两个基本点统一于建设中国特色社会主义的实践。[①]

社会主义初级阶段的特征和中国特色社会主义基本路线，在1997年党的十五大政治报告中，又得到全面的阐述，提出了建设中国特色社会主义的经济、政治、文化的基本目标和基本政策。报告明确指出，公有制为主体，多种经济成分共同发展是我国社会主义初级阶段的一个基本经济制度；建设中国特色社会主义的经济，就是在社会主义条件下发展市场经济。[②]这样，就把社会主义初级阶段和中国特色社会主义的轮廓、框架和内涵，勾画得非常清晰。

在我们党一系列文件中已经明确指出并阐述了建设中国特色社会主义道路，并在这一条道路上已经取得非凡成就后多年，我国意识形态界直到现在还有人把"什么是社会主义，怎样建设社会主义"当作尚未解决的问题来讨论。一些人在提出花样百出的"社会主义"概念和口号，诸如"民主社会主义""人民社会主义""宪政社会主义""市场社会主义"等。这些"社会主义"还使劲儿地往我们党领导的"中国特色社会主义"里面钻。例如说什么"我们这几年实行的中国特色社会主义正是民主社会主义"，"中国特色社会主义就是人民社会主义"。这些所谓的"社会主义"，不提四项基本原则，无视公有制为主体的社会主义基本经济制度，完全是与中国特色社会主义格格不入的东西。这些"主义"竟堂而皇之地在我们的公开媒体上喧闹，说明我们党对"自由言论"的宽容，实在是够大度的了。

---

① 中共中央文献研究室：《改革开放三十年重要文献选编》上，中央文献出版社2008年版，第477页。

② 中共中央文献研究室：《改革开放三十年重要文献选编》下，中央文献出版社2008年版，第899页。

3. 中国特色社会主义是否是新民主主义的回归

在中国发展道路问题上，近来又出现"中国特色社会主义"，就是"回归到新民主主义"一说。认为"1949年夺取政权前，实行新民主主义成功了。夺取政权后，抛弃了新民主主义，急急忙忙搞社会主义，失败得很惨。1978年以后重新回到新民主主义的建设思路，成功得举世瞩目"。又说"这可以用来总结共和国60年的经历"①。作者丝毫不懂得新民主主义是向社会主义过渡的实质，全盘否定前30年社会主义革命和建设的成就，故意抬高后30年的成功，将其归因于新民主主义的复归。这些说法漏洞太多，这里不拟详析。但要注意他说的一段话："中国特色社会主义是从社会主义初级阶段演变而来，而'社会主义初级阶段'实际上是新民主主义的回归和发展。"②这一段话有似是而非、混淆视听的作用，需要明辨。

应该说，拨乱反正后，十一届六中全会决议提出"社会主义初级阶段"的用意，在于纠正过去社会主义革命和建设中要求过急，犯了某些超越历史发展阶段的失误，如在所有制结构上要求"一大二公三纯"等。改革开放后用初级阶段的名义，将这些不适合于生产力发展的做法逐渐纠正过来。初级阶段理论的核心或基础，就是公有制为主体下多种所有制并存与发展，其中允许私人资本经营的存在和发展，又是关键的关键。就这一条来说，"社会主义初级阶段"确与"新民主主义社会"的政策是相通的。

1949年七届二中全会和新中国成立前制定的"共同纲领"都规定了革命胜利后建立的"新民主主义社会"，是包括私人资本主义在内的五种经济成分并存的社会经济形态，并指出在一个相当长时期内尽可能利用城乡资本主义的积极性，以利于发展社会生产力。社会主义改造当时是势所必然，但是由于过急过头，造

---

① 《炎黄春秋》2009年第4期。
② 同上。

成私人资本经营从20世纪50年代后期完全消失，直到80年代初期政策松动以后，才逐渐恢复发展，现在又构成中国特色社会主义经济结构的组成部分。社会主义初级阶段理论为这一变化提供了理论前提和依据。在一定意义上，这一变化确实具有后退的性质，实行了某些类似新民主主义的政策，特别是对待私人资本的政策。但是我们不能把改革中的这一必要的后退看成是复归新民主主义，因为改革本身的实质是社会主义制度的自我完善，是在前30年建成社会主义制度的基础上进行的，不是推倒前30年建立的社会主义制度，退回到新中国成立初期曾经设想的"新民主主义社会"。

4. 两个时期对非公经济政策的差异

即使在私人资本和非公经济领域，新时期的政策也与过去"新民主主义时期"的情况不尽相同。要而言之，在新民主主义时期，根据七届二中全会和"共同纲领"的决定，[①]对于私人资本经济实行了"利用、限制、改造"的"节制资本"的方针，鼓励和扶持私人资本经营有利于国计民生的经济事业，而有关国家经济命脉和足以操纵国民生计的事业均由国家统一经营，还鼓励私人资本与国家资本合作向国家资本主义的方向发展。所有这些，都是为了发展生产力，以向社会主义过渡。所以当时总的经济发展趋势，是国民经济中私人资本和其他非公经济所占比重逐渐缩小，而公有制经济比重则逐渐增大。这也是新民主主义经济的自然归宿。

新时期对非公经济采取的政策，与过去"新民主主义时期"的政策有很大的不同。要而言之，现时期的政策可以归结为毫不动摇的"鼓励、支持、引导"六字方针，而没有新民主主义时期的"限制"和"节制资本"的规定。并且，根据国发2005年

---

① 薄一波：《若干重大决策与事件的回顾》上卷第1册，中共中央党校出版社1993年版，第39—41页。

3号文件，允许私人资本进入垄断行业等关系国民经济命脉的领域。没有规定私人资本向国家资本主义发展，而让国有企业以股份化和私有化作为改革目标的选项。总之，新时期对非公经济的政策，比新民主主义时期宽松得多，甚至有些相反。致使改革开放至今，私人资本经营不但在绝对额上飞速增长，而且在国民经济部分所占比重也一反新民主主义时期下降的总趋势，而一路上跃。这种趋势目前尚在继续，许多人担心这会不会影响公有制为主体的地位。这里有改革初期非公经济起点低的缘由，有改革以来阶级形势变化的背景，也有政策战略的考虑，等等，本文暂不详论。总之，现时政策和"新民主主义时期"的政策有很大的不同，则是不容否定的。同时应该说，现时期对非公经济所采取的政策，不能离开公有制为主体的社会主义基本经济制度这个大前提，要时时考虑坚持社会主义的大方向。在毫不动摇地"鼓励、支持、引导"非公经济发展中，还有"引导"二字，可以利用。我们党一定会根据具体条件的变化，适时地调整我们的政策，以利于非公有经济的健康发展。所以说，初级阶段中国特色社会主义是新民主主义的复归，是完全站不住脚的。

5. 世界经济危机中的中国特色社会主义模式

随着我国国势的增强和加入全球化进程，中国特色社会主义也登上世界舞台，作为一种模式，成为热议的话题。各方面对中国模式有不同的解说，我个人认为中国特色社会主义模式的核心，就是容许资本主义因素和社会主义因素的存在，但同时坚持社会主义的主体地位和发展方向。

这也是理解这次世界经济危机中，中国的特殊表现的关键所在。为什么第一个社会主义国家苏联，和改革开放前的中国没有卷入过去世界资本主义经济危机的旋涡？就是因为当时苏联和中国只有社会主义，没有资本主义因素的存在，因此不受资本主义周期性经济危机的干扰。为什么当前世界经济危机把中国也卷进去了，使中国发生前所未有的困难？除了过深陷入外向型经济的原因外，主要是由于自己内部经济随着市场化和私有化程度的加深，使资本主义因素大量生长起来，资本主义的经济规律也发生作用的影响。为什么中国在这次世界经济危机中能够表现相当不错，应付自如，一枝独秀，为一些资本主义国家所羡慕称道？就是因为中国运用了社会主义制度中集中国家力量办大事，以计划导向来调控经济的能力。我在另一篇文章中对此做过分析，不再赘述。

有些人以中国模式中允许资本主义因素的存在，而把中国特色社会主义歪称为或者歪曲为资本主义模式，甚至说是"共产党领导下的资本主义"，我认为是没有根据的。中国因为坚持了特色社会主义模式，特别是坚持了这个模式中的社会主义因素，我们才能屹立于世界经济危机之中，处置较好。我们必须坚持中国特色社会主义，坚持公有制为主体多种所有制经济共同发展，坚持在国家宏观计划导向下实行市场取向的改革，坚持按劳分配为主体，更加重视社会公平；用社会主义的基本原则来反对资本主义的私有化、市场化、自由化以及两极分化，把资本主义国家和资本主义市场经济规律的作用限制在一定范围。只有这样，我们才能不受资本主义经济周期规律的干扰，保持中国社会主义的特色！

感言之三：经济建设与阶级斗争

改革开放以后，我们党以经济建设为中心代替了阶级斗争为纲的口号。这一转变，对近30年来引导全党全国聚精会神集中力量搞经济发展，推动我国经济实力日益强大，起了巨大的推动作用。由此在社会上也产生一种看法，认为共和国的后30年才重视经济建设，不搞阶级斗争，搞出了一个富强的中国。而前30年则一味只搞阶级斗争，忽视了经济建设，搞得中国落后封闭。这种看法不尽符合共和国历史发展的实际。

1. 对国内主要矛盾认识的分歧

任务的提出与对国内主要矛盾的认识有关。社会主义中国的主要矛盾是什么？是无产阶级与资产阶级之间、社会主义道路与资本主义道路之间的矛盾，还是人民日益增长的物质文化需要与落后的社会生产之间的矛盾？1949年新民主主义革命在全国胜利后，国内矛盾转变为工人阶级与资产阶级之间、社会主义道路与资本主义道路之间的矛盾，这是得到了全党的共识的。1956年社会主义改造基本完成，社会主义制度基本建立之后，对国内主要矛盾的认识，发生了一些曲折。党的第八次全国代表大会宣布，国内主要矛盾已转为人民日益增长的物质文化需要同落后的社会生产之间的矛盾，党和国家的主要任务已由解放生产力转变为保护和发展生产力，即工作重点应转移到经济建设。但在1957年反右斗争以后，根据当时的形势，毛泽东重新提出无产阶级与资产阶级之间、社会主义与资本主义之间的矛盾，仍然是我国国内的主要矛盾。他在1962年党的八届十中全会上，又发展和强化了这一观点。认为整个社会主义历史时期，都存在两个阶级和两条道路的斗争。到"文化大革命"时期，成为"无产阶级专政下继续革命"理论和路线的重要依据。这样就把社会主义社会在一定范围内存在的阶级斗争扩大化和绝对化，导致了十年动乱的严重错误。

2. 前30年不是只搞阶级斗争，不重视经济建设

尽管共和国前段发生过过分夸大和扩大阶级斗争的曲折，但是不能认为前30年毛泽东和我们党只着重搞阶级斗争，而不重视经济建设。毛泽东作为一位成熟的马克思主义者，熟悉生产力、生产关系与上层建筑之间的辩证关系，早已提出一个政党的先进性在于是否通过上层建筑与生产关系的革新来推动生产力的发

展。革命战争时期，他十分重视根据地的经济工作，以保证战争供给。接管城市之后，立即把工作中心转向生产建设。国民经济恢复和向社会主义过渡时期，抓对资的限制和反限制的斗争与所有制的改造，也是围绕社会主义工业化建设的任务进行的。社会主义建设总路线，反映了广大人民迫切要求改变我国经济文化落后的面貌，其缺点是因求快过急，犯了主观冒进、忽视客观经济规律的错误。这在20世纪60年代经过调整经济，得到纠正。尽管党的八届十中全会把阶级斗争提到空前的高度，毛泽东还是指出要分开工作问题和阶级斗争问题，不要因为对付阶级斗争而妨碍了工作（包括经济工作），阶级斗争和工作平行，不要放在很严重的地位。所以虽然重新强调阶级斗争，但对经济工作的影响不大，国民经济的调整工作得以顺利完成。

　　"文化大革命"十年中，提出抓革命、促生产。尽管因阶级斗争的冲击受到一些损失，但国民经济只有两年有所下降，其余各年都是继续增长的。并且在一些重要领域，取得比较重要的成就。1974年第四届人大会议上，周总理重申1965年三届人大就已提出的四个现代化建设两步走的宏伟战略设想，成为后来（包括"文化大革命"以后）我国经济建设的纲领。所以，绝不应当否认前30年毛泽东领导下中国人民在经济建设上的努力和成就。不然，何来社会主义经济基础的建立？何来比较完善的工业体系和国民经济体系的建立？当然，前30年的经济建设是受到了一些扩大化了的阶级斗争的干扰，如"大跃进"中国民经济的倒退，十年动乱中也受到一些损失。如果没有这些曲折，我国经济建设的成就还会更大。

　　3. 前30年阶级斗争扩大化是一个错误，但抓阶级斗争并不错

　　还要指出，毛泽东虽然晚年犯了阶级斗争扩大化、绝对化的错误，但是他指出社会主义社会还有阶级斗争，还必须注意阶级斗争，还是很中肯的。社会主义改造基本完成后，剥削阶级作

为阶级，当时看来已经消失，但阶级斗争在一定范围内继续存在，是一个基本事实。各派政治力量之间的斗争，无产阶级和资产阶级在意识形态方面的斗争，还是长时期的、曲折的，有时是很激烈的。从国际经验看，当时的匈牙利事件，赫鲁晓夫上台，苏共变为全民党，等等，均预示着国际共运中隐藏险恶的形势，为后来苏联解体和苏共垮台的演变事实所证实。毛泽东发动"文化大革命"，主观上就是想防止资本主义复辟的阴影在中国的出现。但是他在发动"文化大革命"时，对国内党内具体形势估计错误，混淆了敌我是非，犯了用全国内战、急风暴雨式的斗争方式，伤害了大批干部同志（的错误）。我们否定"文化大革命"，是批判它作为政治运动所采取的方式方法，而不是指"文化大革命"防范资本主义复辟的动机。应该说，没有"文化大革命"的预演，八九十年代苏东剧变会给中国带来什么灾难，"六四"风波的后果会导向何处，谁也不敢断言。所以十一届六中全会决议说得很好，毛泽东同志在犯严重错误的时候，还多次要求全党认真学习马列著作，还始终认为他的理论和实践是马克思主义的，为巩固无产阶级专政所必需的。[①] 的确是这样的。

4. 1978年工作重点转移，以经济建设为中心到科学发展观的形成

十一届三中全会提出把全党全国工作转移到经济建设上来，这是党的八大决议的重申。八大认为1956年社会主义改造基本完成后，国内主要矛盾起了变化，所以主要任务也要转移。这个决定在以后党的历次代表大会正式文件中并没有改变，但是由于另一个主要矛盾即阶级矛盾的重叠的结果，经济建设这个主要任务执行得不很理想。所以"文化大革命"结束后需要重提、恢复和延续。这一重申、恢复和延续极其重要。如前所述，它把全国全

---

① 中共中央文献研究室：《改革开放三十年重要文献选编》上，中央文献出版社2008年版，第198页。

民的精力集中引导到经济建设上面来，一心一意发展社会生产力，使中国取得历史性、世界性的空前进展。

工作转移之后，"发展是硬道路"便成为我们一切工作的指针，同时出现了举国上下追求GDP增长速度的片面发展倾向，这要求我们进一步转变发展方式，实行科学发展。以人为本、全面协调可持续的科学发展观，其基本方法，来自于毛泽东统筹兼顾、适当安排的思想，将其发扬光大，形成博大精深的理论体系，指导着我国今后的发展。

5. 新时期阶级、阶级斗争还继续存在

党和国家的工作重点转移到经济工作上来以后，是不是阶级、阶级斗争就变得不重要，或者进而消失了呢？

十一届六中全会决议指出："在剥削阶级作为阶级消灭以后，阶级斗争已经不是主要矛盾，由于国内的因素和国际的影响，阶级斗争还在一定范围内长期存在，在某种条件下还有可能激化。既要反对把阶级斗争扩大化的观点，也要反对阶级斗争已经熄灭的观点。"[①]

社会主义改造完成，社会主义建设进行到"文化大革命"结束，剥削阶级作为阶级确实早已消灭了，因此当时说阶级斗争已经不是主要矛盾。但是，经过改革开放后30年的演变，中国的阶级结构是否起了变化？剥削阶级作为阶级是否又已重视？现在光是私营企业主就比1956年私营工商业户大过许多倍，这个问题应该实事求是地判断。即使还认为阶级斗争现在不再是国内主要矛盾，但在我国"文化大革命"后阶级斗争事实上长期存在，包括政治和意识形态领域的阶级斗争，有时还非常激烈突出，1989年的"六四"风波就是例子。所以说，阶级斗争扩大化和阶级斗争熄灭论，都不可取，这是十一届六中全会关于历史问题的决议中

共和国 60 周年感言四则

① 中共中央文献研究室：《改革开放三十年重要文献选编》上，中央文献出版社2008年版，第213页。

讲得非常明白的。

邓小平也从不否定社会主义社会中阶级和阶级斗争的存在，他对于改革开放后仍然存在阶级斗争也是持肯定态度的。早在改革之初，他就说："在社会主义社会中的阶级斗争是一个客观存在，不应该缩小，也不应该夸大，实践证明，无论缩小或者扩大，两者都要犯严重的错误。"[①]邓小平讲的阶级斗争限于传统的敌对势力和少数反动分子的破坏活动，但也包括阶级斗争在人民内部的反映，即人民内部也有阶级斗争的表现。这是符合毛泽东同志两类矛盾的学说的。

十一届六中全会和邓小平对于社会主义社会阶级斗争的论断，为改革开放30年来的历史所证明，是非常正确的。80年代几次学潮动荡、"六四"风波"西山会议"、"〇八宪章"等事件，新自由主义、民主社会主义、历史虚无主义等在思想文化领域的渗透和蔓延，无一不是各派政治力量的较量，或者是意识形态领域阶级斗争的反映。马克思主义、科学社会主义的对手，有的公开要换旗易帜，有的以潜移默化的手段达到和平演变的目的。这些惊心动魄的事实说明，阶级斗争就在我们身边。

6. 阶级和阶级斗争主要存在于意识形态上层建筑领域，但在经济基础领域也有表现

阶级和阶级斗争问题不但存在于意识形态上层建筑领域，而且在经济基础上也有表现。30年前剥削阶级作为阶级早已消灭了。改革开放后，我们承认在社会主义初级阶段可以发展私营企业。1981年我国重新出现第一个私营企业，到2006年就发展到497.4万户，为1956年私营企业16万户的30余倍。私营资本对社会生产力的发展无疑有很大的功绩，但它具有两面性，既有促进生产力发展的一面，也有剥削剩余价值的一面。私人资本剥削趋

① 《邓小平文选》第二卷，人民出版社1983年版，第182页。

利的本性，给社会经济生活带来一系列问题。这个比新中国成立初期民族资产阶级还膨胀了几十倍的群体，够不够算一个阶级？"他们也是中国特色社会主义事业建设者"，应当发挥他们的积极作用。同时，按其在生产关系中所处地位，这个群体只能归属到资产阶级。现在只讲新的社会阶层，不讲阶级。但阶层分析只能补充而不能代替马克思主义的阶级分析。现在这个新资产阶级虽然邓小平不期望它再出现于中国，但毕竟出现了而且有自己的经济诉求（如要求进入垄断性关系国民经济命脉的领域）和政治诉求（如某些人大代表身份的资产阶级代表人物提出与共产党分庭抗礼的政治主张）。这难道还不足以说明问题？！

生产资料所有制结构的变化，是否影响到公有制为主体的地位，已经引起了人们的注意和讨论。公降私升和私有化的发展趋势，官商勾结引致腐败丛生，等等，是使我国社会贫富差距扩大不断加剧的原因。基尼系数的提高导致了居民有效消费需求的不足和生产过剩。这个现象是资本积累和贫富分化规律带来的后果，而与社会主义主要矛盾即人民需要与落后生产的矛盾所讲的道理也不相符合。

上层建筑意识形态领域和经济基础领域的上述种种问题，都与阶级、阶级矛盾、阶级斗争的存在有关。我们不能视而不见，淡化置之，走向阶级斗争熄灭论。美国原驻苏大使马特洛克在《苏联解体亲历记》一书中说到前苏联领导人抛弃阶级斗争学说时指出："须要出现转变，其中最重要的莫如马克思的阶级斗争学说。如果苏联领导人真的抛弃了这个观点，那么，他们是否继续称他们的思想为'马克思主义'也就无关紧要了，这已是别样的'马克思主义'，这个别样的社会主义制度是我们大家都可以接受的。"如果我们淡化阶级观念，走向阶级斗争熄灭论，这样发展下去，有蹈苏东覆辙的危险。所以在重点抓经济工作，抓社会主义现代化建设的同时，必须像毛泽东同志教导的，要不忘阶级和阶级斗争。当然同时要正确处理阶级斗争中的两类不同的矛盾，求得人民内部的和谐，团结起来争取建设中国特色社会主义事业的伟大胜利。

感言之四：也谈"改革开放"

改革开放的伟大事业是1978年党的十一届三中全会启动的。邓小平将"改革"和"开放"合起来，作为现阶段中国的国策，开创了中国大踏步前进的新时期，这是他的伟大功绩。但细考"改革开放"四字词组，并非出自十一届三中全会文件，而是有一个形成的过程。

1. 1978年后"改革开放"四字方针的形成

十一届三中全会公报涉及"改革"和"开放"的文字，见于以下两句叙述："对经济管理体制和经营管理方式着手认真的改革"和"在自力更生的基础上积极发展同世界各国平等互利的经济合作"①。其中有"改革"的字样，也讲到"对外经济合作"，都属于一般工作方针的叙述，并不处于文件的中心地位，文件没有出现"改革开放"的概括。当时还赞成人民公社体制，没有提出要实行家庭承包责任制。到1982年第二个一号文件才明确提出这一项改革任务。

在1982年党的十二大开幕词中，邓小平第一次发出"建设有中国特色社会主义"的号召。②这次会议的政治报告在讲新的历史时期的总任务时，也没有提到"改革开放"。但指出1981年到1985年第六个五年计划任务时，要坚决贯彻"调整、改革、整顿、提高"的八字方针，把改革任务与调整、整顿和提高并

① 中共中央文献研究室：《改革开放三十年重要文献选编》上，中央文献出版社2008年版，第16页。

② 同上书，第260页。

列。①这次报告中提到"改革"字样有十多处，包括经济管理体制、价格、劳动工资制度等改革，还提出了改革国家政治体制和领导体制等。报告中三次提到"对外开放"，并且把"实行对外开放"提到"我国坚定不移的战略方针"的高度。十二大文件没有把"改革"和"开放"两词作为一个完整的方针并到一起。这两个词配搭组合放在一起，直到1987年十三大报告中才出现。

十三大报告是在阐述社会主义初级阶段建设中国特色社会主义基本路线时，将"改革开放"作为基本路线的两个基本点之一提出来的。这个词组在报告中多次频繁出现，成为正式的政治术语。报告称"坚持改革开放的总方针，是十一届三中全会以来党的路线的新发展"。以后我们就沿用了这个提法。

任何正确的理论和政策，都有一个探索和形成的过程。"改革开放"也不例外。十一届三中全会拨乱反正，确实开启了改革开放的新时期，但是"改革开放"作为一整套理论政策方针，也确实需要一段酝酿的时间。这从"改革开放"词语运用的演变上也可以看得出来。"改革开放"逐渐成为我国社会经济政治生活中统治的话语，成为支配人们行为活动的指针，是经过了一个过程才形成的。

2. 1978年前30年也有改革开放

以上说的是1978年以后改革开放方针的形成过程。应该说，改革开放的名义和实践，不是1978年以后才有的东西。何以见得？拿"改革"来说，这个概念早已有之。远的不说，在1919年《湘江评论》上，时年29岁的青年毛泽东就意气风发地一口气提出政治、经济、教育、社会、思想等八个方面的"改革"②。新

① 中共中央文献研究室：《改革开放三十年重要文献选编》上，中央文献出版社2008年版，第268页。

② 《毛泽东早期文稿》，湖南出版社1990年版，第292—293页。

民主主义革命时期，他把"改革"与"革命"等量齐观，认为新民主主义革命就是"在政治上、经济上、文化上完成新民主主义的改革"。

社会主义改造完成后，1957年毛泽东在关于正确处理人民内部矛盾的问题一文中，写了一段经典性的话："社会主义生产关系已经建立起来，它是和生产力发展相适应的，但它又还很不完善，这些不完善的方面与生产力的发展又是相矛盾的；除了生产关系和生产力发展的这种又相适应又相矛盾的情况之外，还有上层建筑和经济基础又相适应又相矛盾的情况。我们今后必须根据新的情况，继续解决上述矛盾。"[1]这里讲的解决矛盾的方法，就是"改革"。

我们知道，"改革开放"后，第一个关于经济体制改革的决定（1984年十二届三中全会决议）对于经济体制改革所做的经典定义，就是："我们改革经济体制是在坚持社会主义制度的前提下，改革生产关系和上层建筑不适应生产力发展的一系列相互联系的环节和方面。"[2]这一改革定义的内涵精华，就出于毛泽东1956年的上述论断。

按照毛泽东的论述，以完善社会主义为目标，以解决与生产力发展不相适应的经济基础和上层建筑为内容的"改革"，其实在20世纪50年代社会主义制度建立以后，就已经开始了。实事求是地说，毛泽东在《论十大关系》中提出不同于苏联做法而适合于中国国情的社会主义建设的主张，在制定社会主义建设总路线时提出的一整套两条腿走路的方针，以后60年代肯定两参一改三结合的"鞍钢宪法"等，都具有改革的性质。实际上，社会主义建设和改革是一个共同始终的过程。共和国的前30年，在一定的

① 《毛泽东著作选读》下，人民出版社1986年版，第768—769页。
② 中共中央文献研究室：《改革开放三十年重要文献选编》上，中央文献出版社2008年版，第347页。

意义上也是改革的30年。

再拿对外开放来说，谷牧同志在一篇文章①中，阐述毛泽东在建立新中国后对外经济关系的基本构想，是"要做生意"，要"实行友好合作"，要"学习对我们有用的东西"。在实践中他也做了很多的努力。但是由于帝国主义的封锁，不准我们开放。毛泽东从来没有闭关锁国的念头。所以说，"改革开放打破了以前的僵化封闭"之说，现在看来是不公正的。

3. 新时期将改革开放作为长期国策

说改革开放只是在共和国的后30年才有，并不符合事实。不过应该承认，后30年我们把改革开放逐渐突出起来作为长期国策，把它列入建设中国特色社会主义基本路线的两个互相配套的基本点之一，对中国的发展确实起了巨大的推动作用。党的十七大指出"改革开放"是十一届三中全会以来"新时期最鲜明的特点"②。作为一场新的伟大革命，与另一个四项基本原则结合在一起，改革开放的方向和道路是完全正确的。

为什么说改革的方向总是正确的？因为从根本上说，改革就是不断调整生产关系和上层建筑，使之适应和促进生产力的发展。这种意义的改革，如前所述，毛泽东早已大力提倡，在社会主义到共产主义整个历史阶段，改革都将是永久的使命和常态的存在。

但是改革还有一种含义，就是作为阶段性的国策，改革要实现某种制度、体制，或者模式的转换。比如把高度集中的计划经济体制转变到社会主义市场经济体制；把单一的公有制体制转变为多种所有制并存的结构；以及从更广阔的意义上向建立初步现

---

① 谷牧：《新中国前30年不开放是因毛泽东的失误的看法不符合历史的真实》，《北京日报》2009年1月11日。

② 中共中央文献研究室：《改革开放三十年重要文献选编》下，中央文献出版社2008年版，第1716页。

代化中国的转变等。一旦这种阶段性转换目标基本完成，作为阶段性国策的改革，就要纳入不断调整生产关系和上层建筑以适应和促进生产力发展这一永久性的常态的进步过程。

目前我们党提出的改革任务，应该说具有阶段性国策的含义。按照邓小平的思路，包括改革开放在内的基本路线所管的时间，从20世纪中叶建立社会主义社会算起，到21世纪中叶初步完成社会主义现代化任务，大约需要一百年的时间。21世纪中叶初步完成现代化建设任务后，改革开放这一阶段性国策就可以转为继续调整经济基础上层建筑以适应生产力发展的各项政策。但在21世纪中叶前的若干年内，改革开放的总政策必须坚持，"动摇不得"①。

4. 正确掌握不同领域的改革进程

改革开放在今后相当长一段时期不得动摇，是就改革开放作为总体来说的。但改革开放涉及领域甚广，内容浩繁，进度不一，有些方面进行得比较顺利，有些方面比较复杂。顺利的改革有的已经成功转入完善的阶段。比较复杂的或者启动较晚的领域，则需要把改革坚持下去，争取最后的胜利。

比如，传统的高度集中的计划经济向社会主义市场经济的转换。现在在全部商品流通总额中，市场调节的部分，已占90%以上；前几年的估计，我国市场经济在整体上完成程度已达70%左右。所以，社会主义市场经济在我国已经初步建立。是否可以说，高度集中的传统计划经济体制向社会主义市场经济体制转换的改革已经基本完成？当然现在还有少数领域，市场化改革有不到位的地方；但另一方面，也有不少领域发生了过度市场化的毛病。这些不足和过头都需要继续调整完善，但已经不属于传统计划经济向市场经济大转换的主流。今后按照十七大精神，要加强

---

① 中共中央文献研究室：《改革开放三十年重要文献选编》上，中央文献出版社2008年版，第633页。

国家宏观计划对市场经济的导向调控，①如邓小平说的"计划和市场都是经济手段"②，都要发挥它们在经济中的调节作用，而不再提不带限制词的"市场化改革"。

又比如，所有制结构从单一公有制经济转变为多种所有制经济共同发展的改革。现在，非公有制经济蓬勃发展，大大超过新中国成立初期。并且，公有制经济与非公经济的公降私升的趋势，已影响到公有制为主体的临界点。所有制结构改革的任务，可以说已经基本胜利完成。今后的任务，应该是巩固和完善社会主义初级阶段的基本经济制度，特别是要强化公有制为主体的社会主义方向，并且正确引导非公经济的发展。

再比如，从以大锅饭和平均主义倾向的分配制度，转向到效率优先拉开差距的改革，现在明显早已成功。"让一部分人先富起来"，早已超期超额完成。按邓小平的预期，"让一部分人先富起来"的改革阶段，应在20世纪末21世纪初结束，转向"逐步实现共同富裕"的方向。③由于客观原因和主观原因，已将此项转变推迟。看来要抓紧研究这个问题，从根本上端正分配问题的改革方向，以解决邓小平临终遗言"分配不公，会导致两极分化，到一定时候问题就会出来"④。

再比如，农村改革从人民公社体制改为实行家庭承包责任制，早已成功，特别是以分为主的统分结合的双层经营责任制，得到事实上的推广。这是邓小平讲的农村改革的"第一个飞跃"。经过30年的演变，农村经济已获得巨大发展，现在是不是应该转为着重解决双重经营责任制的"统"的一面，发展新的农

共和国60周年感言四则

---

① 中共中央文献研究室：《改革开放三十年重要文献选编》下，中央文献出版社2008年版，第1726页。

② 中共中央文献研究室：《改革开放三十年重要文献选编》上，中央文献出版社2008年版，第635页。

③ 同上。

④ 《邓小平年谱》下，中央文献出版社2004年版，第1364页。

村集体经济？这是邓小平讲的农村改革的"第二个飞跃"。这是保证农村改革的社会主义方向的必由之路。在"第一个飞跃"阶段的改革胜利结束以后，应该认真考虑农村下一个阶段的"第二个飞跃"了。①

刘国光

经济论著全集

第
17
卷

---

① 《关于农村"两个飞跃"的思想》，《邓小平年谱》下，中央文献出版社2004年版，第1310—1311、1349—1350页。

新中国成立六十年来中国的
计划与市场*

——中国特色社会主义经济运行机制的
探索与创建
（2009年）

新中国成立60年来，我国经济建设围绕计划与市场这个基本问题，进行了长期的探索。这是一个朝着既定的目标，探寻在中国这块土地上建设社会主义的实现途径、模式和体制的过程，这种探索是在特定社会历史条件下进行的，是客观条件、客观要求和主观认识共同作用的结果。

一、从新民主主义经济到社会主义计划经济

旧中国是一个经济极端落后的半殖民地半封建社会，经济命脉和主要生产资料掌握在外国资本、封建地主和官僚资本手中，整个经济是各种形式的私有制基础上的商品—市场经济，以及农村中广泛存在的自然经济。新民主主义革命胜利后，通过没收国民党政府系统的官僚资本企业变为新的国有企业；通过废除西方国家在华的一切特权，对西方国家遗留在大陆的外资企业分别采取管制、征购、征用、代管等措施，逐步加以接收而变为国有企

---

* 原载《当代中国史研究》2009年第5期。

业，两者形成国有经济。另外还有合作社经济、私人资本主义经济、个体经济、国家资本主义经济，构成五种经济成分。国有经济是新民主主义国家所经营的、以全民所有制为基础的社会主义性质的经济，代表着新民主主义经济的发展方向；合作社经济是以劳动者个人所有为基础的人民群众的集体经济，是半社会主义性质的经济；私人资本主义经济是以资本家私人所有为基础、以追求利润为目的的私营经济，它具有两重性，我们党对它采取利用和限制的政策；个体经济是指分散的个体农业和个体手工业经济，占国民经济总量的80%以上；国家资本主义经济是一种国家经济同私人资本合作的、具有社会主义因素的经济成分，其发展前途是转向社会主义国有经济。

新民主主义经济是适应我们这个经济落后国家为社会主义革命奠定生产社会化基础的需要而必经的发展阶段。在这个阶段必须利用个体经济和私人资本主义经济的积极作用，还需要发挥商品—市场经济的调节作用。国家计委1952年成立时，面对多种经济成分并存的新民主主义经济体制，实施了多种形式的计划管理制度，但由于存在五种经济成分，整体上仍然属于市场经济，但这时的市场经济已经具有新的特征，形成了有计划调节的市场经济体制。在社会主义性质的国有经济领导下，多种经济成分协调发展；资源配置的基础环节是国家调控下的市场体系，并与多种计划管理方式相结合，实施"公私兼顾、劳资两利、城乡互助、内外交流"经济政策，以兼顾各方面的利益，发挥广大农民发展个体经济与互助合作两种积极性，使私营经济获得正常利润，能够继续进行生产和扩大再生产。这些构成了新中国成立初期新民主主义经济体制的基本特点。由于理论准备比较充分，通过这种符合国情的社会经济体制，党和政府领导全国人民团结奋斗，在极其困难的经济环境下，赢得了财政平衡、市场稳定、生产恢复，出现了新中国建立初期经济发展、社会昌明的历史盛况。

　　1952年下半年，由于国民经济恢复任务基本完成，全国即将转入大规模经济建设，中共中央在讨论如何编制第一个五年计划时，中国的经济建设究竟应采取什么样的模式，就成为迫切需要明确的问题。经过1952年7月到1953年年底一年半的经济建设实践和理论探索，在当时的国际环境和历史背景下，苏联道路和苏联模式成为必然的选择；迅速实现以重工业为中心的工业化这个国民经济恢复后中国经济面临的紧迫任务，是促使我国加快进行社会主义改造、实行国家主导的计划经济体制的现实动因；统购统销和加快农业合作化步伐就成为工业化的制度保障。这几个方面的契合，使我们党选择了以"一化三改"为内容的过渡时期总路线和以"一五"计划为标志的社会主义工业化模式。

　　我国在由新民主主义的市场经济向社会主义计划经济过渡、进行生产资料所有制的社会主义改造、开始建立社会主义经济制度时，并没有重复苏联最初几年走过的弯路，没有消灭商品货币关系。当时，我们党对我国社会主义所有制结构、经济运行调节机制、市场等问题做了许多有益探索。毛泽东较早觉察到苏联经济模式的某些过分集中的弊端，1956年他在《论十大关系》一文中提出了适合于中国情况的社会主义建设的主张。陈云在党的八大会议上的讲话中提出了："我们的社会主义经济的情况将是这样：在工商业经营方面，国家经营和集体经营是工商业的主体，但是附有一定数量的个体经营。这种个体经营是国家经营和集体经营的补充。至于生产计划方面，全国工农业产品的主要部分是按照计划生产的，但是同时有一部分产品是按照市场变化而在国家计划许可范围内自由生产的。计划生产是工农业生产的主体，按照市场变化而在国家计划许可范围内的自由生产是计划生产的补充。因此，我国的市场，绝不会是资本主义的自由市场，而是社会主义的统一市场。"[①] 陈云的讲话受到了毛泽东的赞赏，会议采纳了这些成果，做出了相应的决策，反映在经大会批准的周恩来所做的关于第二个五年计划的报告中。

在过渡时期总路线指引下进行的社会主义改造，改变了原来估计的新民主主义制度发展15年或者更长一点的时间再向社会主义转变的设想，提前实现了从带有一定程度的计划调节的市场经济向社会主义计划经济的过渡。总的来看，这是符合我国社会发展的基本历史趋势的，而且从当时的现实来看，也有其客观的要求，是多种因素综合作用的结果。但从反思的角度来看，这种社会经济制度和经济体制的历史性大转变，特别是后来逐步发展为高度集中的以单一公有制和行政命令为特征的计划经济体制，还是显示出我们对社会主义建设问题的理论准备不足，造成了行动上的偏急，形式上的简单，出现了脱离生产力发展实际状况、过急过猛的问题。应该承认，"什么是社会主义，怎样建设社会主义"（包括如何认识和处理计划和市场的关系）这个问题，对于经济落后国家的无产阶级政党来讲，不是短时间可以解决的，因而在这场大变革中的初期出现偏差和失误是难以避免的，当然也有其需要认真总结和反思的地方。

二、社会主义计划经济的确立、功绩与局限性

1956年，我国实现了由新民主主义经济时期的国家计划调控的市场经济到完全的计划经济体制的转变，进入社会主义计划经济的发展时期。这是中国社会发展的一个重大的变化。1955年秋，毛泽东在《中国农村的社会主义高潮》的按语中写道："人类的发展有了几十万年，在中国这个地方，直到现在方才取得了

---

① 《陈云文选》第三卷，人民出版社1995年版，第13页。

按照计划发展自己的经济和文化的条件。自从取得了这个条件，我国的面目就将一年一年地起变化。"①

社会主义改造基本完成以后，我国转入全面的大规模的社会主义建设。在开始全面建设社会主义的十年中，社会主义公有制及以此为基础的计划经济体制，发挥了全面统筹安排、集中力量办大事的优越性。在当时国力较弱的情况下，我们能够最大限度地集中全国的资源，迅速地形成了工业化的初步基础，在旧中国遗留下来的"一穷二白"的基础上，建立了独立的比较完整的工业体系和国民经济体系。直到"文化大革命"前夕的十年中，我们虽然遭到过严重挫折，但仍然取得了很大的成就。

在这一时期，由于对社会主义建设经验不足，对经济发展规律和中国经济基本情况认识不足，更由于中央和地方不少领导同志在胜利面前滋长了骄傲自满情绪，急于求成，夸大了主观意志和主观努力的作用，忽视了客观的经济规律，并使得以高指标、瞎指挥、浮夸风和"共产风"为主要标志的"左"倾错误严重地泛滥开来。在这种"左"倾错误思想指导下，有人鼓吹什么立即取消商品，取消货币，可以不顾价值规律的作用。其结果是，广大农民的积极性受到了极大的挫伤，农村生产力遭到了极大的破坏，国家和人民遭到重大损失。

党中央和毛泽东对"大跃进"和人民公社化运动中的"左"倾错误有所察觉，曾连续召开重要会议，努力纠正这一错误。毛泽东针对主张废除商品和货币等错误观点指出，在社会主义时期废除商品是违背经济规律的，我们不能避开一切还有积极意义的诸如商品、价值法则等经济范畴，而必须使用它们来为社会主义服务。中国是商品生产很不发达的国家，商品生产不是要消灭，而是要大大发展。他特别强调指出，为了团结几亿农民，必须发

新中国成立六十年来中国的计划与市场

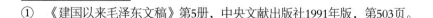

① 《建国以来毛泽东文稿》第5册，中央文献出版社1991年版，第503页。

展商品交换；废除商业和对农产品实行调拨，就是剥夺农民。他还进一步指出，价值法则是客观存在的经济法则，我们对于社会产品，只能实行等价交换，不能实行无偿占有。

1960年冬，开始对国民经济实行"调整、巩固、充实、提高"的方针，制定和执行了一系列正确的政策和果断的措施，市场和自由贸易的作用一度得以发挥。适应市场松动和改进计划工作的要求，国家计委一度重新提出计划管理的多元性，主要包括：指令性的、指导性的和参考性的计划相结合；对集体所有制和全民所有制企业的计划要有所区别，对全民所有制的企业实行直接计划，对集体所有制的农村和手工业实行间接计划；国家对农村人民公社只下达农产品的收购计划，对粮食、棉花、油料等主要农业生产指标提出参考性意见，手工业的供产销计划，中央只管少数同国计民生有关的重要产品，其他产品均归地方管理。对于手工业生产单位生产的小商品和农村人民公社、农民个人生产的土副产品，应当在商业部门的统一领导下，运用价值法则，通过供销合同和集市贸易来促进生产、活跃流通，满足生产和消费的需要。由于这种经济运行思路和方针、政策的调整，经济建设逐步地重新出现欣欣向荣的景象。1964年年底到1965年年初召开的第三届全国人民代表大会宣布：调整国民经济的任务已经基本完成，整个国民经济将进入一个新的发展时期，要努力把我国逐步建设成为一个具有现代农业、现代工业、现代国防和现代科学技术的社会主义强国。但是其后不久，尤其是后来在"文化大革命"期间，随着"左"倾思潮和"左"倾政策的发展，我国的经济体制趋于僵化，计划实施形式更加单一化了，人们把计划经济当作社会主义制度的本质特征，而把市场经济视为资本主义的专属特征。在对社会主义与商品经济的关系问题、计划与市场关系问题的认识上，都出现了"左"的偏差。

由于1957年以后党在指导思想上的"左"倾错误的影响，把搞活企业和发展社会主义商品经济的种种正确措施当成"资本主义"，所以使经济体制上过度集中统一的问题在一定历史时期内不仅长期得不到解决，而且发展得越来越突出。应该承认，进行以公有制为基础的计划经济这种经济体制的历史性变革，其意义是巨大和深远的，它奠定了我国社会发展方向的制度基础。但也应该看到，在社会主义经济建设的早期，难以避免地出现了偏颇，一方面是在速度上过急、过早；另一方面是在所有制结构上追求单一的公有化，忽视了其他经济成分存在和发展的合理性；在经济运行机制上追求完全的计划化，排斥了商品经济的发展和市场调节的作用。由此，经济建设的指导思想和指导方针发生了严重失误。

应该看到，进行社会主义现代化建设，要处理好计划与市场的关系，建立起一个合理有效的经济运行体制，做到这一点，没有一个在实践中不断提高认识、积累经验的过程是不可能的。毛泽东在1962年曾讲过："对于建设社会主义的规律的认识，必须有一个过程。必须从实践出发，从没有经验到有经验，从有较少的经验，到有较多的经验，从建设社会主义这个未被认识的必然王国，到逐步地克服盲目性，认识客观规律，从而获得自由，在认识上出现一个飞跃，到达自由王国。"[1]历史的发展要求依据实践经验和教训，对计划与市场这个问题进行新的理论和实践探索。

三、由社会主义计划经济向社会主义市场经济过渡

中共十一届三中全会确立改革开放方针以来，我国开始了历

---

① 《毛泽东文集》第8卷，人民出版社1999年版，第300页。

史性的体制改革，总的方向是由社会主义计划经济向社会主义市场经济过渡。这在一定意义上讲，就是对新中国成立前30年已经开始的探寻符合中国国情的社会主义经济体制的实践经验和教训的总结。这个新的探索过程开始时，不少人把经济改革理解为经济管理方法的改善，但很快就认识到改革的根本问题是经济体制和机制的问题，从而把对改革内涵的认识提高到一个新的层次。人们已经认识到，改革集中在如何认识和处理计划与市场的关系问题上。这是在新的历史起点上，自觉地进一步解决计划和市场的关系问题。

新的历史性改革是对计划经济体制的扬弃，一方面是对已经建立的经济制度和经济体制的坚持和完善，另一方面是对这一体制中存在的偏颇、出现的失误的校正。邓小平明确指出了这个问题的重要性和难度，他说："计划与市场的关系问题如何解决？解决得好，对经济的发展就很有利，解决不好，就会糟。"[①]如何认识和处理社会主义条件下计划与市场的关系，就成为经济体制改革中的一个关系全局的问题。对这个问题的探索和认识，又经历了一个逐步深入的过程。

1981年，中共十一届六中全会通过的《关于建国以来党的若干历史问题的决议》中，确认了社会主义社会存在着商品生产和商品交换，但没有提"商品经济"。那时还是认为商品经济作为整体来说，只能存在于私有制为基础的资本主义社会。1982年中共十二大明确地提出了"计划经济为主、市场调节为辅"的原则，前进到这一步，"商品经济"的概念依然难以提出来。邓小平1979年11月会见美国人时讲过"社会主义可以有市场经济"，但当时大家并不知道，所以"商品经济""市场经济"的概念在那一段时间还一直是一个禁区。直到1984年中共十二届三中全会

① 《邓小平文选》第三卷，人民出版社1993年版，第17页。

通过的《中共中央关于经济体制改革的决定》，才第一次提出"社会主义是公有制基础上的有计划的商品经济"。这是社会主义经济理论的一个重大突破。

在中共十二届三中全会的新论断提出来后，人们对于"有计划的商品经济"，究竟是"有计划"的一面为主，还是"商品经济"一面为主，众说纷纭。到1987年中共十三大之前，邓小平在同几位中央负责人谈话时提出"不要再讲计划经济为主了"，所以中共十三大就没有再讲谁为主，而是提出了"社会主义有计划的商品经济体制应该是计划与市场内在统一的体制"，还提出"国家调控市场，市场引导企业"的机制模式。这样，计划与市场的关系，就从中共十二大时以计划经济为主、市场调节为辅，到中共十三大转为计划与市场平起平坐，并且逐渐把重点向商品经济、市场经济的方面倾斜。初步实践表明，这种机制的确搞活了经济，但由于计划控制强度不够，再加上间接调控机制并未真正建立起来和多年经济发展过热等原因，也引起了基建规模过大、物价上涨、通货膨胀等宏观失控现象。

1989年春夏之交的政治风波之后，情况有所变化。鉴于当时政治经济形势，邓小平在6月9日讲话中将计划与市场关系的提法，调回到"以后还是计划经济与市场调节相结合"，即中共十二大时的提法。这个提法，从1989年春夏之交的政治风波后一直用到1992年中共十四大。一段时期，我们的经济工作也转到更多地用中央行政权力来管理经济，市场调节方面稍微差了一些。

1992年10月中共十四大明确提出，我国经济体制改革的目标是建立社会主义市场经济体制。这是我国计划与市场关系演变过程中的一个里程碑。这一年年初，邓小平提出："计划多一点还是市场多一点，不是社会主义与资本主义的本质区别"，同时指出，计划与市场不是划分社会制度的标志，而是社会主义和资本主义都可以利用的配置资源的手段。①计划与市场各有其优点与缺陷。市场的长处就是能够通过竞争，促进技术和管理的进步，实现产需衔接。但是，市场也不是万能的。有几件大事不能完全交给市场、交给价值规律去管：一是经济总量的平衡；二是大的经济结构的及时调整；三是竞争导致垄断问题；四是生态环境问题；五是社会公平问题。这些问题都需要国家的宏观计划调控来干预。计划的长处就是集中力量办大事，对经济发展方向及时做出重大调整，还可以调节社会分配，保持社会公正。但计划工作也是人做的，人不免有局限性，有许多不易克服的矛盾，比如主观与客观的矛盾、利益关系的矛盾，等等，计划也就不会十全十美了。对此，一方面要改进计划工作，另一方面就是运用市场手段来校正计划的不足。对于市场与计划，实践中正确的做法应当是：扬长避短，趋利避害，充分发挥它们各自的优势，避免两者的缺陷和不足，使之互相补充。相反，错误的做法就是只迷信其中一方，让两者互相排斥。

中共十四大正式提出建立社会主义市场经济体制，没有提"有计划"三个字。但是，中共十四大前夕，1992年6月9日中共中央总书记江泽民在中央党校讲话中，关于经济改革目标模式讲过三种提法：一是建立计划与市场相结合的社会主义商品经济体制；二是建立社会主义有计划的市场经济体制；三是建立社会主义市场经济体制。他个人比较倾向于使用"社会主义市场经济体制"的提法，同时说："有计划的商品经济，也就是有计划的市场经济。社会主义经济从一开始就是有计划的，这在人们的脑子里和认识上一直是清楚的，不会因为提法中不出现'有计划'三个字，就发生是不是取消了计划性的疑问。"②我觉得江泽民讲得很好，讲的确实是对的，"社会主义市场经济"没有提"有计

---

① 《邓小平文选》第三卷，人民出版社1993年版，第373页。
② 《江泽民文选》第一卷，人民出版社2006年版，第202页。

划"，但"有计划"三字是省略而不是取消，社会主义就包括"有计划"。

从中共十四大起，我国经济体制改革的目标确定为社会主义市场经济，这样，建立社会主义市场经济体制在我国就成为自觉、主动的历史进程。按照中共十四大的部署，中共十四届三中全会通过了《中共中央关于建立社会主义市场经济体制若干问题的决定》（以下简称《决定》）。《决定》从中国的基本国情出发，把中共十四大决定的经济体制改革的目标和基本原则系统化、具体化，对社会主义市场经济体制若干重大原则、方针和内容做了说明。《决定》从社会主义市场经济体系的微观基础到宏观管理，从城市改革到农村发展，从经济运行机制到科技教育体制，从经济手段运用到法律制度建设，从生产、分配到流通、消费等各个环节和领域，规划了20世纪90年代的改革任务，构筑了社会主义市场经济体制基本框架。

四、社会主义市场经济体制的发展与完善

改革开放30年来，我们取得了理论的创新性发展和巨大的实践效益。社会主义市场经济体制初步建立，推动了中国经济的蓬勃发展，取得了举世瞩目的伟大成就。

从制度变迁的角度看，改革开放30年来，我们已经走过了经济体制改革的突破期和扩展期，商品经济的要素已经充分发育，市场经济的各种活动主体已经比较成熟，市场运行机制也已经充分发挥作用。但是，30年迅猛变革、急促形成的社会主义市场经济体制的基本框架，可以说是粗放型的，存在着多方面需要完善的问题，也就是说，面临着从"粗放型制度构建期"转入"集约型制度建设期"的多项任务。

我体会，正是基于我国经济社会发展的这个阶段性特征，

中共十六大把"完善社会主义市场经济体制"确立为"本世纪头二十年经济建设和改革的主要任务"之一。中共十七大认真总结了改革开放近30年来的伟大历史进程和中共十六大以来的工作，明确提出了全面建设小康社会奋斗目标的新要求。强调指出，实现未来经济发展目标，关键要在转变经济发展方式、完善社会主义市场经济体制方面取得重大进展，并突出强调加快完善社会主义市场经济体制。

我认为，在60年实践的基础上，更科学准确地认识社会主义市场经济体制中的计划性功能和特征问题，应该是完善社会主义市场经济体制的一个重要方面。从客观情况来看，市场经济初步建立之后，市场的积极方面和消极方面也随之充分展现出来。市场经济在发挥激励竞争、优化资源配置等优越性的同时，它本身固有的缺陷也日渐突出。特别是在经济总量综合平衡、环境资源保护以及社会公正方面引发的问题，不是市场能够自行解决的。从对市场机制和市场经济的认识来看，现在人们对市场经济和市场机制的历史作用有了比较充分的认识，对市场经济与现代化的关系也有了深刻的把握，但是，也出现了盲目崇拜市场机制和市场经济的市场原教旨主义观点。有不少人犯了市场幼稚病，甚至发展到对市场迷信的程度，认为似乎市场可以解决一切问题，现在出现的问题都是由于市场化改革没有搞彻底；有人公开提出中国要照搬"欧美式自由市场"的模式；有人彻底否定"计划"的作用，"计划"成了"保守""左"的代名词；有人把市场的本质说成是天然地要求纯粹"自由化"，同计划手段绝对对立起来，说"无形的手才是市场经济的无冕之王、长青之树"，"无形的手"为"主导"，有形的手必须"退出"①。在这些错误思潮的影响下，许多领域发生了过度市场化的倾向，像教育、医

---

① 张健：《社会主义市场经济是最佳选择》，《经济参考报》2009年6月24日。

疗、住宅等领域，本来不该市场化的部分，也都市场化了。西方资本主义国家，有几个敢在这些领域实行完全市场化的呢？这些领域的过度市场化，对人民群众的生活造成了不良的影响。

中共十四大以来，我们在短期宏观调控上，先后取得了治理通胀和治理通缩的成功经验。但是国家计划的宏观经济导向作用有日渐减弱的趋势。计划本身多是政策汇编性的，很少有约束性、问责性的任务；中央计划与地方计划脱节，前者控制不了后者的盲目扩张；计划的要求与实际执行相差甚远。总之，国家计划失之软弱，甚至变成可有可无的东西。放弃GDP情结、扩大内需、产业升级、自主创新，喊了好多年，但是收效不大，这与国家计划的约束性与问责性不强而导致的国家宏观调控能力减弱有关。

中共十七大重新提出"发挥国家发展规划、计划、产业政策在宏观调控中的导向作用，综合运用财政、货币政策，提高宏观调控水平"[①]。中共十七大明确提出这个多年没有强调的国家计划的导向性问题，我认为是极有针对性的。它再次提醒我们，社会主义市场经济应该是"有计划"的。国家计划导向下的宏观调控，是中国特色社会主义市场经济所必备的内涵，社会主义市场经济应该实现自觉的科学的宏观计划调控与价值规律和市场机制的"自发"调节的结合。中共十七大突出强调加快完善社会主义市场经济体制，涉及的方面很多，我认为，正确认识社会主义市场经济中的"计划性"问题，应该是一个关系到社会主义市场经济的运行机制总体特征的问题。现在是到了在继续坚持让市场作为资源配置的基础的同时，加强宏观计划调控的作用、强调国家计划在宏观调控中的主导作用的时候了。

对于"计划"在社会主义市场经济运行体制中的地位，我

---

① 中共中央文献研究室：《改革开放三十年重要文献选编》下，中央文献出版社2008年版，第1726页。

们要有充分的认识。大家知道，宏观调控有这么几种主要手段：财政政策、货币政策和计划手段。只有少数市场经济国家设有计划机构并编有预测性计划，一般不用计划手段。但我国作为社会主义大国，有必要在宏观调控中利用计划手段。产业政策也属于计划手段，规划也是一种计划。所以，主要就是上述三种手段。中共十四大报告明确指出，"国家计划是宏观调控的重要手段之一"。[①]在财政、货币、计划三者关系中，计划应是财政货币政策的指针，财政、货币政策要有计划地指导。国家计划与宏观调控不可分，计划是宏观调控的主心骨。国家计划有年度计划，还编制五年、十年的中长期发展规划。年度计划包含经济增长速度、投资总额、财政预算、信贷总额、外汇收支、失业率、物价上涨率和人口增长率等指标，每年都由国务院提出、经全国人民代表大会批准，应当是有法律和行政效力的。这些中长期规划和年度计划，都应该在宏观调控中起导向作用，具有约束力。关键之处还应问责和追究法律责任，这样的国家计划才能对宏观调控起到导向作用。

中共十七大重新强调国家计划在宏观调控中的导向作用，并不是如某些人所歪曲的那样，"要回到传统计划经济模式"。因为：第一，现在的国家计划不是既管宏观又管微观、无所不包的计划，而是只管宏观，微观的事情主要由市场去管；第二，现在资源配置的基础性手段是市场，计划是弥补市场缺陷的必要手段；第三，现在的计划主要不再是行政指令性的，而是指导性的、战略性的、预测性的计划，同时必须有导向作用和必要的约束、问责功能。由计划经济向市场经济过渡，再到重新强调国家计划在宏观调控中的导向作用，这合乎辩证法的正—反—合规律。这不是回到过去传统的计划经济的旧模式，而是计划与市场

---

① 《中国共产党第十四次全国代表大会文件汇编》，人民出版社1992年版，第23页。

关系在改革新阶段更高层次上的综合。实现市场和计划在更高层次上的综合，就是在计划与市场之间建立和谐关系。计划与市场之间的和谐，是社会主义和谐社会应有的内容。

回顾新中国60年的历程，我深刻感觉到，中国特色社会主义经济的发展是符合历史发展基本趋势的，是一个螺旋式上升的过程。60年的经济建设进程，如果说改革开放之前是"正"，改革开放之后的一段时期就是"反"，这是一个否定。60年来，一"正"一"反"，才形成现在的局面，也积累了不少新矛盾。现在也到了否定之否定的"合"的阶段，要对一些新矛盾进行一些新的"反"与"正"，从而在更高层次上转向新的综合。这样的综合，绝不是倒退，而是在更高层次上的综合，由此推动事物向更高阶段发展。能不能坚持正确的发展观，把这个更高层次的综合做好，到了非常关键的时候。综合得好，就能全面保持和凸显社会主义市场经济的内涵和特征，中国的未来将更加辉煌。

（本文写作过程中得到马克思主义研究院毛立言研究员大力协助，谨此致谢。中央文献研究室编入《新中国60年研究文集》时用题为《建国六十年来中国的计划与市场》，《当代中国史研究》2009年第5期刊登时用本文副标题，原载《当代中国史研究》2009年第5期。）

新中国成立六十年来中国的计划与市场

一个思想解放的良好果实*

——《权力结构论》序

（2009年）

从历史唯物主义讲，生产力和生产关系是一对矛盾，是任何社会发展的根本矛盾，生产力和生产关系的总和构成一个社会的生产方式。改革开放过程也有生产力和生产关系矛盾。比如"社会主义市场经济体制"，这个概念，就包含生产力和生产关系，"社会主义"主要着眼于强调生产关系，社会主义不同于其他社会的特殊性在什么地方？公有制为主体、消灭剥削、共同富裕，体现了社会主义生产关系的主要特征。离开了这些本质特征，就不是社会主义。"市场经济"主要着眼于发展生产力。

对"社会主义"和"市场经济"一定要统一地来看，不可偏废。这是很重要的原则，不然就会变成资本主义市场经济。不能什么都讲姓"社"姓"资"，生产力就不能讲姓"社"姓"资"。生产关系中一些共性的东西，如造大飞机、信息化、高科技，就不能讲姓"社"姓"资"。但是，生产关系中非共性的东西，就不能不讲姓"社"姓"资"，如雇佣劳动、剥削等。说到"消灭剥削"，本书认为这是邓小平同志讲到的社会主义本质中最重要的东西。人类社会中，最常见的剥削有两种：一是权力

* 本文是作者为潘德冰、颜鹏飞等著《权力结构论——中国三十年改革的反思与构建》一书所写的序言，标题由编者所加。2009年10月由中国财贸经济出版社出版。

剥削，即用一种支配和控制别人的权力，而并不需要资本的投入来获得物质上的利益。另一种是资本剥削，即利用资本的投入，占有他人劳动的剩余价值。如社会上存在的各种"潜规则""权力腐败"等，都可以提高到"权力剥削"的范畴。在社会主义的体制下，这两种剥削都应该"消灭"。本书还给出"消灭"这两种剥削的路径。总之，对于姓"社"姓"资"，一定要具体分析。有些人打着邓小平的旗号，反对讲姓"社"姓"资"，说什么思想解放就是要从姓"社"姓"资"的思想束缚中解放出来，这根本是错误的，而且歪曲了邓小平的讲话精神。邓小平不是不讲姓"社"姓"资"，他只是提出计划市场问题时，讲到不要讲姓"社"姓"资"问题，他说，资本主义也有计划，社会主义也有市场，都是手段，不要讲姓"社"姓"资"，仅此而已，哪里是一般地讲不要姓"社"姓"资"？小平同志讲"三个有利于"的时候，也不是讲姓"社"姓"资"，他特别点出要"发展社会主义社会的生产力"和"增强社会主义国家的综合国力"。在这些原则问题上，邓小平分明是讲姓"社"姓"资"的。他一再强调要坚持社会主义的根本原则，即公有制为主体和共同富裕。他怎么会一般地反对区别姓"社"姓"资"呢？

　　本书论证了：公有制经济与市场经济是相容的。市场经济的运行、控制等与"私有化"并无必然的联系。社会主义可以跨越资本主义的发展阶段，而直接由现实的社会主义社会跨入到中等发达的社会主义社会，等等。这就更说明了，我们是必须区别姓"社"姓"资"的。

　　关于权力制衡问题。权力缺乏监督，主要领导干部个人说了算，"人治"代替"法治"的弊端还很严重。民主可以有不同模式，我们不提倡西方式的"三权分立"模式，但权力制衡总得要有。没有制衡的权力、缺乏约束的权力一定要腐败。十七大提出建立健全的决策权、执行权、监督权既相互制约又相互协调的权力结构和运行机制，就是分权制衡原则的运用，这方面我们需要加大改革力度。

在"权力制衡机制"方面，本书提出了如下三个原则：①坚持党的领导、人民当家做主和依法治国的有机统一的原则；②建立健全决策权、执行权、监督权既相互制约又相互协调的原则；③绝不照搬西方政治制度模式的原则。并且，还是渐进式的，要完成这种体制改革，需要相当长的时间。这是一种符合"四项基本原则"的社会主义的体制改革。

按照马克思主义观点，所有制决定分配。但人们常忽略了这个观点。在分析我国贫富差距扩大的原因时，举了很多理由，如城乡差别扩大、地区不平衡、行业垄断、腐败、公共产品供应不均、再分配调节落后等，不一而足。这些原因都能成立，但不是最主要的。造成收入分配不公的最根本原因被忽略了。财产占有上的差别，是收入差别的最大的影响因素。连西方资产阶级经济学家萨缪尔森都承认，"收入差别最主要的是拥有财富多寡造成的，和财产差别相比，个人能力的差别是微不足道的"。他又说："财产所有权是收入差别的第一位原因，往下依次是个人能力、教育、培训、机会和健康。"①三十年来我国贫富差距的扩大，除了上述的一系列原因外，跟所有制结构变化，跟"公"降"私"升和化公为私的过程显然有关。这种关系被某些学者在分析收入差距原因时，有意无意忽略掉了。

在调整收入分配差距关系、缩小贫富差距时，人们往往从分配关系入手，特别是从财政税收、转移支付等再分配领域入手，完善社会保障，改善低收入者的民生状况。这些措施都是完全必要的，我们现在也开始这样做了。但是，仅从分配和再分配领域着手是远远不够的，不能从根本上扭转贫富差距扩大的问题。还

---

① 萨缪尔森：《经济学》下，高鸿业泽，商务印务馆1979年版，第231页。

需要从所有制结构，从财产制度上直面这一问题，从根本上阻止贫富差距扩大、两极分化的趋势。其实，资本主义社会最核心的本质是"以资本为本"、为"主义"的。它的意识形态也充满了"以资本为本"、为"主义"的原则。我们的社会主义社会改革，怎么能遵循"以资本为本"、为"主义"的原则呢？如要从根本上改变我国目前实行的"以资本为本"的所有制关系，应该"让普通员工参与企业利润的分配，让'活劳动'能享有自己创造的价值剩余"①。

社会存在与意识形态的关系，也是历史唯物主义的一个重要命题。社会存在决定社会意识，反过来，社会意识又反作用于社会存在。先进的社会意识推动社会进步，落后腐朽的社会意识阻碍社会进步。三十年来，我们在这方面经历了不少风雨，最重要的莫过于解放思想和改革开放的关系了。

因为现在某些人的思想解放早已离开了这一根本，却还在高举"邓小平的旗帜"，高调提倡"进一步思想解放"。他们称当前"新的思想解放""是从冲破姓'社'姓'资'，到冲破姓'公'姓'私'，概括起来就是冲破'所有制崇拜'"。那就是不要公有制为主体，公私多种所有制经济共同发展的社会主义基本经济制度了。我们之所以称西方的一些经济学家是资产阶级的，其核心根源是他们的理论都鼓吹"以资本为本"、为"主义"的（即资本主义的经济学）。我们在课堂上学习这些理论时，仍然照搬这一套，而不是学习这些理论中的一些方法和技巧。让青年学生的意识形态中，从小就树立了"以资本为本"、为"主义"的观念，而缺乏社会主义的"共同富裕"的意识。借用这次作序，我想再次提出这个问题。

因此，所谓的"思想解放"也分两种情况。一种是以马克

---

① 龚益鸣：《走科学发展的必经通道》，《学习月刊》2008年第11期。

思主义、科学社会主义为指导的思想解放，这是促进中国大陆改革开放向社会主义自我完善的方向前进的；另一种是把我们的改革开放推到一个不是我们党所规划所期望的方向。所以，不能天真地认为，凡是思想解放都能正确引导推动我们的改革开放。总之，思想解放是有底线的，不是无边无际的胡思乱想，在我国，这个底线就是不断发展的马克思主义和科学社会主义。

本书理论表明：中国的问题，不是在于社会主义属性内容的问题，恰恰相反的是我们现实的体制，特别是体制结构不能很好地体现出社会主义属性内容的问题。必须改革这一体制结构，使之更好地体现出社会主义的属性内容。这本书是一个思想解放的良好的果实。本书有新意、写作细腻、逻辑性强、推理周密，诸位同仁可以一阅。本书写作时的不足之处，还请大家评判、提出宝贵意见（包括批评意见）。

经历了半个多世纪的磨砺和积累，中华人民共和国将在21世纪建成社会主义现代化强国

——《1958—1965中华人民共和国经济档案资料选编》总序[*]
（2009年12月）

在21世纪初叶，面临全球化、现代化潮流中的竞争和挑战，我们必须完善社会主义市场经济体制，提高综合国力和全民族素质，促进经济社会和谐发展。为了实现这个目的，需要实施科学发展观，深化改革。在新的历史发展时期，抚今追昔，具有继往开来的重要意义。中国社会科学院和中央档案馆合作编辑的大型经济学术资料——《中华人民共和国经济档案资料选编》，正是来自这一宗旨。

《1958—1965中华人民共和国经济档案资料选编》所涉及的8年，是中华人民共和国成立初期经济建设的一个重要阶段。从1958年开始，党和国家的工作进入了全面社会主义建设时期。每年在建大中型工程项目由第一个五年计划时期的百位数上升到数千位，还有数以万计的小型项目。在史无前例的探索历程中，我国出现了严重的失误，遭遇到前所未有的困境，又在迅速走出困境的同时创造了一系列有效的管理经验，其中一些经验成为20世

---

[*]　载于中国社会科学院、中央档案馆编《1958—1965中华人民共和国经济档案资料选编》，中国财政经济出版社2011年版。

纪80年代经济体制改革先河。全面、客观地了解和认识这一历史时期经济建设的丰富内容，对于国史、党史、经济史都具有十分重要的意义。

从1958年开始到1960年年底基本结束的三年"大跃进"，是中国共产党领导中国人民试图摆脱苏联高度中央集权、自上而下的行政性计划管理体制，试图通过群众运动来实现经济高速增长的探索。但是，在急于求成的思想指导下，由于不切实际的高指标和不顾成本的大干快上，"大跃进"期间，一方面建成了一批重要工业项目，进一步改善工业布局，农村工业第一次有了迅猛发展；同时带来严重的比例失调和经济波动，造成了人力、物力的巨大浪费，环境和资源的破坏，农业的严重减产和饥荒。

经过"大跃进"的教训，我们对于以农业为基础，从全局出发处理各方面关系的认识更加深刻了。为了摆脱困境，1960年年底，党和国家对调整国民经济取得了一致意见，决定实行"调整、巩固、充实、提高"的八字方针。从1961年开始，我国经济体制和经济运行进入了长达5年的调整时期。其中1961—1962年为初步调整阶段，主要是纠正"大跃进"时期的体制偏差，强调经济管理的大权集中到中央、中央局和省（市、自治区）委三级。基本建设投资不再由地方财政包干，改为中央财政专项拨款，严加控制并减少部门、地方、企业的预算外资金。在农村，将原来"一大二公"的人民公社管理体制改变为"三级所有，队为基础"，一些地方实行了"包产到户"。同时大幅度压缩基本建设，调整农、轻、重关系，加强对农业的支持，精简"大跃进"期间迅速膨胀的国营企业职工和城市人口，关、停、并、转效益差的企业等。从1961年下半年起，为活跃商品流通采取了多种措施，在三类物资（包括工业品、手工业品、农副产品）管理方面有所放松，集市贸易有所恢复，对推动城乡物资交流，活跃经济起到积极作用。在工商企业，通过颁行《工业七十条》《商业四十条》等办法，重新建立起规章制度和秩序。到1962年年底，国民经济的全面调整取得了明显效果。工业内部的比例关系以及工业与其他经济部门之间的比例关系得到调整。国家财政实现了收支平衡，略有节余。市场供应紧张的情况有所缓和，城乡人民的生活水平略有回升。

经过三年调整，渡过了国民经济最困难的时期。1963年9月，中央工作会议确定再用三年时间，继续实行"八字方针"，作为第二个五年计划到第三个五年计划之间的过渡。到了1965年，原定的各项调整任务顺利完成，我国国民经济开始全面好转。这时受国际战争环境紧张的影响，我国形成了国防第一，全国支援三线建设的新局面。经过正反两个方面的教训，对于经济体制开始形成不同的改革思路：一种思路认为农业经济可以实行"包产到户"形式的生产责任制；国有企业可以采用更多的经济手段来代替行政手段，例如试办托拉斯，推行经济核算，强调利润指标和恢复奖金制度；希望发挥市场调节的拾遗补缺作用，以弥补计划经济的缺陷。另一种思路从维护单一公有制和计划经济出发，联系中苏两党的思想和政策分歧，批评上述探索为修正主义。由于改革的思路是在反复探索和实践中形成的，其中穿插着大量的调查研究、典型试验，以及开展"工业学大庆""农业学大寨""全国学习人民解放军""干部思想革命化"，农村"四清"、城市"五反"等各种政治运动，加之国内外形势的急速变化，使得这些探索具有丰富的内涵可供研究。通过阅读这些内容，可以体会到我国在探索建立社会主义制度过程中所付出的努力和代价。对于这些探索与尝试中的经验教训多一些了解，不仅有助于认识历史，而且对于现实与未来必将有所启迪。

《1958—1965中华人民共和国经济档案资料选编》是《1949—1952中华人民共和国经济档案资料选编》和《1953—1957中华人民共和国经济档案资料选编》的续编。与以往两批资

经历了半个多世纪的磨砺和积累，中华人民共和国将在21世纪建成社会主义现代化强国

劉國光
经济论著全集

第
17
卷

料相比，第三套档案资料涉及的时限更长，内容更加丰富，数量也更多。全套丛书共计10卷，约1500万字，是中国社会科学院和中央档案馆通力协作，科研人员与档案管理人员合作，查阅了以千计卷、以亿计字的档案资料，含辛茹苦，历时六载才编辑成的。该书的出版，为研究中华人民共和国成立初期的经济背景、经济体制变革以及经济运行提供了丰富详尽的学术资料。以往两套资料的出版，已在海内外引起了广泛关注，推动产生了一批有创新见解的国史、党史和经济史的科研成果。本套资料的面世，必将有助于更多富于创见的新成果问世。

在性质与体例上，这套丛书与前两套一样，仍是一部有关中华人民共和国经济史料的大型学术资料系列丛书。兼有资料性和学术性双重意义。一方面，书中正文内容全部采用原始的档案资料，在编辑过程中严格维护文献原意，对重要文献资料力求兼容并蓄，在有限的篇幅中，为读者进一步深入探索提供详尽准确的来源和出处。另一方面，编者对汗牛充栋的文献资料进行去粗取精、去伪存真、由此及彼、由表及里的研究分析，按照生产关系变革、生产力发展、经济体制演变、产业结构变迁、经济运行各个环节分门别类设卷，编排成书；纲目设置原则为历史顺序和经济理论逻辑与经济运行规律相结合，每一卷资料都是一个有机的整体，使读者一目了然，便于比较分析和研究，而不同于一般的文件汇编。它兼有资料性、学术性和科学性。可以说：这套丛书也是一种形式的经济史书；这项工作更是一件具有开拓性、创新性的工作。

这部丛书的编辑和出版，得到了国务院、国家档案局、国家各部委档案部门的热忱支持，并承蒙当年领导我国经济建设的老同志的谆谆指教，在此向他们致以衷心的敬意和谢意。

由于这是一件开拓性的工作，加之档案资料的分散和统计资料的不完备，编辑工作必然有诸多不足和不尽如人意之处，恳请读者提出批评建议，以待再版和续编时改进。

实现收入分配公平的基本思路[*]

（2010年3月9日）

收入分配不公源于初次分配，初次分配中影响最大的核心问题是劳动与资本的关系，财产占有上的差别往往是收入差别最重大的影响要素。改革收入分配，实现社会公平，不仅需要在分配和再分配领域进行调整，还需要从所有制结构，从财产制度上直面这一问题，需要从基本生产关系，从基本经济制度来接触这个问题。

2005年，我发表了《进一步重视社会公平问题》一文，后来又写了《把效率优先放到该讲的地方去》一篇短文，提出"效率优先，兼顾公平"要淡出，把公平置于"兼顾"的次要地位不妥，初次分配也要注重公平。

我的文章发表以后，社会反响比较强烈。很多同志发表意见，多数同志还是赞成我的看法的。但是，也有同志很激烈地反对，批评我的主张是民粹主义，效率仍应放在第一位，社会公平放在兼顾地位。对这种批评意见，我的看法很简单，他没有站在劳动人民的一面说话，而是站在资本财富的立场说话，照他说的搞下去，中国的改革就要走向权贵资本主义的道路，就要失败了。当然，这是我个人的看法，可以讨论。

2005年以后，我年纪大了，参加社会活动少了，中央文件起

---

* 此文作于2010年3月9日，原载《中国经济时报》，作者于6月25日修订后，7月3日发表于《乌有之乡》。

草工作也没再参加。我把文章的原稿呈送给了中央。中央主要负责同志很重视，批给了十六届五中全会文件起草组。但是，十六届五中全会报告征求意见稿当中又出现了"效率优先，兼顾公平"和"初次分配注重效率，再次分配注重公平"的字样，遭到各方面很多同志的非议。我在中国社科院也提了反对意见。十六届五中全会文件最终定稿时，勾掉了这两个提法，同时突出了"更加重视社会公平"的鲜明主张。据我所知，这是中央文件中第一次提"更加重视社会公平"，毫无疑问，符合改革的大势所趋和人心所向，也有利于调动大多数人的改革积极性，无疑是我们收入分配理论和政策领域的一个重大进步。

十六届五中全会是一个重大转机。"更加重视社会公平"表明，中央从重视发展和效率问题转向同时关注更加重视分配公平问题。2006年中央政治局专门召开会议研究解决贫富差距问题。十六届六中全会又强调了要更加重视社会公平。2007年十七大报告进一步提出了"合理的收入分配制度是社会公平的重要体现"，并将初次分配也要实行社会公平这一原则写进了中央文件。近年来，国家高层不断表达"调整收入分配结构"的政治决心，进入2010年，"调整收入分配"一词以前所未有的密集度出现在中国的官方表述中。政府主要领导人在与网民对话时，也承诺了政府不仅有"做大蛋糕"的"责任"，而且有"分好蛋糕"的"良知"。这些，都是基于忧患严重的收入分配不公和贫富差距拉大而表达出的深化改革的信号，深得人民大众的欢迎，希望由此得到共享改革发展的成果。

如何缩小贫富差距，实现收入分配公平？目前政府正在研究解决途径，采取适当措施。今年2月4日，在中央举办的省部级主要领导干部专题研讨会上，国务院总理把改革分配制度、逐步扭转收入差距扩大趋势，归结为三条：一是加快调整国民收入分配格局，逐步提高居民收入在国民收入分配中的比重、劳动报酬在初次分配中的比重；二是加大税收对收入分配的调节作用；三是对城乡低收入困难群众给予更多关爱。3月5日在本届人大政府工作报告中，又将改革收入分配制度、分好"蛋糕"的原则措施概括为三个方面：一是抓紧制定调整国民收入分配格局的政策措施；二是深化垄断行业收入分配制度改革；三是进一步规范收入分配秩序。两次提法略有不同，互为补充，都是切合当前我国收入分配改革的要求，有助于遏制贫富差距扩大的趋势，迫切需要制定切实可行的具体措施，加以贯彻。

我考虑，扭转收入分配不公，由收入差距不断拉大转为差距缩小，直到合理分配的程度，涉及许多方面关系的调整，是一个非常复杂的改革过程，需要深入研究分配问题的机理，选择改革收入分配制度的思路，方能取得预期的社会共富的效果。在有关改革收入分配的众多复杂的关系中，我认为最重要的是分配制与所有制的关系。我在2007年《红旗文稿》第24期发表了《关于分配与所有制关系若干问题的思考》，分析了这个问题，或者对当前收入分配制度的改革有参考意义。

所有制和分配制都是生产关系。按照马克思主义观点，所有制决定分配制。但是，人们常常忽略这个观点。在分析我国贫富差距拉大的原因时，人们举了很多缘由，诸如城乡差距扩大、地区不平衡加剧、行业垄断、腐败、公共产品供应不均、再分配调节落后，等等，不一而足。这些缘由都能成立，也必须应对。但这些不是最主要的。造成收入分配不公的最根本原因被忽略了。

收入分配不公源于初次分配。初次分配中影响最大的核心问题是劳动与资本的关系。这就涉及社会的基本生产关系或财产关系了。财产占有上的差别往往是收入差别最重大的影响要素。马克思主义不否定个人能力等因素对收入高低的影响（复杂劳动）。但即使西方经济学家萨缪尔森都承认，"收入差别最主要的是拥有财富多少造成的，和财产差别比，个人能力的差别是微不足道的"。他又说，"财产所有权是收入差别的第一位原因，往下依次是个人能力、教育、培训、机会和健康"。

我们认为，西方经济学大师的上述说法，是公允的、科学的。如用马克思政治经济学的语言，可以说得更加透彻。根据马克思主义原理，分配决定于生产，任何消费品的分配，都是生产条件分配的结果。生产条件的分配本身，表明了生产方式、生产关系的性质。不同的生产关系决定了不同的分配关系、分配方式。与资本主义私有制的生产方式相适应的分配方式，是按要素分配（主要是按资本分配和按劳动力的市场价格分配）；而与社会主义公有制生产方式相适应的分配方式，则是按劳分配。在社会主义初级阶段，只能以按劳分配为主，按资本和其他要素分配为从。

在调整收入分配关系，缩小贫富差距时，人们往往从分配领域本身着手，特别是从财政税收、转移支付等再分配领域着手，完善社会保障公共福利，改善低收入者的民生状况。这些措施是完全必要的，我们现在也开始这样做了，但是做得还很不够，还要加大力度，特别是个人所得税起征点和累进率的调整，财产税、遗产税、奢侈品消费税的开征，并以此为财源来增强对社会保障、公共福利以及消除"新三座大山"的医改、教改、房改和改善低收入者民生状况的支付，等等。但是，仅仅从分配和再分配领域着手，还是远远不够的，不能从根本上扭转贫富收入差距扩大的问题。还需要从所有制结构，从财产制度上直面这一问题，需要从基本生产关系，从基本经济制度来接触这个问题。

邓小平说"只要我国经济中公有制占主体地位，就可以避免两极分化"，他又说，"基本生产资料归国家所有，归集体所有，就是坚持归公有"，就"不会产生新资产阶级"。这是非常深刻的论断。它指明社会主义初级阶段容许私人产权的发展，容许按要素（主要是资本）分配，但这一切都要以公有制为主体和按劳分配为主体。只要保持这个主体，贫富差距就不会恶性发展到两极分化的程度，可以控制在合理的限度以内，最终向共同富裕的目标前进。否则，两极分化、社会分裂是不可避免的。所以改革收入分配制度，扭转贫富差距扩大趋势，要放在坚持共和国根本大法的角度下考虑，采取必要的政策措施，保证公有制为主体、按劳分配为主这"两个为主"的宪法原则的真正落实。

实现市场经济与社会主义的
有机统一*

——2010年4月在苏州召开的"21世纪世界
政治经济学杰出成果奖"颁发会的发言
（2010年4月）

今天在这里非常荣幸地接受"21世纪世界政治经济学杰出成果奖"，对此我深表感谢。

我今年已经87周岁高龄了，经历了新中国社会主义建设事业的曲折过程，参与了改革开放30多年来许多重大经济理论探讨，和一些决定改革开放前途命运的重大决策、中央文件和中长期规划的起草工作。我在这篇获奖论文《试用马克思主义哲学方法总结改革开放三十年》中，以一个亲历者的身份运用马克思主义的基本观点、方法对中国改革开放30年做了全方位的思考，力求在总结实践经验中创新。我尝试从十一个方面将改革开放经验得失方方面面的问题涵盖进来，力求全面客观、言简意赅、说理透彻。

我在该文中提出，改革开放各项政策经历了一个否定之否定的正—反—合过程，只有不断地对一些新矛盾进行新的反正，才能在更高层次上转向新的综合。辩证地看待改革开放30年，我们既要充分肯定30年取得的伟大成就，也要正视存在的问题和潜

66   *   原载《中国社会科学报》2010年6月29日。

在风险，包括生产力与生产关系之间的矛盾、经济基础与上层建筑之间的矛盾、生产力内部的矛盾、生产关系内部的矛盾，以及社会意识形态与社会存在的关系等。概括起来，就是要实现市场经济和社会主义的有机统一。关于社会主义市场经济体制，一方面是"社会主义"，着眼于强调生产关系，另一方面是"市场经济"，着眼于发展生产力，二者有机统一，不可偏废。改革的成败要看社会主义生产关系最终是巩固了没有，所谓改革的失败，不是指生产力的失败，而是指社会主义生产关系丧失了，两极分化，产生了什么新的资产阶级，小平同志说这是改革的失败。不是什么都讲姓"社"姓"资"，如生产力就不能讲姓"社"姓"资"，生产关系中一些共性的东西，也不必去问什么姓"社"姓"资"。但是，生产关系中非共性的东西，就不能不讲姓"社"姓"资"，一定要具体分析，辨明是非。

我在该文中依照"否定之否定"规律和历史唯物论推进"改革在更高层次上综合"，从新形势出发，针对深化改革提出一系列基于马克思主义经济学的见解：

比如，计划与市场有机结合论。我始终坚持两点论而不是偏执于其中的一点，根据具体实际辩证地摆正二者关系。在改革开放初期，有些人将市场视作洪水猛兽，我是比较早地倡导市场取向改革的；而当市场经济体制基本建立，面对市场体系中出现的这样那样的问题，我则更加关注市场缺陷，坚持合理而有效的政府干预。我始终坚持计划与市场的结合论，认为尽管不同阶段侧重点不同，但目标都是指向让看得见的手和看不见的手相得益彰，各自发挥应有作用。单纯靠计划或者市场调节都是不完善的。市场作为资源配置的基础性方式，是历史的必然，但市场经济也有许多缺陷，不能迷信市场。在坚持市场取向改革的同时，政府必须实施合理而有效的宏观调控。社会主义市场经济是一个完整的概念，在继续坚持市场取向改革的同时，需要加强宏观计划调控的作用，强调国家计划在宏观调控中的指导作用。强调社会主义市场经济下也要加强国家计划在宏观调控中的作用，而且是十分必要的，不能把"计划性"排除在社会主义市场经济含义之外。

比如，公平与效率并重论。改革过程中围绕计划与市场争论而展开的另一条主线，就是如何协调公平和效率关系。在改革开放初期，在重公平、轻效率的大背景之下，我赞成效率优先的提法，以此改变吃"大锅饭"和平均主义的利益格局；而当改革进行了30年之后，当效率问题不如公平问题突出、公平问题愈益表现出影响效率和稳定的新形势下，我则极力呼吁效率与公平兼顾并重，更加重视社会公平。认为完全让看不见的手来调节，不能保证社会公正和协调发展。要防止因两极分化而导致改革失败。不强调社会主义，忽视共同富裕的根本方向，那么，在中国这样一个法治不完善的环境下建设市场经济，必然会是人们所称谓的权贵市场经济。

比如，所有制和分配关系统一论。在调整收入分配差距关系、缩小贫富差距时，从分配关系入手，特别是从财政税收、转移支付等再分配领域入手，完善社会保障，改善低收入者的民生状况，这些措施都是完全必要的，但是，光从分配和再分配领域着手是远远不够的，不能从根本上扭转贫富差距扩大的问题。还需要从所有制结构，从财产制度上直面这一问题，延缓"公"降"私"升速度和程度，阻止化公为私的所有制结构转换过程，从根本上阻止贫富差距扩大、向两极分化推进的趋势。

比如，解放思想与改革开放的辩证关系论。要看到有两种不同的思想解放观，一种是以马克思主义、科学社会主义为指导的思想解放，这是促进我们的改革开放向社会主义自我完善的方向前进的；另一种是以新自由主义、民主社会主义为指导的思想解放。不能天真地认为凡是思想解放都能正确引导推动我们的改革

刘国光

经济论著全集

第
17
卷

开放，要警惕有人想利用思想解放来误导改革开放。

辩证地看待改革、反思改革的得失，及时地总结改革的经验教训并不等于反改革，相反，只有这样才能始终把握正确的改革方向，及时地消除隐患。消除隐患最好的、最聪明的办法就是防微杜渐、防患于未然，而不是掩盖错误或粉饰失误。30年之后回过头来看，改革开放各项政策经历了一个否定之否定的正—反—合过程，现在到了对一些新的矛盾进行新的反正的时候了，正是着手解决现实的问题和矛盾，才能使得改革开放和社会主义建设事业在更高层次上达到新的综合。具体来说，关于经济运行机制，要继续坚持市场改革，同时要重新强调国家宏观计划调控的作用；关于所有制结构，要坚持多种所有制共同发展，同时要重新强调"公有制为主体"，在此前提下毫不动摇地发展公私两种经济；关于分配关系，要从"让一部分人先富起来"转向"更加重视社会公平"。这可以说是中国经验、"北京共识"的应有之义。中国的成功已经表明了这种独特的经验、模式和道路之存在。

应该看到，改革开放的很长一段时期，有的同志只注意到了政治上的资产阶级自由化，没有从经济上解决资产阶级自由化，那时还没有发展到这一步。私有化的观点、完全市场化的观点、政府守夜人的观点，都是经济领域里资产阶级自由化的表现。防止经济领域资产阶级自由化，就是防止经济领域变质，经济领域如果变质，政治领域会跟着变质。这是经济基础决定上层建筑和社会存在决定社会意识的作用。那种认为经济领域没有意识形态问题，是政治上的幼稚。坚持正确的改革方向，当前最紧要的是要与新自由主义划清界限。新自由主义不是两点论，而是执其一端，即主张一切要由"纯粹的""看不见的手"来指挥，反对政府对市场的干预与管制。新自由主义的核心理论体系和价值观念是"三化"，即市场化、私有化、自由化，与之相对应，要达到

"三个否定"的目的，即否定公有制，否定社会主义，否定国家干预。这种观念也被称为"市场原教旨主义"。其实践的结果又如何呢？它必然是导向权贵资本主义方向的"改革"，贫富分化将会达到不堪忍受、难以收拾的地步。因此，新自由主义不是什么社会的福音，而是干扰改革的杂音，必须从改革的起步阶段就应努力加以抵制和反对。

新自由主义在国际战略政策方面推行市场的非调控化，国有企业的私有化，贸易和资本的无限制开放、自由化等。新自由主义主张以超级大国为主导的全球经济、政治、文化一体化，即全球资本主义化，因而成为损害发展中国家和社会主义国家利益的理论工具和舆论工具。事实表明，新自由主义也没有给发展中国家带来福音。早在上世纪90年代就有拉美国家的教训，许多国家搞自由化、私有化、放松国际金融管制最终都出了大问题，现在觉悟了，毅然决然地抛弃了"欧美自由市场经济模式"而向左转。俄罗斯过去听信新自由主义搞"休克疗法"，结果一蹶不振，现在也跌醒了。诚如美国纽约大学教授塔布（William K.Tabb）所指出的，"新自由主义就其所许诺的目标而言，已经失败了。它没有带来快速的经济增长，没有消除贫困，也没有使经济稳定。事实上，在新自由主义霸权盛行的这些年代里，经济增长放慢，贫困增加，经济和金融危机成为流行病。"

这次由美国次贷危机引发的全球性金融危机就是自由放任政策给世界带来的恶果。西方大资本、金融资本、虚拟资本都需要自由放任的体制，美国等强国利用手中极其雄厚的资本对发展中国家的经济自由出入也需要这种"便利"，自上世纪70—80年代以来，撒切尔夫人、里根陆续上台，开辟了近30年的主流经济学地位。这次大的金融危机，再次宣告了新自由主义的破产，不得不更多地乞灵于凯恩斯主义国家干预之类的手段，不得不借助于类似于社会主义国家的计划手段。当然，这并不意味着新自由主义的终结。一旦经济形势变暖，它还会死灰复燃——只要大的垄断资本集团存在，特别是大金融资本存在，它们还会大肆鼓吹和利用新自由主义。

在这次世界经济大动荡中，中国政府为稳定经济采取了诸多重大措施，取得了良好的实效，再次有力地证明了社会主义市场经济是不能离开国家宏观协调的。国民经济许多重要领域也都不能完全交给"看不见的手"的市场去管。如教育、卫生、住宅、社会保障、收入分配等民生领域，交通运输、资源开发、环境保护、农村设施等基本建设领域，以及扩大内需和调整结构，乃至宏观总量平衡等问题，都不能完全交给自由市场去调节，而不要国家的协调和安排。对于自由主义关于市场万能的迷信、自由放任的神话，越来越多的人开始认识其本质、其用心而不再相信了。

关于"加快转变对外经济发展方式"的几点看法*

——在中国经济社会发展智库第3届高层论坛的讲演

（2010年6月15日）

　　这次论坛将"转变对外经济发展方式"确定为会议主题，这个主题选得好、选得准，会议召开的时间也适逢其时。为什么这么说？一是从国际上看，国际金融危机还没有完全消退，我国必须进一步加强对国际经济形势的研究；二是从国内看，中央近来及时提出要加快转变经济发展方式，加快对外经济发展方式是其中的一项重要任务。今年2月，胡锦涛同志指出："国际金融危机对我国经济的冲击表面上是对经济增长速度的冲击，实质上是对经济发展方式的冲击。综合判断国际国内经济形势，转变经济发展方式已刻不容缓。"我认为这个判断是符合实际的，我也很赞成中央把"转变对外经济发展方式"作为今后的重点工作之一。

　　在这样的一个背景下，大家共同探讨怎么加快对外经济发展方式的转变，很有必要，也很有意义。就如何认识"转变对外经济发展方式"这个问题，我想谈以下几点个人看法。

---

　　* 　见《中国经济社会发展智库通讯》2010年第2期。

一、转变对外经济发展方式要着眼于国际经济格局的新变化

中央提出加快转变经济方式，重在"加快"。之所以提出要"加快"，我认为既要放在国内来看，更要站在国际经济大格局下来看。尽管转变经济发展方式主要是要做好国内的事情，内因是主要矛盾。但也要看到，经过改革开放三十多年的发展，我国已经越来越融入世界经济体系。我国对外经济发展中的一些不足，如外贸依存度过高、对外技术依赖性过大、对外资源依赖性过强、外汇储备过多和国际产业转移导致的环境问题等弊端，也会转向内部，对我国国民经济发展形成制约。这次国际金融危机发生后，我国对外出口急剧下降，国际贸易领域的争端和摩擦增多，沿海地区出现了企业订单减少、部分企业破产、失业增加等现象，在国际上也面临石油原材料等国际市场价格波动、汇率问题等压力。经济发展的持续性受到了挑战，就很能说明问题。

危机发生后，我国采取了果断措施，有效遏制了国际金融危机的负面影响并率先实现了复苏。但是，经济回暖的基础还很不稳固，而国际形势的发展还暂时看不清。当然，理论界对危机的看法也不尽相同，有的认为危机已经过去，有的认为危机还在发展。但国际金融危机还是能够给我国带来一些启示：一是过度虚拟化的经济隐藏着巨大的潜在风险，虚拟经济的发展不能脱离实体经济，金融创新必须得到有效监管；二是现在发达国家重新捡起宏观调控和国家援助的救命稻草，说明完全私有化、自由化的发展道路是行不通的；三是主要资本主义国家会不会转嫁危机？我觉得，要防止这种可能性。最近欧洲发生了主权债务危机，其背后的原因值得我们深入研究。总之，我国在融入国际市场的同

时，需要注意世界经济格局的变化，防止这种变化对我国利益造成损害。

对外开放并不仅仅是合作，也有国际竞争。背后有国际资本的利益问题，有国家经济安全、国内劳动者的地位和切身利益问题，说到底是涉及我国的国家利益问题。这个问题处理得好，可以加快我国国内问题的解决；处理得不好，就会加重国内经济发展面临的困难，甚至会使改革开放的成果毁于一旦。从这个角度看，加快转变经济发展方式不能只着眼于国内，还必须将眼光放得更宽些、更远些，紧迫感更强一些，更加科学地推进对外开放。在这个问题上，我觉得中央的精神是明确的，方向是正确的。

二、转变对外经济发展方式要重视国家整体利益

对外开放是我国的一项长期国策，根本目的是促进和带动我国的经济发展。1949年新中国成立后，毛泽东同志就指出："学习资本主义国家的先进的科学技术和企业管理方法中合乎科学的方面。工业发达国家的企业，用人少，效率高，会做生意，这些都应当有原则地好好学过来，以利于改进我们的工作。"改革开放后，邓小平同志提出："我们要有计划，有选择地引进资本主义国家的先进技术和其他对我们有益的东西。"可见，我国扩大对外开放并不是无条件的。我们从资本主义国家那里所要学习的，是其先进的科学技术和管理经验，不是学习他们的资本主义制度。当前，按照中国特色社会主义理论的要求深入推进对外开放，必须做好三件事情：

一是要树立对外经济发展的国家利益观。对外经济发展的一个重要前提，就是要按邓小平同志的"三个有利于"标准来衡量，而不能不顾国内和地区条件，单纯强调招商引资和出口的规

模，鼓吹越开放越好。也不能简单地认为扩大了开放的领域、规模，就是和国际接轨了。依我看，和国际接轨必须首先在国家利益、经济效益上接轨。怎么做好利益接轨？就是不能只看眼前利益，也要看长远利益；不能只看局部利益，也要看整体利益；不能只看资本利益，更要看劳动者的利益，不能损害劳动者的利益。当前现实中的确存在一些不好的现象，如：各地区竞相招商引资、低价出让土地，在出口产品和进口资源上国内企业间盲目竞争；不重视重要资源的国际定价权，低价出口资源；还有一些地区将招商引资作为政绩考核标准，不顾环境和人民群众身体健康，不重视保护职工权益，近来还出现了富士康"十三连跳"的惨剧；甚至在关系国计民生的重要领域也放弃控股权，等等。这些思维方式和工作方法，不利于我国从根本上增强综合国力和提高人民生活水平。

二是要制定正确的对外发展战略。建设中国特色社会主义，必须根据国情和世界经济形势的发展，积极提高对外开放的层次、水平和能力。在新的形势下进一步推进对外开放，单纯地实行封闭式的进口替代战略固然不可取，但完全的出口导向战略也是不可行的。我们这样一个人口众多、资源紧缺的社会主义大国，不能将经济发展的主动权完全交付国际市场，国际市场也没有能力解决我国的需求问题。最好的办法，还是坚持开放条件下的进口替代和出口导向相结合，立足于扩大内需，增强内部发展动力。

三是要增强我国对外经济可持续发展的能力。增强对外经济可持续发展的能力，关键是要坚持独立自主的开放政策，改变在国际分工中的不利地位，发展自主品牌和自主知识产权，提高国际竞争力，提高国际贸易规则制定的参与能力。在贸易规模增加的同时，努力改善贸易结构，提高贸易层次。

三、转变对外经济发展方式要依靠体制优势

我国的经济体制是中国特色社会主义市场经济体制，转变对外经济发展方式，需要重视发挥这一体制的内在优势。现在国际上谈中国模式的很多，声音也很杂，究竟什么是中国模式？我个人认为中国特色社会主义模式的核心，就是容许资本主义因素和社会主义因素的存在，但同时坚持社会主义的主体地位和发展方向。这种模式不是照抄欧美自由市场经济模式，也不遵循新自由主义的"华盛顿共识"，这是我们在国际危机中的表现相对出色的主要原因。今后转变对外经济发展方式，我们还要挖掘这一模式的潜力。

依靠体制优势，主要是坚持特色社会主义模式中的社会主义因素。改革开放前我国没有卷入世界资本主义经济危机的旋涡，就是因为当时没有资本主义因素的存在，因此不受资本主义周期性经济危机的干扰。当前中国被卷进世界经济危机，原因并不仅仅是过深陷入外向型经济那么简单，关键还是在内部。我们内部经济随着市场化和私有化程度的加深，使资本主义因素大量生长起来，从而资本主义的经济规律对我国也发生作用和影响。

依靠体制优势，需要坚持公有制经济的主导地位，不能搞私有化、依附化。要用社会主义的基本原则来反对资本主义的私有化、市场化、自由化以及两极分化，坚持公有制为主体多种所有制经济共同发展，坚持按劳分配为主体，更加重视社会公平。这样，才能使国内经济免受资本主义经济周期规律的干扰。现在对外资企业的超国民待遇虽然取消了，但国内一些地区、一些人群中，还存在着"重外轻内、重民营轻国有"的倾向。主张让经营者持大股，主张将国有资产卖给外资；对外资企业盘剥、压榨中国工人的行为视而不见，甚至怕影响到招商引资和地方的GDP，

而采取暧昧甚至纵容的态度。在我看来，这些思维的核心还是私有化。出卖给外资，搞依附化，实质上也是私有化，而且不是私有到中国人手里，而是私有到外国人手里。这不利于增强国家的调控能力，不利于掌握对外经济发展的主动权。

依靠体制优势，就是要充分利用社会主义制度中集中国家力量办大事，以计划导向来调控经济的能力。今后，我国在重视市场调节基础作用的同时，仍然要保持并加强计划调控能力；在积极地参与经济全球化过程的同时，仍然要对与国际市场接轨保持比较谨慎的态度。这次危机中，我国资本账户没有完全放开，银行运作尚未完全与外国接轨等因素，大大缓解了危机的冲击。今后，我国还要审慎地推进对外开放，及时地调整对外开放的领域和范围。调控手段上，经济手段可以用，行政手段也可以用，坚持走独立自主、合作共享的道路。

当然，转变对外经济发展方式，也不能完全依靠政府和国有企业，而是要依靠社会各阶层的力量，特别是要依靠广大的工人阶级和知识分子。只有劳动者的地位和发言权提高了，才能遏制外资企业对低成本劳动的滥用，将企业的注意力转移到提高技术、改进管理上来，对外经济发展才有持续性和可靠的基础。

四、转变对外经济发展方式要加强理论性研究

加快转变对外经济发展方式，我国经济理论界承担着很大的历史重任。我认为，当前围绕对外经济发展方式转变，理论研究者应当注意以下几方面的问题。

一是要坚持独立思考。研究对外经济发展问题要有国际视野，但更要有国内的立场。对世界经济格局的新变化，要联系我国的客观情况和实际利益来分析、判断，脑袋要长在自己的脖子上，不能人云亦云。比方说，在后危机时代，全球贸易层面"市

场"已经日益变得稀缺，用市场换技术的老路能否还行得通？贸易保护主义会不会转化为产业保护主义？这些就值得认真研究。

二是要拓宽研究领域。对外经济发展包含的领域是全方位的，不仅涉及国际贸易、国际投资，也涉及全球产业转移和国际生产要素流动，还涉及金融安全、资源环境、各国专利保护制度和科技体制等一系列问题。特别是在货币金融争端和科技体制方面，我国现有的研究还不够，应对国际挑战的经验还不足。这些都要根据形势的发展，在推进开放过程中研究新的对策。

三是要面向未来开展前瞻性研究。要客观地看到，金融危机后发达国家对过度金融化、虚拟化的发展思路已进行了重新调整。现在发达国家有一种说法，叫"重新工业化"，实质上是重新重视实体经济。在这种情况下，中国显然不能再走承接全球产业和投资转移的老路了。研究我国未来对外经济发展的增长点和利益实现的问题，才能真正探寻出一条转变对外经济发展方式的新道路。

谢谢大家！

刘国光

经济论著全集

第

17

卷

分好蛋糕比做大蛋糕更困难[*]

（2010年）

这次十七届五中全会通过的"十二五"规划建议，耀眼的亮点之一，是突出保障和改善民生促进社会公平问题。

我粗粗查了一下，只有4800字的全会公报，竟有四处提到保障和改善民生。在"建议"中，讲保障和改善民生的地方就更多了，我查了出现民生字样的有七处之多，而讲调整收入分配的地方也有四处。可见五中全会公报和建议对民生和分配问题的重视。重视民生和分配问题，由温家宝总理在五中全会关于"十二五"规划建议的说明中，再次表达出来，就是："我们不仅要通过发展经济，把社会财富这个蛋糕做大，也要通过合理的收入分配制度，把蛋糕分好，让全体人民都能够共享改革发展的成果。"

在这里，我也想就"做大蛋糕和分好蛋糕"这个好像是ABC的话题，谈谈我自己的认识。

十一届三中全会以来，我们党工作重点转移到以经济建设为中心。这次会议公报没有提"以经济建设为中心"，大概是因为社会建设的分量加重了，但并不是否定"经济建设为中心"。而且经济建设与社会建设有的问题也不好分，例如民生分配问题，既是社会建设，也是经济建设。这个"经济建设为中心"，简单地说就是做两件事情，一件是要把蛋糕做大，把我们的经济实力

＊ 原载《江淮论坛》2010年第6期。

做大，让国家富强；另外一件是同时要把蛋糕分好，做好社会产品和国民收入的分配，让大家共同享受发展成果。我们过去30多年，大部分时间是放在蛋糕做大上面，没有把它放在蛋糕分好上面。这是一个缺陷，当然这也有道理，因为我们国家穷。先把蛋糕做大，然后等到我们现在蛋糕慢慢地大了，再把蛋糕分好，这也说得过去。人们说把蛋糕做大是政府的责任，把蛋糕分好是政府的良知、良心。那么在蛋糕没有分好的情况下，政府就没有良知、良心吗？不能这样说。应该说这都是我们政府的责任，不仅仅是良知、良心的问题。但是政府在前一阶段不可能把这个蛋糕又做得大，又切得好。所以前一阶段我们要努力把这个蛋糕做大，到了一定的时候，就要两者并重，既要做大更要分好。

社会主义要把分好蛋糕放在更加重要的地位，因为我们社会主义是大家共同分享，不是少数人侵吞发展的果实。同时不这样做也不行，不这样做怎么能进一步做大蛋糕？不这样做，老百姓的不满意程度多起来，大家的积极性发挥不出来，蛋糕就没办法继续做大。而且现在要转变经济发展方式，首先要扩大内需；要扩大内需，也必须解决分好蛋糕的问题。不然多数人收入很少，手头没有购买力，何从扩大内需，调整结构，转变发展方式？所以，现在已经到了"做大"与"分好"两者并重，应当更加注重分好蛋糕的时候了。

应该强调我们现在已经到了这个时候。按照邓小平同志1992年南方谈话的精神，在上个世纪末达到小康水平的时候，就要突出地解决贫富差距问题。上个世纪末他是讲基本上达到小康水平，不是全部达到小康水平，那时就要突出地提出解决贫富差距问题。解决贫富差距的问题不就是分好蛋糕的问题吗？那么就是说从20世纪、21世纪之交开始我们就应该在做大蛋糕的同时，从2000年左右就应该开始注意分好蛋糕，并且把后者放在经济工作的突出地位，这是邓小平同志讲的，不是我讲的。那么现在两极分化的趋势，要比2000年的时候严重得多。我前几年写文章一直在讲现在还不好说两极分化，由于种种原因我就不去讲了。但是现在比那个时候严重得多，现在的基尼系数已经到0.5左右了，所以更应该把分好蛋糕作为经济工作的重点，经济建设工作这个中心的重点。

经济建设这个中心包括两个方面：一个是把蛋糕做大，一个是把蛋糕分好。不是说现在不要再做大蛋糕了，还是要做大蛋糕，现在我国经济总量已超过日本，居世界第二，但是人均还不到日本的十分之一，所以还要继续做大蛋糕。但应该把经济建设这个中心的重点放在解决两极分化趋势问题方面，即放在分好蛋糕上面。所以中心的重点应该是这个问题。不能说重要的只是做大蛋糕，这跟社会主义性质不符。资本主义也做大蛋糕，人家的蛋糕做得还比我们的大。在社会主义分好蛋糕是更重要的。更加重视社会公平既是全体人民切身关心的问题，也是符合社会主义的本质、宗旨，也是我们政权合法性的根据。

邓小平说分配问题大得很，比生产问题更大，解决这个问题比解决发展起来的问题更困难，分配问题比发展问题更困难，这就是说分好蛋糕比做大蛋糕更难，这就是邓小平同志讲话的意思。不晓得我们注意到这句话没有。这个事情不是小事情，大家研究的还是不够。所以需要我们全党高度重视，因为解决这个问题比解决发展的问题更难。我们要细心研究这个中心之中的重点大难题、解决这个大难题。在这方面，马克思主义政治经济学有很大的责任。

马克思主义政治经济学分配理论的基本出发点是：所有制决定分配制，财产关系决定分配关系，但是，人们常常忽略这个观点。在分析我国贫富差距拉大的原因时，人们举了很多理由，诸如城乡差距扩大，地区不平衡加剧、行业垄断、腐败、公共产品供应不均、再分配调节落后，等等，不一而足。这些理由都能成立，也必须一一应对。但这些不是最主要的。造成收入分配不公的最根本原因被忽略了。

收入分配不公源于初次分配，初次分配中影响最大的核心问题是劳动与资本的关系。这就涉及社会的基本生产关系或财产关系了。财产占有上的差别往往是收入差别最重大的影响要素。改革开放30年来我国贫富差距的扩大，除了上述一系列的原因外，跟所有制结构的变化，跟"公"降"私"升有紧密的联系。

在调整收入分配关系，缩小贫富差距时，人们往往从分配领域本身着手，特别是从财政税收、转移支付等再分配领域着手，完善社会保障公共福利，改善低收入者的民生状况。这些措施是完全必要的，我们现在也开始这样做了，包括这次五中全会建议规定的改善民生和收入分配的措施。我们做得还远远不够，还要加大力度。但是，仅仅就分配谈分配，仅仅从分配和再分配领域着手，还是远远不够的，不能从根本上扭转贫富收入差距扩大的问题。还需要从所有制结构，从财产制度上直面这一问题，需要从基本生产关系，从基本经济制度来接触这个问题；需要从强化公有制为主体地位来解决这个问题，才能最终地阻止贫富差距扩大，向两极分化推进的趋势，实现共同富裕。这就是邓小平所说的"只要我国经济中公有制占主体地位，就可以避免两极分化"，他又说，"基本生产资料归国家所有，归集体所有，就是坚持归公有"，就"不会产生新资产阶级"。这是非常深刻的论断。它指明社会主义初级阶段容许私人产权的发展，容许非劳动要素（主要是资本）参加分配，但这一切都要以公有制为主体和按劳分配为主为前提，不能让私有制代替公有制为主体，也应该扭转按资分配代替按劳分配为主的趋势。那种让私人资本向高利行业渗透（关系国民经济命脉的重要部门和关键领域，连民主革命的先行者孙中山节制资本的口号也反对这样做），那种突出鼓励增加"财产性收入"（只能使富人越来越富，而大多数工农大

刘国光

经济论著全集

第
17
卷

众以微薄的财产获得些蝇头小利）之类的政策，只能促使收入差距和财富差距进一步扩大，都应该调整。只要保持这两个主体，贫富差距就不会恶性发展到两极分化的程度，可以控制在合理的限度以内，最终向共同富裕的目标前进。否则，两极分化、社会分裂是不可避免的。所以改革收入分配制度，扭转贫富差距扩大趋势，要放在坚持共和国根本大法的角度下考虑，采取必要的政策措施，保证公有制为主体、按劳分配为主的两个为主的宪法原则的真正落实。

分好蛋糕比做大蛋糕更困难

改革开放新时期的宏观调控*

（2010年）

　　宏观调控是社会主义市场经济体制的重要组成部分。改革开放以来，宏观调控政策对促进经济实现平稳较快增长，发挥了积极作用。我在这方面写过一些东西，在一些场合讲过一些看法。现在以此为主要线索，谈谈这个问题。先谈一个概要，再具体分几个阶段说说。

宏观调控是一个动态的中性概念

　　改革开放以来，对宏观调控政策，社会上有种种看法，其中不乏对宏观调控政策的误解，把宏观调控的概念搞得面目全非，需要加以厘清。

　　一种似是而非的看法，是把宏观调控和经济发展对立起来，好像宏观调控的功能只在收缩和限制，而不管发展了。比如，前些年一篇报道讲"去年下半年，中央开始实施宏观调控，当时一些地方的企业，认为这会丧失加快发展的难得机遇"。一篇文章讲"一方面要宏观调控，一方面要注意经济发展"。实际上，宏观调控本身就包含了限制与发展、紧缩与扩展、后退与前进几方面的内容。宏观调控与发展的关系，体现在宏观调控既有刺激促进经济发展的措施，也有通过限制一些领域的过度扩张为整个经

84　　* 刘国光口述，汪文庆、文世芳整理，原载《百年潮》2010年第1期。

济创造良好发展环境的措施。所以，有人说"宏观调控的立足点是为了发展，为了更好的发展"，这个说法是不错的。

在宏观调控的时限上也有误解。浙江杭州萧山区一位民营企业主，大概觉得宏观调控妨碍他的企业发展，提出"国家宏观调控到底会调多久"的问题，这就把宏观调控仅仅当作临时性政策措施了。其实，宏观调控的目的是熨平经济波动，促进经济平稳发展。而经济波动是永远存在的，因此宏观调控也是随时随地进行的，没有停下来的时候。

宏观调控依宏观经济形势变化而异，一般说来有三种情况：一是在总需求小于总供给，或实际经济增长率低于潜在经济增长率，或物价总水平一路走低时，要进行扩张性的宏观调控；二是情况与上面相反，当总需求大于总供给，或实际增长率高于潜在增长率，或发生通货膨胀时，就要实施从紧收缩的宏观调控；三是中间状态，当总需求与总供给大体相当，物价总水平在正常区间移动，宏观调控就要采取中性的政策。中间状态下经济也会存在不平衡不稳定因素，多起因于经济结构的不协调，宏观调控就要采取有保有压、有紧有松、松紧适度、上下微调的方针，来维护经济的持续协调发展。

以上是市场经济下经济波动和宏观调控政策变化的一般情况。我国1978年以前是计划经济，1978年到1992年是计划经济向计划商品经济过渡，基本上还是计划经济，1992年以后到现在是初步建立和进一步完善社会主义市场经济体制阶段。经济波动在计划经济条件下和市场经济条件下都会周期性地发生，虽然规则不尽相同。计划经济时期也有宏观调控，但不叫"宏观调控"，它从属于政府的宏观、微观无所不包的计划管理和综合平衡。计划平衡具有行政手段约束经济过度扩张的功能，但更多时候抵不过公有制下的财务软约束和投资扩张冲动，而且计划平衡的周期放松往往成为发动过度扩张的根源，致使经济陷入长期波动中。

这个情况随着向有计划的商品经济体制过渡趋于缓和，但在卖方市场消失前，计划平衡（80年代后期开始称作"宏观控制"）基本上是以通货膨胀为斗争对象，以周期性的紧缩为特征；但随后又往往自动放松，让位于扩张过程。

1992年正式提出向社会主义市场经济体制过渡以后，市场经济意义的宏观调控逐渐走上历史舞台。1993年到2007年，中国宏观调控经历了三轮不同的政策：一轮是针对1992年的经济过热，从1993年起实施的紧缩型的宏观调控，大约持续到1997年；一轮是针对1997年的经济偏冷，从1998年开始实施扩张性的宏观调控，大约持续到2002年；一轮是2003年到2007年经济平稳较快增长，实施了财政、货币政策双稳健的宏观调控，即中性的宏观调控。近两年，经济形势波动剧烈，中国宏观调控政策也经历了从稳中适当从紧向扩张性的宏观调控政策的转变。

80年代稳中求进的改革思路

1987年10月至1988年6月，国家体改委组织了九个课题组，来自中国社会科学院、北京大学、中共中央党校、中国人民大学等单位的经济学家，对中期改革（1988—1995年）思路规划展开热烈讨论。讨论中，围绕着经济改革需不需要一个比较宽松的经济环境，实际上就是如何看待通货膨胀的问题，当时主要有两种意见。

一种意见认为，经过九年多的改革，中国经济的生机和活力大大增强，虽然现在经济环境仍然偏紧，但是仍朝着好转的方向发展。中国经济改革只能在经济紧张的环境下进行，而相对宽松的环境只是改革的结果，不是改革的前提。因此，他们认为通货膨胀、物价高一点不可怕，主张以适度的通货膨胀政策，来加速经济增长，"把蛋糕做大"。这种"通货膨胀无害论"的意见，1988年达到顶峰，在当时实际上占优势地位，中央一些领导都赞同。

另一种意见在承认九年多的改革取得了重大成就的同时，认为经济形势比较严峻。反对"适度通货膨胀，支持高经济增长"的论点，认为通货膨胀不利于改革也不利于发展。改革只能在一个比较宽松的环境中进行，具体来讲就是总供给要略大于总需求，物价比较平稳。在总需求大大超过总供给，物价节节上涨的紧张情况下，容易导致市场秩序混乱，改革很难进行，甚至出现抢购的情况。

如何治理通货膨胀，也有两种思路。一种思路主张，首先采用直接的行政手段紧缩社会总需求，实行严格的宏观控制，进而在此基础上，进行以价格改革为中心的配套改革。另一种思路是我们中国社会科学院课题组的意见。我们不赞成治理经济用"猛药"，提出"双向协同，稳中求进"的主张，即以稳定经济的措施保证改革的继续推进，同时用有计划有步骤的改革措施推进经济的持续稳定发展，具体来讲，中期改革前三年以"稳"为主，主要着力于治理通货膨胀，同时有选择地进行改革；后五年从"稳"转"进"，改革的步伐可以大一点。

事实上，从1984年开始，围绕着经济是否过热和是否应当采取紧缩政策，经济学界和决策者就展开了研讨，但因为意见一直存在较大分歧，迟迟未能做出政策决定。我把从1984年到1988年这几年的经济比作是"空中飞人"，因为长期处于将要着陆又重新起飞的状况，很难实现"着陆"。

1988年2月，党的十三届二中全会在北京召开。当时我是中央候补委员，在会上做了一个题为《正视通货膨胀问题》的发言，强调"稳定物价"的方针口号不能放弃，引起广泛共鸣。中央政治局常委胡启立和我一个小组，他听了我的发言表示赞同。我对他说，治理通货膨胀现在就要抓紧，不抓紧很危险，要出问

改革开放新时期的宏观调控

题。薛暮桥看了发言纪要后来信说：“要下决心在两三年时间解决通货膨胀问题，那种认为停止通货膨胀会引起经济萎缩的观点，无论在理论上或者实践上都是无根据的。”

1988年5月，中央政治局常委会决定在此后五年内实现工资和价格改革“闯关”。5月末，在讨论如何执行这一决策的高层会议上，我和吴敬琏提出“先治理，再闯关”的主张。我们认为，从农产品开始的涨价风正向其他领域扩散，各地零星抢购已经发生，且正在此起彼伏地蔓延开来，通货膨胀预期正在形成。但是，另外一些经济学家的意见得到首肯。这些经济学家根据他们对拉美经济的考察，认为百分之几千的通货膨胀都不至于对经济繁荣造成障碍，由此得出了在高通胀、高增长下实行物价改革“闯关”的结论。

但是，事态并没有像乐观估计的那样发展。6月初正式决定进行物价和工资政策闯关以后，物价迅速上涨，全年居民消费价格指数高达18.8％，城市普遍出现抢购风潮，人们纷纷到银行挤兑，搞得许多银行没有现金，不敢开门了。

为了抑制爆发性的通货膨胀，中央决定进行治理整顿，采取强行着陆的宏观调控政策。由此，物价迅速下降，然而付出的代价虽然没有“大跃进”那么大，但也确实不小，经济出现了过冷的局面，GDP增长速度由1988年的11％降到1990年的4.1％。

90年代中期治理通货膨胀和“软着陆”

从1991年开始，经过治理整顿，我国经济开始复苏，GDP从1990年的4.1％上升到1991年的9.1％。1992年年初，邓小平发表著名的南方谈话，极大地激发了广大干部群众发展经济的热情。各地政府、部门、企业都表现出很高的积极性，但是主要注意力却放在搞经济开发区，铺基本建设摊子上。1992年全国各地层层搞开发区，甚至乡一级政府都搞，到处都大兴土木、挑灯夜战，建设规模远远超出了国家和地方的承受能力。各地出现了投资热、房地产热、股票热、开发区热等现象，全年GDP增长14.2%，已经显示出过热的迹象。1993年一部分地区发生了抢购、挤兑现象，但没有1988年那么厉害。

但是，从1992年中期到1993年中期将近一年左右的时间，各方面对宏观经济形势的认识和主张很不一致。当时主要有三种意见：第一种意见认为经济过热的迹象已经十分明显，主张采取过去使用的老办法，用行政命令的办法进行整顿，全面压缩需求，基建项目下马，进行急刹车。第二种意见认为国民经济发展的势头很好，主张继续采取扩张性的政策，保持这种好的势头，防止经济下滑。第三种意见是审时度势，研究采用新的举措，使经济逐步降温，最终实现"软着陆"。我赞成第三种意见。我认为，当时的高速增长，有正常的因素，从治理整顿时期过冷的经济状况中逐渐恢复，也有过热的因素，而且过热的因素正在积累。应该采取果断措施解决经济过热，但不应该采取1988年急刹车、严厉紧缩的宏观调控政策。1993年，我在一篇文章中比较早地提出，要采取"微调、降温、软着陆"的办法。1994年5月，在求是杂志社召开的一次座谈会上，我进一步把"微调、降温、软着陆"表述为顺应当时经济形势唯一可行的宏观调控思路。"微调、降温、软着陆"，具体来讲就是把住财政货币投放和信贷货币投放两个正门，国民经济总量保持一个偏紧的盘子，审时度势进行微调，有松有紧，时松时紧，争取通过几年的努力来抓紧深化改革和结构调整，把经济增长和物价上涨控制在比较好的目标范围内，以平稳地过渡到下一个经济周期。

到1993年第二季度，通货膨胀的形势已经十分明显，零售物价指数较上年同期上涨了10%。这时，各方面的意见才趋于一致。1993年6月，国务院出台了加强宏观经济调控的16条措施，包括财政、金融和投资等几个方面。这16条措施是适应当时的经济情况，实行一个适度双紧的政策。所谓"双紧"，就是指适度紧缩的财政政策和适度紧缩的货币政策。16条措施起到了釜底抽薪的作用，经济过热很快得到遏制。同时中央又注意对经济适度微调，有松有紧，国民经济保持了平稳运行。从1993年到1997年，经济增长速度从13.5％降到9.6％，每年大约降低一个百分点，比较和缓，既克服了经济过热，又避免了用急刹车的办法来全面紧缩，带来各方面的滑坡，使中国经济能够在平稳的回落当中仍然保持较快的速度。

物价走势相对于GDP增长而言，总是滞后一些。在1993年、1994年经济增长速度持续回落时，居民消费价格指数仍继续上涨，1994年达到24.1％，比1988年还要高，是改革开放以来最高的。社会反响强烈，有的人大常委甚至提出，如果物价上涨仍然控制不住，要对政府进行弹劾。中央对此高度重视，1995年提出把抑制通货膨胀作为宏观调控的首要任务，继续坚持适度从紧的财政政策和货币政策，同时采取了一系列政策措施。此后，居民消费价格指数1995年降到17.1％，1996年降到8.3％，1997年降到2.8％，总体上来讲降得比较快。

到1996年年底，宏观调控"软着陆"的趋势已经很明显，当年GDP增长率9.7％，居民消费价格指数8.3％。这既避免了"大跃进"前后那样的大起大落，也避免了20世纪80年代中期那样的"空中飞人"，非常成功。《人民日报》的同志找到我，说根据国务院领导同志的意见，请我写一篇文章，从理论上总结"软着陆"的成功经验。1997年1月7日，我和刘树成合写的《论"软着陆"》在《人民日报》上发表。这篇文章阐述了什么是"软着陆"，为什么要进行"软着陆"，怎么样进行"软着陆"等问题。怎么样进行"软着陆"，实际上就是讲这几年中央实行适度从紧的财政政策和适度从紧的货币政策的经验，我概括为四条：

一是及时消峰。1993年国务院出台的16条措施非常及时，有效地控制了扩张的强度和峰位。二是适度从紧。不是全面紧缩，而是该紧的紧，该松的松，把握调控的力度。三是适时微调。在适度从紧的总原则下，根据实际情况，审时度势进行微调和预调，以缓解"降温"中的实际困难，防止出现过度滑坡。四是抓住主线。治理通货膨胀和保持经济的相对快速增长。当时，宏观调控是以治理通货膨胀为首要任务，还是以继续加快经济增长、实现就业为先，曾一度是经济学界争论的焦点。中央明确把治理通货膨胀作为宏观调控首要任务，同时又很好地把握了调控力度，做到了两者兼顾。国务院领导同志对这篇文章予以肯定，在《人民日报》编者按中说"这是迄今为止关于宏观调控经验的一篇最好的文章"。

世纪交替治理通货紧缩

以1997年7月亚洲金融危机爆发为契机，无论是中国还是世界，宏观经济形势都发生了戏剧性的变化。各国所面对的主要问题，不再是通货膨胀，而是经济衰退带来的通货紧缩。从1998年到2002年，中国政府用五年的时间治理通货紧缩，成效显著。

通货紧缩的具体定义学术界尚有分歧，简单来讲就是物价总水平持续下跌。当时中国经济出现了市场疲软、经济增长率下降、物价负增长等情况。GDP1997年增长9.3%，1998年下滑到7.8%，1999年又进一步下滑到7.6%。物价从1997年10月开始负增长，持续两年多呈下降趋势。

中国通货紧缩的具体原因，和世界上其他国家相比更为复杂，既有消费需求、投资需求不足，出口需求骤减的原因，也有过去盲目投资带来的供给过剩和供给刚性等方面的原因。简单来讲，直接原因有两个：一是"软着陆"政策的惯性作用。1997年成功实现了"软着陆"，通货膨胀率趋向于零，但治理通货膨胀的政策措施有滞后效应，经济增长率下降和物价下降不可能一下子停下来。1997年10月初，在中国社科院经济形势分析与预测课题组召开的秋季座谈会上，我提出现在有轻度通货紧缩的危险，建议为防止经济回落的惯性可能带来的后续经济持续下滑，需要适时适度地做一些必要的松动微调。二是亚洲金融危机的影响。我国对临近一些国家、地区的出口大幅度减少，同时这些国家、地区在我国的直接投资也大幅下降。这时候有人提出，适度从紧的政策推行时间长了一些，力度也未能适时递减。这个观点有道理，但这是事后诸葛亮。亚洲金融危机影响到我们有一个过程。中央不是神仙，对这个问题的认识也有一个过程。有一些人借此说根本就不该搞适度从紧的政策，早就应该宽松。那就没有道理了。如果按照他们的思路搞，我们的经济会更糟糕。

1998年，亚洲金融危机的影响慢慢显露。中央审时度势，调整政策，做出了扩大内需的重大决策，提出了一系列宏观调控措施。其中最主要的是从7月开始实施积极的财政政策，利用政府发行国债进行基础设施建设投资，并以此带动地方政府、企业配套投资和银行贷款、社会投资。金融政策方面也进行了微调，采取多种措施扩大货币供给，这实际上从"软着陆"后期就已经开始了，但一直没有明确究竟具体是什么政策，到2000年才提出是实行稳健的货币政策，实际上是由适度从紧转为稳中适度宽松的政策。那时候刚刚经历了亚洲金融危机，国家非常强调金融安全，货币政策不能够大松，只能是微松，但方向是同积极财政政策一致的。

当然，治理通货紧缩，单靠宏观调控是不够的，因为无论如何都要受到体制的限制。中央在加强宏观调控的同时，抓紧推进以国有企业改革为中心的一系列改革，这对于为促进需求和改善供给而扫除制度障碍，建立必要的体制环境至关重要。

刘国光

经济论著全集

第
17
卷

到2000年年初，经济增长速度下滑的趋势得到遏制，当年GDP增长率为8%，居民消费价格指数由负转正，当年为0.8%，而1999年是1.3%，经济开始出现重大转机。此后两年，即使出现了外部经济环境不利、国内财政投资在总投资中的比重逐渐下降的情况，GDP增长仍然达到了7.3%和8%的好成绩，居民消费价格指数也保持正数，2001年为0.7%，2002年为1.2%。这表明了中央治理通货紧缩政策的有效性。

2000年年初，《人民日报》的同志又来找我，说根据国务院领导同志的意见，让我写一篇文章，总结一下这几年治理通货紧缩的经验。我又和刘树成合作，写了《略论通货紧缩趋势》一文，发表在2000年2月22日的《人民日报》上。这篇文章讲了通货紧缩的特点、成因和治理对策。我们在文章中还提出，从前几年成功治理通货膨胀到近两年积极地抑制通货紧缩，说明党中央驾驭经济全局的能力更加成熟，宏观调控的经验更加丰富了。

这篇文章得到国务院领导同志的肯定，并在标题上加上原本没有的"趋势"二字。我理解他这样做是有用意的。当时社会上特别是银行界不认为我们有通货紧缩，还有一些人怕讲通货紧缩。他加"趋势"两字，有一点淡化通货紧缩的意思。其实，从统计学的角度来讲，数字的"时间序列"就表明了趋势，所以加不加关系不大，因此我也没有反对。

向中性的宏观调控政策过渡

积极的或扩张性财政政策，对于很快增加需求，迅速遏制投资下滑的势头，具有独特的优势，但是也有它比较消极的方面，比如相对而言投资效益不一定高、政府所发的国债最终要通过税收来偿还。因此，从2000年起，经济学界就有积极的财政政策逐步淡出的呼声。

我当时也是这个意见。2000年10月，我在三个研讨会上都提出，要做好准备，适时逐步停止扩张性的宏观调控政策，但不能走到紧缩性的宏观调控政策，要向中性的财政、货币政策过渡。我还提出要"双防"，既要防止通货紧缩，又要警惕通货膨胀。当然，那时候经济形势只是有趋稳回升的迹象，整个国内需求增长乏力的问题没有解决，而且2001年、2002年国内经济又有所波动，因此仍要坚持积极的财政政策和稳健的货币政策。我当时估计，积极的财政政策淡出可能是2002年或者2003年。

2003年，中国尽管遭受了SARS的袭击，但经济保持了较快增长，GDP增长率达到9.1%，居民消费价格指数也上升到1.2%，中国经济进入新一轮快速增长周期。宏观经济政策的调整提上了议事日程。

2003年10月、12月，我分别在中国社科院经济形势分析与预测课题组秋季座谈会和中国经济高级论坛上，指出现在通货紧缩趋势已经淡出，严重的通货膨胀尚未形成，宏观调控宜采用中性的政策，财政、货币政策适当收紧。

2004年2月、5月，我两次在温家宝总理主持召开的经济专家座谈会上发言，提出当前总需求与总供给大体相当，物价总水平在正常区间移动，宏观调控应采取中性的政策，实行有保有压、有紧有松、松紧适度、上下微调的方针，来维护经济的持续稳定协调发展。

我的这些意见同后来2004年中央经济工作会议和2005年十届全国人大三次会议的决策是一致的。这两次会议都提出实行双稳健的宏观调控政策，即稳健的财政政策和稳健的货币政策。这在中国的宏观调控历史上还是第一次。中央文件中没有提"中性"两个字，但是我理解，意思是一样的。当时财政部部长金人庆解释说，稳健的财政政策就是经济学中讲的中性的宏观政策。至于稳健的货币政策，中国人民银行没有解释是不是中性的。但是，前一阶段应对通货紧缩的时候，货币政策也叫稳健的货币政策，当时的稳健是稳中从松，现在是稳中从紧。这就表明，稳健的货币政策实际上是中性的，可以从松，也可以从紧，视具体情况而定。

从2003年到2007年，在双稳健的宏观调控政策下，中国经济实现了平稳较快增长。GDP增长率2003年9.1%，2004年10.1%，2005年10.4%，2006年11.1%，2007年13%，总体上比较好，到后期高了点。居民消费价格指数2003年1.2%，2004年3.9%，2005年1.8%，2006年1.5%，2007年4.8%，还是比较平稳的。这5年可以说是改革开放以来乃至新中国成立以来经济发展最好的一段时间。

近几年经济波动中的宏观调控政策

2005年以后，我年纪大了，不再主持中国社会科学院经济形势分析与预测课题组的工作，国务院经济专家座谈会也没有再找我。同时，我的研究方向变了，有两三年时间没有再关注宏观经济政策问题，没有发表什么意见。

2007年年底2008年年初，宏观经济形势发生了较大变化。2007年GDP增长率达到13%；居民消费价格指数达到4.8%，而且继续上涨，2008年4月达到8.7%，经济呈现明显的过热。2007年6月国务院常务会议确定货币政策稳中适度从紧。2007年12月中央经济工作会议提出2008年货币政策要从紧，并提出"双防"，即防止经济过热、防止明显的通货膨胀，这和以前所讲的"双防"含义不一样了。2008年3月全国人大会议再次提出要"双防"。

2008年4月，中国宏观经济协会召开会长顾问会，研讨经济形势。我是这个协会的副会长，在会上发言，提出宏观经济政策既要有短期目标也要有中长期目标。要在两三年时间内实现两个中期目标：一是GDP增长率从2007年的13％降到潜在经济增长率9％以内；二是物价，我认为当时已经出现了明显的通货膨胀，居民消费价格指数要从8％以上调整到——2％到3％的区间。物价不可能不波动，在这个区间内的物价波动是正常的，无须惊慌。从中长期来讲，要坚持中央已定的稳中适度从紧的货币政策，同时也要实行稳中适度从紧的财政政策，以避免我国经济周期性的过热。

我没有想到，由于美国次贷危机引发的全球金融危机的影响，经济形势变化很快。不是我设想的两三年，而是只经过八九个月，2008年GDP增长速度就从上年的13％突降到了9％，下滑了4％，2009年第一季度进一步降到6.1％，这是现在看到的最低谷。消费价格指数也很快从2008年2月的8.7％降到2009年1月的1％。

2008年11月，针对经济下滑的态势，中央又对宏观经济政策进行了一个大调整。稳健的财政政策转变为积极的财政政策，提出4万亿元的投资和10个行业的振兴计划。同时，稳健的货币政策转变为适度宽松的货币政策。这样一个大变动，实际上就把稳健的宏观调控政策转变为扩张性的宏观调控政策。货币政策和财政政策两个方面都很积极，并且力度都很大，这是历史少有的。应该说，这个宏观政策的大调整，对应对国际金融危机，推动我国经济从下坡到趋稳，是起到了积极作用的。

2009年2月7日，中国宏观经济协会再次召开会长顾问会，讨论经济形势问题。我在会上讲，现在经济形势往下走虽然急了一点，但是符合我国宏观调控的大方向。我们的大方向，就是要把超过资源、环境和民生所能承载能力的过高增长速度逐渐降到潜在增长速度以内，把明显的通货膨胀降到正常的物价波动区间。这个方向是对的，2009年这么下来也不错。从中长期来看，今后怎么办？我提出，经济走势不宜采取V形或者U形。V形和U形有一定差别，V形是从底部一下子上去了，U形是慢慢上去。但是这两种走势，都是希望重新迅速起飞，最后又要走到GDP增长率超过两位数，经济明显过热的老路上去。我主张经济应取L形走势，但2009年第一季度我们的GDP增长率已经降到了6.1%，偏低了一点，因此L形的底部横线要上翘一段，曲折转平，回到我们潜在的经济增长率8%~9%上下波动的正常区间。从现在的形势看，2009年经济增长率保八是很有希望的。

我想，如果能达到这样的调控结果，我们就能够争取到从容调整经济结构和转变增长方式的时间和空间，从而为实现经济长期较快平稳发展创造条件。这是我们当前经济工作中最重要的问题。我们需要真正把中央扩大内需的决策落到实处，切实改变目前消费需求偏低，过于依赖投资和出口拉动的局面；第三产业多发展一点，劳动密集型产业多发展一点，中小企业多发展一点，实现技术的升级换代，转变经济增长方式。这个问题的解决，我们已经启动不少年了，解决起来确实非常有难度。我想，如果我们能争取到中速发展，有一个比较宽松的环境，解决这两个难题比较容易一些。

由于经济回稳的基础还不稳固，国际经济危机的影响还没有减弱，因此2009年中央领导多次讲话，坚持积极的财政政策和适度宽松的货币政策不动摇。但是因为货币投放量过大，通货膨胀预期已经出现，需要密切注意。当然现在物价还不高，但我们要看到，物价的走势往往是相对滞后的。

6月，我在两个公开场合和一个内部场合发言，继续发表对宏观经济形势的看法，再次强调不希望中国经济中长期走势重复出现V形或者U形走势。这种走势往往导致经济的大起大落，而不能平稳发展。新中国经济实践表明，不出现V形或者U形走势，很重要的一条，是要防止出现片面追求GDP增长速度的倾向。这方面我们的教训太多太深刻了。追求速度是个好事情，谁不想快，我也想快，但是我们必须尊重客观经济规律。我认为，中长期的宏观调控，应该以经济潜在增长速度，也就是以中速为目标，不要追求过高的速度。经济潜在增长速度各个时期不一样，根据具体情况而定，现在中国大概是在7%~9%。7%~9%在中国是一个中速，7%~9%以下是低速，10%以上是高速。但在世界上，7%~9%是一个非常高的速度。我们应该珍惜这个速度，不要以两位数以上的增长速度为正常现象，好像不到两位数就不过瘾。这不是我一个人的意见，很多同志也是这个意见，只是不像我这么强调，这么明确地提出来。

宏观政策转向中性和稳定，不但有助于抑制通胀的发展，有助于物价稳定，而且也有利于我国发展思路由高速增长转向以中速增长的目标。我国经济增长即将进入潜在增长率的区间，在此区间将宏观政策调整到中性，是一个大机遇。危机前两位数的高速发展，超过资源环境和人民承受能力，调整结构和转变发展方针都遇到不可克服的困难。只有中速增长才能使我们摆脱这些困难，从容进行结构调整和发展方式的转变，才能保持经济的持续协调较快的增长。而片面追求过高速度是不能持续的。不能指望V形走势右方一直上去，走向高速，而要曲折转平，走向平稳中速。所以"保增长"和"调结构""转方式"的次序安排，要把"保增长"放在"调结构"和"转变发展方式"的后面，这样才能真正地保增长——这里讲的是持续、协调、稳定的增长，而不是忽高忽低的不可持续的高增长。这也算是我的一个政策建议。

改革开放新时期的收入分配问题*

（2010年）

进入新世纪，随着收入差距扩大的趋势日益明显，收入分配问题受到关注。在继续做大社会财富这个"蛋糕"的基础上，如何通过合理的收入分配制度，把"蛋糕"分好，让全体人民共享改革发展的成果，成为中国面临的一个重大命题。我曾发表几篇文章，研讨收入分配问题，为"效率优先，兼顾公平"逐渐淡出，进一步重视社会公平鼓与呼。现在看来，我的观点和中央在这一问题上最终决策的精神是一致的。这里我想梳理一下改革开放新时期收入分配政策演变，侧重谈谈对效率与公平关系的认识，并对今后改革收入分配制度提出一点思路。

收入分配政策的演变

改革开放新时期的分配政策，从最初打破平均主义，为按劳分配恢复名誉，到现在文件上继续坚持以按劳分配为主体、多种分配方式并存，经历了一个渐进的变化过程。

1956年社会主义改造完成以后，社会主义制度建立，按劳分配成为中国最基本的收入分配制度，即使在"文化大革命"期间，1975年宪法也规定要实行按劳分配制度。但是，十一届三中全会之前，中央一些高层领导，误读了马克思关于按劳分配中等

---

* 刘国光口述，汪文庆、刘一丁整理，原载《百年潮》2010年第4期。

量劳动相交换的原则仍然是资产阶级式的"平等的权利"的论述，把战争环境中实行过的带有平均主义色彩的供给制度理想化了。在"文化大革命"中，张春桥等人又把这种认识推向极端，把按劳分配视为资产阶级法权进行批判，把八级工资制等社会主义政策看成是产生新的资产阶级的基础和温床。因此，平均主义盛行，泛滥成灾。这种平均主义的分配制度是对按劳分配原则的歪曲，带来的不是普遍的富裕，而是共同的贫困，这个现在大家都很清楚。

因此，粉碎"四人帮"以后，经济学界拨乱反正，最早就是从为按劳分配正名开始的。1977—1978年，由于光远同志倡议，先后召开了四次全国按劳分配理论研讨会。通过讨论，大多数同志认为，按劳分配不但不产生资本主义和资产阶级，而且是最终消灭资本主义和资产阶级的必由之路。我国不存在按劳分配贯彻过分的问题，而是贯彻不够。

从中央的政策来讲，当时也是强调坚持按劳分配的社会主义原则，我手头有几份材料，可以说明这个问题：一是1977年8月，党的十一大报告提出："对于广大人民群众，在思想教育上大力提倡共产主义劳动态度，在经济政策上则要坚持实行各尽所能、按劳分配的社会主义原则，并且逐步扩大集体福利。"二是五届全国人大政府工作报告，也专门就这一问题进行了论述："在整个社会主义历史阶段，必须坚持不劳动者不得食、各尽所能、按劳分配的原则……在分配上，既要避免高低悬殊，也要反对平均主义。实行多劳多得，少劳少得。"三是1978年5月5日，在邓小平鼓励和指导下，国务院政治研究室的同志撰写了《贯彻执行按劳分配的社会主义原则》一文，以"特约评论员"名义在《人民日报》发表，使按劳分配的名誉得到了正式的恢复。

不久，1978年12月13日，邓小平在十一届三中全会前夕召开的中央工作会议上，提出了允许一部分人、一部分地区先富起来的思想："在经济政策上，我认为要允许一部分地区、一部分企业、一部分工人、农民，由于辛勤努力成绩大而收入先多一些，生活先好起来。一部分人生活先好起来，就必然产生极大的示范力量，影响左邻右舍，带动其他地区、其他单位的人们向他们学习。这样，就会使整个国民经济不断地波浪式地向前发展，使全国各族人民都能比较快地富裕起来。"邓小平说："这是一个大政策，一个能够影响和带动整个国民经济的政策，建议同志们认真加以考虑和研究。"

当时，很多人有顾虑，一部分人、一部分地区先富起来，会不会导致两极分化呢？1984年十二届三中全会《关于经济体制改革的决定》里面讲了一句话："只有允许和鼓励一部分地区、一部分企业和一部分人依靠勤奋劳动先富起来，才能对大多数人产生强烈的吸引和鼓舞作用，并带动越来越多的人一浪接一浪地走向富裕。"这句话中"依靠勤奋劳动"很重要，是避免两极分化的关键所在。邓小平也多次说，"坚持社会主义，实行按劳分配的原则，就不会产生贫富过大的差距。再过二十年、三十年，我国生产力发展起来了，也不会两极分化"。

1987年1月12日，中共中央政治局通过《把农村改革引向深入》，这是当年的中央一号文件。该文件提出，"在社会主义社会的初级阶段，在商品经济发展过程中，在较长时间里，个体经济和少量私人企业的存在是不可避免的"。这是在中央文件中第一次肯定了发展私营经济。到1988年，宪法修正案加了一条，允许私营经济存在发展。当然，个体经济的合法地位早在1982年宪法当中就已经得到确认了。

按照马克思主义理论，分配关系是由生产关系决定的。上述生产关系的变化，必然带来分配关系的变化。因此，在1987年党的十三大报告中，明确提出"社会主义初级阶段的分配方式不可能是单一的。我们必须坚持的原则是，以按劳分配为主体，其他分配方式为补充"，"在共同富裕的目标下鼓励一部分人通过诚实劳动和合法经营先富起来"。"其他的分配方式"，十三大报告中列举了好几种，包括债券利息、股份分红、企业经营者部分风险补偿、企业主因雇佣带来的部分非劳动收入。这和以前就有了很大不同，既有"诚实劳动"带来的收入分配，又有了"合法经营"带来的收入。

1997年，党的十五大报告提出"坚持按劳分配为主体、多种分配方式并存的制度。把按劳分配和按生产要素分配结合起来"，"允许和鼓励一部分人通过诚实劳动和合法经营先富起来，允许和鼓励资本、技术等生产要素参与收益分配"。这个提法和十三大相比又有较大变化，主要是两点：一点是"多种分配方式并存"，而不再是"其他分配方式为补充"。这是在此之前，1994年十四届三中全会第一次提出来的。另一点是"允许和鼓励资本、技术等生产要素参与收益分配"。我觉得，从一定意义上讲，经营收入、技术作为生产要素参与收益分配都可以看作是一种复杂劳动收入，应当包括在按劳分配的范围以内。依照邓小平的见解，在这个范围内实行按劳分配原则，就不会产生贫富巨大差距。但资本收入作为一种财产性收入，情况就与劳动收入不一样了。由此，在收入分配中，形成了一个劳动与资本相互逐利的关系，近些年来呈现国民收入分配中劳动收入份额相对缩小、资本收入份额相对扩大，贫富差距逐步扩大的趋势。收入分配政策的变化大致就是这么一个过程。

"效率优先，兼顾公平"口号的由来

从学理上说，公平与效率这一对概念，是一个矛盾统一体。常识告诉我们，收入分配越平均，人们的积极性越弱，效率自然会低；适当拉开收入差距，只要分配程序、规则公正，就会有助于提高效率。从另一角度说，不提高效率，蛋糕做不大，难以实现更多的公平措施，解决社会增多的矛盾；但是，如果不讲公平，收入差距拉得过大，特别是分配程序、规则不公，也会导致效率的下降，甚至影响社会稳定。所以，收入分配差距过大和过小都不利于提高效率。处理好这两者的关系不容易，要辩证统一地考虑。

我国改革开放前，"大锅饭"的分配体制使效率大受影响。实行市场取向的改革后，逐渐讲求效率，拉开收入差距，"让一部分人先富起来"，从农村到城市，经济活跃起来，非常见效。于是经过十多年，就把"兼顾效率与公平"作为经验总结，写进了1992年党的十四大的决议。据我所知，这是中央文件中第一次明确提到效率与公平关系的问题。在此之前，无论是中央文件，还是学术界，都没怎么谈这个问题。

但两年以后，从十四届三中全会开始，在效率与公平关系问题的提法上有一个新的变化，即把以前的"兼顾效率与公平"，改变为"效率优先，兼顾公平"，使这两者关系，由效率、公平处于同等重要地位，改变为效率处于"优先"的第一位，公平虽然也很重要，但处于"兼顾"的次要地位。这两次会议的两个"兼顾"意义很不相同。所以说，这是一个很重要的变化。"效率优先，兼顾公平"的提法，从十四届三中全会决议开始，一直到2003年十六届三中全会，每次中央重要会议的文件都这么提。所以，在相当长的时间里，它是我国在收入分配政策领域的正式精神。在党的十六大报告中，又补充了一句，提出"初次分配注重效率，再分配注重公平"，这也是很重要的分配政策。

共产党向来主张社会公平和公正。为什么一个共产党领导的国家，在分配政策上要把公平与效率相比放在"兼顾"的次要地位呢？这与我国经济长期落后，难以迅速提高人民生活水平和解决众多社会矛盾有密切的关系；也与我国在20世纪90年代到

21世纪初面临的国内外形势的深刻变化和发展趋势，及其带来巨大机遇与挑战，有密切关系。这种情势迫使我们积极进取，尽一切努力增大我国的国民财富和综合实力。所以，邓小平南方谈话要求，"思想更解放一点，改革与开放的胆子更大一点，建设的步子更快一点，千万不可丧失时机"，强调"发展是硬道理，是解决中国所有问题的关键"。这样就把增加国民财富总量和国家经济实力即"做大蛋糕"的问题突出地提出来，效率成为第一位的问题。另一方面，制约我国提高效率的主要因素，当时仍然是过去计划经济时代遗留下来的平均主义的影响，比如奖金人人有份，奖励先进轮流坐庄，特别是脑体倒挂很严重，知识分子常常感叹"搞导弹的不如卖茶叶蛋的"。因此，为了更快提高效率，增加国民财富总量，就必须进一步"打破平均主义，合理拉开差距，坚持鼓励一部分地区一部分人通过诚实劳动和合法经营先富起来的政策"。这一句话也正是十四届三中全会文件中提出"效率优先、兼顾公平"时所做的说明。

因此，十四届三中全会关于效率与公平关系的新提法，把"做大蛋糕"放在经济工作的第一位，而把"分好蛋糕"放在第二位，这是适合我国当时实际情况和发展需要的，当时是完全正确的。在这一时期，中央文件中一再强调，"先富要带动和帮助后富"，"要注意防止两极分化"，主观上并没有忽视社会公平的意思。

淡出"效率优先，兼顾公平"，突出社会公平

长时间以来，我研究宏观经济问题多一些，不大研究收入分配问题。但是进入新世纪以后，收入差距问题日益显露，国际公认的公平分配指标基尼系数从改革开放之初的0.2~0.3，已提高到0.4国际警戒线以上，从而引起广泛关注。这时候，我开始思考，

"效率优先，兼顾公平"是不是该淡出了？

我的研究认为，"效率优先，兼顾公平"是我国一定时期收入分配的指导方针，而不是整个市场经济历史时期不变的法则。许多同志把这一方针视为市场经济不易的法则，这是与历史事实不符的，一些成熟的市场经济国家，就没有这个提法。现代资本主义国家为了缓和社会阶级矛盾，吸收了社会主义思想，推行了社会保障、福利的措施。现代自由主义国家既强调效率，也不得不讲公平；现代福利主义国家很强调公平，但也讲效率。它们的效率和公平，都达到相当的水平。有的资本主义国家实施社会公平、福利的一些措施，实在比我们这个社会主义国家还要完备得多。当然这有历史发展的背景，不好简单地类比。

经过改革开放二十多年的发展，经济总量发展、效率问题逐步得到相对解决，蛋糕是逐渐地做大了，而分好蛋糕即社会公平的问题已逐步上升为突出的问题。不能忘记，邓小平临终前就提出了中国"富裕起来以后财富怎样分配"这个"大问题"，他在1992年就对突出解决贫富差距问题做出前瞻性的论断。他曾设想，在20世纪末达到小康水平的时候，就要突出地提出和解决这个问题。

基于上述考虑，2003年，我写了一篇题为《研究宏观经济形势要关注收入分配问题》的文章，提出"逐步淡出'效率优先，兼顾公平'的口号，向实行'效率与公平并重'的原则过渡"，并将这一意见在党的十六届三中全会文件起草组提出（当时我是起草组成员之一）。

当时我认为，我国基尼系数尚处于"倒U形"曲线的上升阶段，收入差距客观上还有继续扩大的趋势，一时掉不下来，邓小平的预言可能乐观了一点；看来要到2010年人均收入达到1500美元左右时，基尼系数才有可能倒转下降，那时才有可能开始突出解决这一问题，实现"效率优先，兼顾公平"向"效率与公平并重"或"效率与公平优化结合"的过渡。因此，当前应该逐步淡出"效率优先，兼顾公平"，增加公平的分量，降低基尼系数提高的速度、幅度。

应该讲，我的主张是非常缓和的，不是像有些同志提出的马上采取措施把基尼系数强行降下来，比如降到0.3，很好啊！但做不到。即便如此，在十六届三中全会时，大家的认识还不一致，没有接受我的意见，还是坚持写进了"效率优先，兼顾公平"的字样。

这次会议之后，我没有停止对收入分配问题的思考。学术界也有一些同志针对我的意见，提出批评。比如有人认为不能把突出解决贫富差距和改变效率公平关系推迟到2010年以后。因为"中国人对贫富差距的承受能力已达到极限，目前改变适当其时"。也有人发表文章指出，10年前就有人惊呼我国收入差距已经过大，这不符合我国发展的实际。中国作为发展中国家，在建立市场经济体制过程中基尼系数上升是自然现象，真正解决需要长期等待，现在不要去管。

经过反复考虑，我的观点有所改变。收入差距扩大是否到达承受极限的问题，同校正效率公平的关系、进一步重视社会公平问题，不是同一层次的问题。收入差距扩大到承受极限，很可能与达到两极分化相联系。我们那时还不能说已经达到两极分化（这是邓小平说的改革失败的标志），也不能说达到承受极限。但基尼系数客观上还处在上升阶段，如不采取措施，则有迅速向两极分化和向承受极限接近的危险。所以，我们必须从现时起进一步重视社会公平问题，调整效率与公平关系，加大社会公平的分量。第一步可以逐步减少收入差距扩大的幅度，以后再逐步降低基尼系数的绝对值。所以"效率优先，兼顾公平"的口号现在就可以淡出，逐渐向"公平与效率并重"或"公平与效率优化结合"过渡。

为什么现在就应加大社会公平的分量，进一步重视社会公平问题呢？

经过二十多年的改革与发展，我国经济总量、国家综合经济实力大大增强。已完成GDP第一个翻番和第二个翻番，正在进行第三个翻番阶段，已有一定的物质基础和能力，逐步解决多年来累积形成的贫富差距。也就是说，突出提出和解决邓小平提出的收入分配问题的时机条件，已基本成熟。

收入差距扩大迅速，已成为影响社会和谐与社会稳定的重大问题。二十多年来基尼系数几乎倍增，速度之快，举世无双。基尼系数超过资本发达国家如英、美、法（基尼系数0.3~0.4）和资本福利国家如挪威、瑞典（基尼系数0.2~0.3）。国内外一些机构和专家指出这已经超过国际警戒线。不管这些论断是否符合我国情况，都应引起警惕。尤其需要注意的是，已公布的基尼系数，难以计入引发人们不满的不合理、非规范、非法的非正常收入。如果把这些因素计算在内，则基尼系数又会加大，在原来0.4~0.5之间又升高0.1左右，即比现在公布的基尼系数增大20%以上。社会不公平造成许多矛盾紧张与社会不和谐现象，潜伏隐患，说不定什么时候就会爆发。

我国改革之初，各阶层人民受改革之惠，生活改善，没有分化出明显的利益集团，普遍积极支持改革。但20世纪90年代以后，不同利益人群逐渐形成，有的在改革中受益较大，有的受益较少，有的甚至受损，对改革支持的积极性也有所变化。各阶层居民对改革都有自己的诉求。比如，得益较多的利益集团中有人说：改革必须付出代价，必须牺牲一代人，这一代人就是几千万老工人。同时，也就有另一种对应的声音说：为什么就是我们，不是你们？对立的情绪可见。为了使改革获得更广泛的支持，今后要长期强调有利于社会和谐和稳定的社会公正和公平。

导致收入差距迅速拉大、社会分配问题丛生的因素十分复杂。广大干部经验不足，特别是一部分干部误解，过于强调"效率优先"，把公平放在兼顾从属地位，是重要原因之一。"效率优先"不是不可以讲，但应放到发展生产的领域去讲，非常合适，而不是放在收入分配领域。我党转变发展方式的重要方针要求把质量、效益、效率作为经济发展的最主要因素，而把投入、数量和速度放在适当重要地位。这符合正确的"发展是硬道理"的大道理。

我还考虑，初次分配里不仅仅是一个效率的问题，同样也有公平的问题。资本与劳动的收入比例关系就是在初次分配里面形成的，垄断企业和非垄断企业的收入差距也是初次分配的问题，企业的高管与一般劳动者收入悬殊仍是初次分配的问题。还有说不清道不明的许多不合理、不合法、不规范的黑色收入和灰色收入，不是初次分配中产生的？因此，收入差距问题必须要从源头、初次分配环节着手解决，光靠财税等再分配杠杆来调节，这在中国是远远不够的，是解决不了分配不公问题的。

至于有人提出，现在这样强调社会公平，会不会回到传统体制固有的平均主义的忧虑，我倒是不担心。我国改革发展到现在这一步，很少有人想回到"大锅饭"的旧体制。引发不满的是体制外的灰色收入、法制外的黑色收入，以及体制内由于法律不健全、政策不完善造成的非规范的过高收入。人们希望的无非是调整和纠正这些不公平现象，并改进运用再分配杠杆适当调剂贫富差距，而绝不是想触动那些合理合法的高收入。在目前实际生活中，平均主义的残余已限制在一些国有机构、产业部门中越来越少的部分，而且国有部门单位之间也出现相当大的收入鸿沟。残余的平均主义要继续清理，但目前矛盾的主要方面已在分配天平的另一端，需要适当地校正。

我倒有另一种忧虑。在我国这样一个法治环境和人治环境下建立的市场经济，如果忽视共同富裕的方向，建立起来的市场经济必然是人们所称的坏的市场经济、权贵市场经济、两极分化的市场经济。按照邓小平的提法，改革就失败了。我们要避免这种情况，我们一定能够避免这种情况，那就只有一个办法，要更加重视社会公平的问题。

基于上述考虑，2005年，我发表了《进一步重视社会公平问题》一文，后来又写了《把效率优先放到该讲的地方去》一篇短文，提出"效率优先，兼顾公平"要淡出，把公平置于"兼顾"的次要地位不妥，初次分配也要注重公平。

我的文章发表以后，社会反响比较强烈，很多同志发表意见，多数同志还是赞成我的看法的。但是，也有同志很激烈地反对，批评我的主张是民粹主义，效率仍应放在第一位，社会公平放在兼顾地位。对这种批评意见，我的看法很简单，他没有站在劳动人民的一面说话，而是站在资本财富的立场说话。照他说的搞下去，中国的改革就要走向权贵资本主义的道路，就要失败了。当然，这是我个人的看法，可以讨论。

2005年以后，我年纪大了，参加社会活动少了，中央文件起草工作也没再参加。我把文章的原稿呈送给了中央。中央主要负责同志很重视，批给了十六届五中全会文件起草组。但是，十六届五中全会报告征求意见稿当中又出现了"效率优先，兼顾公平"和"初次分配注重效率，再次分配注重公平"的字样，遭到各方面很多同志的非议。我在中国社科院也提了反对意见。十六届五中全会文件最终定稿时，勾掉了这两个提法，同时突出了"更加重视社会公平"的鲜明主张。据我所知，这是中央文件中第一次提"更加重视社会公平"，毫无疑问，符合改革的大势所趋和人心所向，也有利于调动大多数人的改革积极性，无疑是我们收入分配理论和政策领域的一个重大进步。

实现收入分配公平的基本思路

刘国光

经济论著全集

第

17

卷

十六届五中全会是一个重大转机。"更加重视社会公平"表明，中央从重视发展和效率问题转向同时关注更加重视分配公平问题。2006年中央政治局专门召开会议研究解决贫富差距问题。十六届六中全会又强调了要更加重视社会公平。2007年十七大报告进一步提出了"合理的收入分配制度是社会公平的重要体现"，并将初次分配也要实行社会公平这一原则写进了中央文件。近年来，国家高层不断表达"调整收入分配结构"的政治决心，进入2010年，"调整收入分配"一词以前所未有的密集度出现在中国的官方表述中。政府主要领导人在与网民的对话时，也承诺了政府不仅有"做大蛋糕"的"责任"，而且有"分好蛋糕"的"良知"。这些都是基于忧患严重的收入分配不公和贫富差距拉大而表达出的深化改革的信号，深得人民大众的欢迎，希望由此得到共享改革发展的成果。

如何缩小贫富差距，实现收入分配公平，目前政府正在研究解决途径，采取适当措施。2010年2月4日，在中央举办的省部级主要领导干部专题研讨会上，国务院总理把改革分配制度、逐步扭转收入差距扩大趋势，归结为三条：一是加快调整国民收入分配格局，逐步提高居民收入在国民收入分配中的比重、劳动报酬在初次分配中的比重；二是加大税收对收入分配的调节作用；三是对城乡低收入困难群众给予更多关爱。3月5日在本届人大政府工作报告中，又将改革收入分配制度，分好"蛋糕"的原则措施，概括为三个方面：一是抓紧制定调整国民收入分配格局的政策措施；二是深化垄断行业收入分配制度改革；三是进一步规范收入分配秩序。两次提法略有不同，互为补充，都是切合当前我国收入分配改革的要求，有助于遏制贫富差距扩大的趋势，迫切需要制定切实可行的具体措施的，加以贯彻。

我考虑，扭转收入分配不公，由收入差距不断拉大转为差距缩小，直到合理分配的程度，涉及许多方面关系的调整，是一个非常复杂的改革过程，需要深入研究分配问题的机理，选择改革收入分配制度的思路，方能取得预期的社会共富的效果。在有关改革收入分配的众多复杂的关系中，我认为最重要的是分配制与所有制的关系。我在2007年《红旗文稿》第24期发表了《关于分配与所有制关系若干问题的思考》，分析了这个问题，或者对当前收入分配制度的改革有参考意义。拟概要介绍如下：

　　所有制和分配制都是生产关系。按照马克思主义观点，所有制决定分配制。但是，人们常常忽略这个观点。在分析我国贫富差距拉大的原因时，人们举了很多理由，诸如城乡差距扩大，地区不平衡加剧、行业垄断、腐败、公共产品供应不均、再分配调节落后，等等，不一而足。这些理由都能成立，也必须应对。但这些不是最主要的。造成收入分配不公的最根本原因被忽略了。

　　收入分配不公源于初次分配。初次分配中影响最大的核心问题是劳动与资本的关系。这就涉及社会的基本生产关系或财产关系了。财产占有上的差别往往是收入差别最重大的影响要素。有些人看不到这点，却津津乐道人的才能贡献有大有小，贡献大的人应该多拿，贡献小的人应该少拿，好像收入多少仅仅是由于才能、知识、贡献决定的。马克思主义不否定个人能力等因素对收入高低的影响（复杂劳动）。但是即使西方资产阶级资产经济学家萨缪尔森都承认，"收入差别最主要的是拥有财富多少造成的，和财产差别比，个人能力的差别是微不足道的"。他又说，"财产所有权是收入差别的第一位原因，往下依次是个人能力、教育、培训、机会和健康"。改革开放30年来我国贫富差距的扩大，除了上述一系列的原因外，跟所有制结构的变化，跟"公"降"私"升、化公为私的私有化过程有紧密的联系。

　　我们认为，西方经济学大师的上述说法、是公允的、科学的。如用马克思政治经济学的语言，可以说得更加透彻、根据马克思主义原理，分配决定于生产，任何消费品的分配，都是生产条件分配的结果。生产条件的分配本身，表明了生产方式、生产关系的性质。不同的生产关系决定了不同的分配关系、分配方式。与资产主义私有制的生产方式相适应的分配方式，是按要素分配（主要是按资本分配和按劳动力的市场价格分配）；而与社会主义公有制生产方式相适应的分配方式，则是按劳分配。在社会主义初级阶段，只能以按劳分配为主，按资本和其他要素分配为从。

在调整收入分配关系、缩小贫富差距时，人们往往从分配领域本身着手，特别是从财政税收、转移支付等再分配领域着手，完善社会保障公共福利，改善低收入者的民生状况。这些措施是完全必要的，我们现在也开始这样做了，但是做得还很不够，还要加大力度，特别是个人所得税起征点和累进率的调整，财产税、遗产税、奢侈品消费税的开征，并以此为财源来增强对社会保障、公共福利、消除"新三座大山"的医改、教改、房改和改善低收入者民生状况的支付等。但是，仅仅从分配和再分配领域着手，还是远远不够的，不能从根本上扭转贫富收入差距扩大的问题。还需要从所有制结构，从财产制度上直面这一问题，需要从基本生产关系，从基本经济制度来接触这个问题，需要从强化公有制为主体地位，弱化私有化趋势来解决这个问题，才能最终地阻止贫富差距扩大、向两极分化推进的趋势，实现共同富裕。这就是邓小平所说的"只要我国经济中公有制占主体地位，就可以避免两极分化"，他又说，"基本生产资料归国家所有，归集体所有，就坚持归公有"，就"不会产生新资产阶级"。这是非常深刻的论断。它指明社会主义初级阶段容许私人产权的发展，容许按要素（主要是资本）分配，但这一切都要以公有制为主体和按劳分配为主体。只要保持这个主体，贫富差距就不会恶性发展到两极分化的程度，可以控制在合理的限度以内，最终向共同富裕的目标前进。否则，两极分化、社会分裂是不可避免的。所以改革收入分配制度，扭转贫富差距扩大趋势，要放在坚持共和国根本大法的角度下考虑，采取必要的政策措施，保证公有制为主体、按劳分配为主的两个为主的宪法原则的真正落实。

改革开放新时期的收入分配问题

"十二五"规划编制前少谈加强国家计划的导向作用[*]

——2010年4月28日在"中国宏观经济学会"座谈会上的发言

（2010年4月28日）

改革开放30多年来，我国经济运行机制，由传统计划经济逐渐转向社会主义市场经济。市场调节的范围不断扩大，推动了中国经济生动蓬勃地向前发展。现在商品流通总额中，市场调节的部分已经占到90%以上。前几年有人估计，中国市场经济在整体上完成程度已经达到70%左右。所以说，社会主义市场经济已经初步建立。是否可以说，高度集中的传统计划经济体制向社会主义市场经济体制转换的改革已经基本完成？当然，目前市场经济还有一些不到位的地方，比如资源要素市场、资本金融市场等，需要进一步发展到位。但是，也有因为经验不成熟，犯了市场幼稚病而发生的过度市场化的地方，如教育、医疗、住宅等领域，不该市场化的部分，都要搞市场化。这些市场化不足和过头都需要继续调整完善，但已经不属于传统计划经济向市场经济转换的主流。

市场经济初步建立之后，它的积极方面和消极方面也随之充分地显露出来。市场经济在发挥激励竞争，优化资源配置等优越

114　　* 原载《财贸经济》2010年第7期。

性的同时，它本身所固有的缺陷，特别是在总量平衡上、环境资源保护上及社会公平分配上引发的问题，不是市场能够自行解决的，这与市场经济本身的缺陷和国家宏观计划调控跟不上市场化的进程有很大的关系。

20世纪90年代初期，我在学会（那时叫计划学会）会议上曾经说过，计划与市场各有利弊。要尊重市场，但不要迷信市场；也不要迷信计划，但不能忽视计划。由于历史原因，我们过去过于相信计划经济，时过境迁，一些同志从迷信计划变成迷信市场，从一个极端走到另一个极端，出现了盲目崇拜市场经济的市场原教旨主义观点。不少人犯了市场幼稚病，认为似乎市场可以解决一切问题，现在出现的问题都是由于市场化改革没有搞彻底。有人提出，中国要仿效"欧美自由市场"模式。还有人认为，我国现在搞市场化改革，计划不值得一提。"十一五"计划改称"规划"，一字之差就大作文章，说我们离计划经济更远了，同市场经济更近了，这真是一个大笑话。其实，规划也是一种计划。年度计划，五年、十年计划或规划，怎么叫都可以，都是plan。现在我们研究编制"十二五"规划，实际上也是一种计划。

本来我们要建立的市场经济，如中共十四大所说，就是国家宏观调控下的市场经济。这些年来，国家对经济的宏观调控在不断完善、前进。特别是十四大以来，我们在短期宏观调控上，先后取得了治理通胀和治理通缩的成功经验，但国家计划对短期和长期的宏观经济导向作用明显减弱。计划本身多是政策汇编性的，很少有约束性、问责性的指标任务。中央计划与地方计划脱节，前者控制不了后者的GDP情结。计划的要求与实际完成数字相差甚远，完全失去了导向的意义。所有这些，影响到宏观经济管理的实效，造成经济社会发展中的许多失衡问题。

资本主义市场经济国家也有宏观调控，它主要依靠财政政策和货币政策。那么资本主义市场经济的宏观调控，同社会主义的宏观调控有什么区别呢？1985年巴山轮会议时，匈牙利经济学家科尔耐提出过所谓BⅡ模式，即"宏观调控下的市场协调模式"。当时法国经济学家阿尔约伯特就说他们法国就是实行这种模式。社会科学院与会同志在评述巴山轮会议的文章中指出，要划清社会主义国家宏观调控下的市场经济同资本主义国家宏观调控下市场经济的界限，作为社会主义国家改革目标的体制模式，必须坚持社会主义原则，即公有制经济为主体和共同富裕，同时绝不能把国家的计划指导抽象掉。所以，社会主义宏观调控还有一个国家计划指导手段。少数市场经济国家像日、韩、法，设有"企划厅"之类的机构，编有零星的预测性计划。英、美等多数市场经济国家没有采取计划手段来调控经济。但我国作为社会主义大国，有必要也有可能在宏观调控中，运用计划手段。所以，我们在构建市场经济体制时还保留了国家计划调控的功能，如编制执行年度五年、十年计划，保留发改委这样庞大的计划机构。党的十四大报告提出建立社会主义市场经济体制的时候还明确指出，"国家计划是宏观调控的重要手段之一"。在财政、货币、计划三者关系中，计划应该是财政、货币政策的指导，财政、货币政策要有国家计划的导向。所以，国家计划与宏观调控是不可分的。可以说，前者应当是后者的主心骨。这就是社会主义市场经济的宏观调控，不同于资本主义市场经济的宏观调控的地方。

基于上述的情况和道理，党的十七大提出"发挥国家规划、计划、产业政策在宏观调控中的导向作用，综合运用财政、货币政策，提高宏观调控水平"。十七大提出这个多年没有强调的国家计划导向性问题，应该不是一句只说说的空话，应该是有针对性的。在市场经济初步建立之后，市场的积极方面和缺陷方面都充分展现之后，在"市场化改革"口号下迷信市场成风、计划几乎成为禁区的氛围下，重新强调一下社会主义市场经济也要加强国家宏观计划的作用，如十七大重新强调国家计划在宏观调控下的导向作用，是十分必要的。它再次提醒我们，社会主义市场经济应该是有计划的市场经济。

其实，社会主义市场经济应该是有计划的市场经济，不是我的发明；十四大前，江泽民同志1992年6月9日在中央党校的讲话中讲到社会主义市场经济与计划的关系时，就说，"有计划的商品经济，就是有计划的市场经济。社会主义经济从一开始就是有计划的，这在人们的脑子里和认识上，一直是很清楚的，不会因为提法中不出现'有计划'三个字，就发生是不是取消了计划性的疑问"①。这段话完全正确。社会主义市场经济就是有计划性的。但是许多人后来忘记了这段话，或者故意忽略这段话。

我还想在这里介绍一下中国人民大学纪宝成同志最近一篇《关于政治经济学教学与研究》的文章，其中也讲到这个问题。他说，现在讲科学发展观，总书记在党校论述科学发展观的时候讲到统筹兼顾是根本方法。什么叫统筹兼顾呢？在经济学上如何得到理论的说明？马克思主义政治经济学里面有关于按比例分配社会劳动的规律，讲这个规律却是久违了。因为我们把计划经济、把计划说得一塌糊涂。甚至计划这两个字我们都不能提了。尽管邓小平南方谈话的时候，市场、计划都讲到了，说资本主义市场经济也有计划，社会主义经济也有市场，市场、计划都是手段。但很多人依然不敢谈计划，甚至避之如鬼神，岂不怪哉？没有计划还能统筹兼顾吗？怎么能因莫名其妙的害怕，而不要了呢？实际工作中还是存在的呀，翻翻我们现在的政治经济学教科书，谈计划的必要性和理论的根据，谈按比例分配社会劳动的规律，有没有了？我的感觉是现在很少有人谈这样的理论和实践了。

『十二五』规划编制前夕谈加强国家计划的导向作用

---

① 江泽民：《关于在我国建立社会主义市场经济体制》，《江泽民文选》第一卷，人民出版社2006年版，第202页。

对纪宝成同志的这段话，我有同感，不知各位是否也有同感。

现在，我们在理论上说明了社会主义市场经济是有计划性的，在实践上十七大又重新强调国家计划在宏观调控中的导向作用，这是不是如同某些人责难说的，"又要回到传统的计划经济去呢？"我认为不是这样的；这是计划与市场在改革的更高层次上的结合。

我这样说是有根据的。十七大重新强调国家计划在宏观调控中的导向作用，不同于过去的"传统计划经济"。第一，现在的国家计划不是既管宏观又管微观，无所不包的计划，而是主要管宏观，微观的事情主要由市场去管。第二，现在资源配置的基础性手段是市场，计划是弥补市场缺陷的不足的必要手段。第三，现在的计划主要不再是行政指令性的，而是指导性的、战略性的、预测性的计划，同时必须有导向作用和必要的约束、问责功能。就是说，也要有一定的指令性内容，不是编制了以后放在一边不闻不问了。

"十二五"规划是十七大后第一次编制和执行的中长期计划，对扭转我国经济发展方式和社会关系存在的问题有十分重大的意义。我们要在规划的制定和执行过程中，真正落实十七大精神，本此精神，努力改进国家计划和宏观调控工作，使其名副其实地对国民经济社会发展起导向作用。在"十二五"期间，我们要在转变发展方式的前提下保持经济的适度增长，在巩固社会主义基本经济制度的前提下促进公私经济的发展，在更加重视社会公平的原则下扭转贫富差距两极分化的趋势。实现这些目标，单靠市场经济万万不能，更要借助于国家宏观计划调控。当然，宏观计划调控的权力必须集中在中央手里，地方计划必须服从全国统一计划。我赞成一些同志的建议，地方不要再制定以GDP为牵头和中心的无所不包的国民经济计划，而以地方财力和中央转移

刘国光

经济论著全集

第
17
卷

支付的财力为主编制地方经济社会建设计划，加强地方政府的市场监管、社会管理、公共服务的职能。政府配置资源的作用仍要有，尤其是重大的结构调整、重大基础建设等。资本主义国家在危机时刻，也不排除暂时实行所谓"社会主义的政策"，何况社会主义国家，更不能一切交给市场，还要将市场与计划两种手段相结合。

计划性和公有制为主体是社会主义市场经济与资本主义市场经济的两个根本性区别*

（2010年）

从1992年党的十四大提出社会主义市场经济到现在已近20年，建立新体制已经取得有目共睹的巨大成就，也产生了不少有待探索改进的问题。这里，就正确处理计划与市场的关系和怎样巩固社会主义市场经济的制度基础（即社会主义初级阶段的基本经济制度），提出一些看法，供讨论参考。

一　关于社会主义市场经济的计划性问题

马克思主义认为，在共同的社会生产中，国民经济要实行有计划按比例的发展。"有计划按比例"并不等于传统的行政指令性的计划经济。改革开放以来，我们革除传统计划经济的弊病，适应社会主义初级阶段的国情，建立了社会主义市场经济体制，但也不能丢掉公有制为主体下有计划按比例的经济发展要求和规律。政治经济学领域的学者尤其不能忘记这一点。

1992年党的十四大提出建立社会主义市场经济体制的改革目标，是在邓小平同志"计划与市场两种手段都可以用"的南方谈

---

　　*　原载《红旗文稿》2010年第21期。

话精神下制定的。当时，关于改革目标的问题，有三种提法：①社会主义有计划的市场经济；②计划与市场相结合的社会主义商品经济；③社会主义市场经济。在这三种提法中，我们党最终选择了"社会主义市场经济"。对于其中没有包含"有计划"三个字，时任中共中央总书记的江泽民同志有解释："有计划的商品经济也就是有计划的市场经济，社会主义经济从一开始就是有计划的，这在人们的脑子里和认识上一直是很清楚的，不能因为提法中不出现'有计划'三个字，就发生了是不是取消了计划性的问题。"①党的十四大之所以在改革目标的表述上没有用"有计划"三个字，这与当时传统计划经济的影响还相当严重，而市场经济的概念尚未深入人心的情况有关；为了提高市场在人们心中的地位，推动市场经济概念为社会公众所接受，才没有加上"有计划"三个字，但加上了"社会主义"这极有分量的定语，而"社会主义从一开始就是有计划的"！这样，党的十四大改革目标的精神就很完整了。我当时参加中央文件起草工作，感到党中央这样做用心良苦，非常正确。

现在社会主义市场经济在我国已实行将近20年，计划经济离我们渐行渐远。由于历史原因，我们过去过于相信传统的计划经济；时过境迁，一些同志从迷信计划变成迷信市场，从一个极端走到另一个极端，说我们不再需要计划了。在经济工作的某些领域中，国家计划对宏观经济的指导作用有所减弱；有些地方的规划缺少约束性、问责性的指标任务；有些地方规划与中央规划脱节，片面追求GDP的高增长，规划失去了导向的意义。所有这些，都影响到宏观经济管理的实效，造成社会经济发展中出现许多失衡问题。

在这样的情况下，重申社会主义市场经济也有"计划性"，

① 中共中央文献研究室：《改革开放三十年重要文献选编》上，中央文献出版社2008年版，第647页。

计划性和公有制为主体是社会主义市场经济与资本主义市场经济的两个根本性区别

很有必要。党的十七大重新提出"发挥国家规划、计划、产业政策在宏观调控中的导向作用",就是针对我国经济实践中计划工作削弱和思想意识中计划观念淡化的状况而提出的。我们不仅要在实践中切实贯彻党的十七大这一重要方针,而且要在理论宣传工作中强调社会主义市场经济的计划性。

社会主义市场经济必须有健全的宏观调控体制,这当然是正确的。但是,1985年在"巴山轮"国际宏观经济管理问题讨论会上,匈牙利经济学家科尔奈建议我国建立宏观调控下市场经济体制的时候,法国经济学家阿尔约伯特说法国就实行这种体制。所以,宏观调控下的市场经济并非社会主义国家经济体制独具的特色,而是资本主义国家也有的。那么,我们社会主义国家宏观调控下的市场经济怎样区别于资本主义国家呢?除了基本经济制度的区别外,就在于社会主义市场经济还有计划性,还有国家计划的指导。少数市场经济国家,如日本、韩国、法国,都曾设有企划厅之类的机构,编有零星的预测性计划。英美等多数市场经济国家只有财政政策、货币政策等手段,没有采取计划手段来调控经济。但我们是以公有制经济为主体的社会主义大国,有必要也有可能在宏观调控中运用计划手段,指导国民经济有计划按比例发展。这也是社会主义市场经济的优越性所在。宏观调控有几项手段,最重要的是计划、财政、货币三者,党的十四大报告特别指出"国家计划是宏观调控的重要手段"。这里没有说到财政政策、货币政策,不是说财政政策、货币政策不重要,而是财政政策、货币政策是由国家宏观计划来导向的。所以,国家计划与宏观调控不可分,是宏观调控的主心骨。宏观调控下的市场经济也可以称为国家宏观计划调控下的市场经济,这就是社会主义市场经济不同于资本主义市场经济的地方。

刘国光

经济论著全集

第
17
卷

二 关于如何巩固社会主义市场经济的制度基础问题

社会主义市场经济与资本主义市场经济的另一个根本区别在于基本制度不同。前者以社会主义初级阶段的基本经济制度为基础，不同于资本主义私有经济制度。社会主义初级阶段的基本经济制度是公有制为主体、多种所有制经济共同发展的经济结构，坚持这一基本经济制度是维系社会主义市场经济的前提条件。

党的十七届五中全会再次重申"要坚持和完善社会主义基本经济制度"。坚持社会主义基本经济制度，就必须既不能搞私有化，也不能搞单一公有制。这是党的十七届四中全会提出要划清四个重要界限里面的一条，十分重要。当前，我们需要进一步研究，在"私有化"和"单一公有制"这两个错误倾向中，哪一个目前是主要的，以更好地抵制其消极影响。单一公有制是过去片面追求"一大二公三纯"时代的产物，现在还有个别极左人士在宣扬，这是需要我们与之划清界限的。但大量的言论和事实证明，当前存在的更为严重的错误思想倾向是私有化倾向，这一倾向对于社会主义市场经济的建设是极为不利的，马克思主义的政治经济学研究者不能不看到这一点。

马克思主义评价所有制的标准，并不只看所有制成分的比重。这是对的。但是，马克思主义也不主张不看比重。如果公有制经济在国民经济中的比重不断降低，以至于不再占主体，就会改变我国的社会主义性质。目前，根据国家统计局的数据，我国国有经济在国民经济中的比重还在下降，宏观上并不存在所谓的"国进民退"；微观上国有经济"有进有退"，但更多的是"国退民进"，个别案例中的所谓"国进民退"，也并非没有道理。我们党一贯强调，公有制比重的减少也是有限制有前提的，那就

计划性和公有制为主体是社会主义市场经济与资本主义市场经济的两个根本性区别

是不能影响公有制的主体地位。现在有不少人对公有制是否还是主体有疑虑。解除人们疑虑的办法之一，就是用统计数字来说明。马克思主义政治经济学应当负起这个责任，解释公众的疑虑，坚定人们对社会主义初级阶段基本经济制度的信心。

我国社会主义基本经济制度不但要求公有制经济占主体地位，而且要求国有经济起主导作用。而要保证国有经济对国民经济起主导作用，国家应控制国民经济命脉，国有经济的控制力、影响力和竞争力应当增强。在社会主义经济中，国有经济的作用不是像在资本主义制度中那样，主要从事私有企业不愿意经营的部门，补充私人企业和市场机制的不足，而是为了实现国民经济的持续稳定协调发展，巩固和完善社会主义制度。为了实现国民经济的持续稳定协调发展，国有经济应主要集中于能源、交通、通信、金融等基础设施和支柱产业中。这些都是关系国民经济命脉的重要行业和关键领域，在这些行业和领域中国有经济应该有"绝对的控制力""较强的控制力"，"国有资本要保持独资或绝对控股"或"有条件地相对控股"。这些都是中央文件所规定和强调的。国有经济对这些部门保持控制力，是为了对国民经济有计划地调控，以利于它持续稳定协调发展。

除了帮助政府实行对国民经济有计划地调控外，国有经济还有另一项任务，即它是保证社会公平正义的经济基础。对那些在政府调控经济中可能不太重要，但是对于保障公平正义非常重要的竞争性领域的国有资产，也应该视同重要和关键的领域，要力争搞好。所以，不但要保持国有经济在关系经济命脉领域的控制力，而且要保障国有经济在竞争性领域的发展，发挥它们在稳定和增加就业、保障社会福利和提供公共服务中的作用，增强国家转移支付和实行公平再分配的经济能力和实力。有竞争力的国有企业为什么不能在竞争性领域发展，难道利润收入只让私企独占？所以，中央对竞争性领域的国有经济一向坚持"有进有退"

刘国光
经济论著全集

第
17
卷

的政策，注重提高和发挥其竞争力，而绝不是要求它"完全退出"竞争性领域。当然，竞争性领域应当对私营企业完全开放，尽量让它们相互竞争，并与国企相互竞争。

私有化的主张者不仅要求国有经济完全退出竞争领域，他们还要求国有经济退出关系国民经济命脉的重要行业和关键领域。他们经常把国有经济在这些领域的优势地位冠以"垄断行业""垄断企业"，不分青红皂白地攻击国有企业利用政府行政权力进行垄断，把国有资本一概污蔑为官僚垄断资本。应当明确，在有关国家安全和经济命脉的战略性部门及自然垄断产业，问题的关键不在于有没有垄断，而在于谁来控制。一般来说，这些特殊部门和行业，由公有制企业经营要比由私有制企业经营能更好地体现国家的战略利益和社会公众利益。

行政性垄断的弊病是应当革除的。革除的办法与一般国企改革没有太大的差别，就是实行政企分开，政资分开，公司化改革，建立现代企业制度，收入分配制度的改革，健全法制和监管制度，等等。恢复企业利润上交国库，调整高管薪酬待遇（某些国企高管的收入高得离谱了），杜绝市场化改革以来国企利益部门化、私利化的弊端，这些都是当前国企收入分配改革中人们关注的焦点。另外，要进一步完善职工代表大会制度，使之成为真正代表劳动者权益的机构。如果职工真正有权监督国企重组，有些国有企业改制中出现的群体性事件甚至悲剧就不会发生了。

私有经济在社会主义初级阶段的基本经济制度中有其地位，应当充分阐述包括私有经济在内的非公经济对促进我国生产力发展的积极作用。但是，私营经济具有两面性，它除了有利于发展生产力的积极一面外，还具有剥削性的消极一面。针对私营经济和私营企业主客观存在的两面性，除了引导它们在适当的行业合法经营、健康发展外，还要对其不合法、不健康的经营行为进行限制，对其经营的领域进行节制。对于关系国家经济命脉和公众

计划性和公有制为主体是社会主义市场经济与资本主义市场经济的两个根本性区别

利益的部门，应当由公有制经济来承担，以避免私有经济只顾追逐利润而影响国家经济安全、扩大贫富差距。

（《红旗文稿》2010年10月发表时题为《社会主义市场经济与资本主义市场经济的两个根本区别》，原载《红旗文稿》2010年第21期。）

如何认识和切实转变经济发展方式*

（2010年10月15日）

　　从十二大到十七大，"转变经济增长方式"一直是中央经济工作的重要指南。近一段时期，中共中央政治局诸常委分赴国内多个地区就加快转变经济发展方式进行密集调研。今年2月，国家主席胡锦涛就指出："综合判断国际国内经济形势，转变发展方式已刻不容缓。"《商务周刊》就如何认识和切实转变经济发展方式，尤其是转变对外经济发展方式的问题，专访了著名经济学家、中国社会科学院原副院长、特邀顾问刘国光教授。

　　《商务周刊》：请您总体上谈一谈当前国际政治经济新格局下转变经济增长方式的必要性及紧迫性。

　　刘国光：中央提出加快转变经济发展方式，重在"加快"。之所以提出要"加快"，我认为既要放在国内来看，更要站在国际经济大格局下来看。尽管转变经济发展方式主要是要做好国内的事情，内因是主要矛盾，但也要看到，经过改革开放30多年的发展，我国已经越来越融入世界经济体系，对外经济发展中的一些不足，如外贸依存度过高、对外技术依赖性过大、对外资源依赖性过强、外汇储备过多和国际产业转移导致的环境问题等弊端，也会转向内部对我国国民经济发展形成制约。这次国际金融危机发生后，我国对外出口急剧下降，国际贸易领域的争端和摩擦增多，沿海地区出现企业订单减少、部分企业破产、失业增加

* 《商务周刊》访谈纪要，2010年10月15日。

等现象，在国际上也面临石油原材料等国际市场价格波动、汇率问题等压力，经济发展的持续性受到了挑战，就很能说明问题。

危机发生后，我国采取了果断措施，有效遏制了国际金融危机的负面影响，并率先实现了复苏。但是，经济回暖的基础还很不稳固，而国际形势的发展还暂时看不清。当然，理论界对危机的看法也不尽相同，有的认为危机已经过去，有的认为危机还在发展。但国际金融危机还是能够给我国带来一些启示：一是过度虚拟化的经济隐藏着巨大的潜在风险，虚拟经济的发展不能脱离实体经济，金融创新必须得到有效监管；二是现在发达国家重新捡起宏观调控和国家援助的救命稻草，说明完全私有化、自由化的发展道路是行不通的；三是主要资本主义国家会不会转嫁危机？我觉得，要防止这种可能性。最近欧洲发生了主权债务危机，其背后的原因值得我们深入研究。总之，我国在融入国际市场的同时，需要注意世界经济格局的变化，防止这种变化对我国利益造成损害。

《商务周刊》：您提到了"需要注意世界经济格局的变化，防止这种变化对我国利益造成损害"，如何确保对外开放与实现国家整体利益的统一？

刘国光：对外开放是我国的一项长期国策，根本目的是促进和带动我国的经济发展。1949年新中国成立后，毛泽东就曾指出："学习资本主义国家的先进的科学技术和企业管理方法中合乎科学的方面。工业发达国家的企业，用人少，效率高，会做生意，这些都应当有原则的好好学过来，以利于改进我们的工作。"改革开放后，邓小平也提出："我们要有计划，有选择的引进资本主义国家的先进技术和其他对我们有益的东西。"可见，我国扩大对外开放并不是无条件的。我们从资本主义国家那里所要学习的，是其先进的科学技术和管理经验。

对外开放并不仅仅是合作，也有国际竞争。背后有国际资本的利益问题，有国家经济安全、国内劳动者的地位和切身利益问题，说到底是涉及我国的国家利益问题。这个问题处理得好，可以加快国内问题的解决；处理得不好，就会加重国内经济发展面临的困难，甚至会使改革开放的成果毁于一旦。从这个角度看，加快转变经济发展方式不能只着眼于国内，还必须将眼光看得更宽些、更远些，紧迫感更强一些，更加科学地推进对外开放。在这个问题上，我觉得中央的精神是明确的，方向是正确的。

《商务周刊》：关于切实转变对外经济增长方式，更加科学地推进对外开放，您有什么具体建议呢？

刘国光：当前深入推进对外开放，必须做好三件事情。

一是要树立对外经济发展的国家利益观。对外经济发展的一个重要前提，就是要按邓小平的"三个有利于"标准来衡量，而不能不顾国内和地区条件，单纯强调招商引资和出口的规模，鼓吹越开放越好。也不能简单地认为扩大了开放的领域、规模，就是和国际接轨了。依我看，和国际接轨必须首先在国家利益、经济效益上接轨。怎么做好利益接轨？就是不能只看眼前利益，也要看长远利益；不能只看局部利益，也要看整体利益；不能只看资本利益，更要看劳动者的利益，不能损害劳动者的利益。当前现实中的确存在一些不好的现象，如：各地区竞相招商引资、低价出让土地，在出口产品和进口资源上国内企业间盲目竞争；不重视重要资源的国际定价权，低价出口资源；还有一些地区将招商引资作为政绩考核标准，不顾环境和人民群众身体健康，不重视保护职工权益，近来还出现了富士康"十二连跳"的惨剧；甚至在关系到国计民生的重要领域也放弃控股权，等等。这些思维方式和工作方法，不利于我国从根本上增强综合国力和提高人民生活水平。

二是要制定正确的对外发展战略，必须根据国情和世界经济形势的发展，积极提高对外开放的层次、水平和能力。在新的形势下进一步推进对外开放，单纯地实行封闭式的进口替代战略固然不可取，但完全的出口导向战略也是不可行的。我们这样一个人口众多、资源紧缺的大国，不能将经济发展的主动权完全交付国际市场，国际市场也没有能力解决我国的需求问题。最好的办法，还是坚持开放条件下的进口替代和出口导向相结合，立足于扩大内需，增强内部发展动力。

三是要增强我国对外经济可持续发展的能力。增强对外经济可持续发展的能力，关键是要坚持独立自主的开放政策，改变在国际分工中的不利地位，发展自主品牌和自主知识产权，提高国际竞争力，提高国际贸易规则制定的参与能力。在贸易规模增加的同时努力改善贸易结构，提高贸易层次。

《商务周刊》： 您谈了转变对外经济增长方式的具体建议，那么我们如何依靠现有体制优势切实"转变对外经济增长方式"呢？

刘国光： 我国的经济体制是中国特色社会主义市场经济体制，转变对外经济发展方式，需要重视发挥这一体制的内在优势。现在国际上谈中国模式的很多，声音也很杂，究竟什么是中国模式？我个人认为中国特色社会主义模式的核心，就是容许资本主义因素和社会主义因素的存在，但同时坚持社会主义的主体地位和发展方向。这种模式不是照抄欧美自由市场经济模式，也不遵循新自由主义的"华盛顿共识"，这是我们在国际危机中的表现相对出色的主要原因。今后转变对外经济发展方式，我们还要挖掘这一模式的潜力。

依靠体制优势，主要是坚持特色社会主义模式中的社会主义因素。改革开放前我国没有卷入世界资本主义经济危机的旋涡，就是因为当时没有资本主义因素的存在，因此不受资本主义周期性经济危机的干扰。当前中国被卷进世界经济危机，原因并不仅仅是过深陷入外向型经济那么简单，关键还是在内部。

依靠体制优势，需要坚持公有制经济的主导地位，不能搞私有化、依附化。坚持公有制为主体多种所有制经济共同发展，坚持按劳分配为主体，更加重视社会公平。现在对外资企业的超国民待遇虽然取消了，但国内一些地区、一些人群中，还存在着"重外轻内"的倾向，主张将国有资产卖给外资，对外资企业盘剥、压榨中国工人的行为视而不见，甚至怕影响到招商引资和地方的GDP，而采取暧昧甚至纵容的态度。这不利于增强国家的调控能力，不利于掌握对外经济发展的主动权。

依靠体制优势，就是要充分利用社会主义制度中集中力量办大事，以计划导向来调控经济的能力。今后，我国在重视市场调节基础作用的同时，仍然要保持并加强计划调控能力；在积极参与经济全球化过程的同时，仍然要对与国际市场接轨保持比较谨慎的态度。这次危机中，我国资本账户没有完全放开，银行运作尚未完全与外国接轨等因素，大大缓解了危机的冲击。今后，我国还要审慎地推进对外开放，及时调整对外开放的领域和范围。调控手段上，经济手段可以用，行政手段也可以用，坚持走独立自主、合作共享的道路。

当然，转变对外经济发展方式，还要依靠社会各阶层的力量。只有劳动者的地位和发言权提高了，才能遏制外资企业对低成本劳动的滥用，将企业的注意力转移到提高技术、改进管理上来，对外经济发展才有持续性和可靠的基础。

《商务周刊》：面对复杂多变的世界经济新格局、新变化，有什么特别需要关注和研究的新动向？

刘国光：加快转变对外经济发展方式，我国经济理论界承担着很大的历史重任。我认为，当前围绕对外经济发展方式转变，应当特别注意以下几方面的问题：

一是要坚持独立思考。研究对外经济发展问题要有国际视野，但更要有国内的立场。对世界经济格局的新变化，要联系我国的客观情况和实际利益来分析、判断，脑袋要长在自己的脖子上，不能人云亦云。比方说，在后危机时代，全球贸易层面的"市场"已经日益变得稀缺，用市场换技术的老路能否还行得通？贸易保护主义会不会转化为产业保护主义？这就值得认真研究。

二是要拓宽研究领域。对外经济发展包含的领域是全方位的，不仅涉及国际贸易、国际投资，也涉及全球产业转移和国际生产要素流动，还涉及金融安全、资源环境、各国专利保护制度和科技体制等一系列问题。特别是在货币金融争端和科技体制方面，我国现有的研究还不够，应对国际挑战的经验还不足。这些都要根据形势的发展，在推进开放过程中研究新的对策。

三是要面向未来开展前瞻性研究。我们要看到，金融危机后，发达国家对过度金融化、虚拟化的发展思路已进行了重新调整。现在发达国家有一种说法，叫"重新工业化"，实质上是重新重视实体经济。在这种情况下，中国显然不能再走承接全球产业和投资转移的老路了。研究我国未来对外经济发展的增长点和利益实现的问题，才能真正探寻出一条转变对外经济发展方式的新道路。

刘国光

经济论著全集

第
17
卷

五中全会公报和十二五规划建议的两点体会

——2010年11月6日在"中国宏观经济学会"上的发言

（2010年11月6日）

　　这次十七届五中全会通过的十二五规划建议，重要的、创新的东西很多，印象比较强的我体会有两项，一是把以加快转变经济发展方式为主线写进规划的指导思想，二是突出保障和改善民生，促进社会公平为主要任务。

　　关于转变经济发展方式，已经讲了好几年了。这次加上"加快"二字，又上升为整个发展规划的主线。现在经济发展形势，逼着我们要加快转变发展方式，要把这个精神，贯彻到所有经济社会发展领域。需要注意的是，我们要"加快"的，是发展方式的转变，不是增长速度的加快，如果要加快增长速度，那发展方式的转变肯定加快不了，可能还会放慢，这是经验证明了的。现在我们经济发展已经到了这个阶段，就是要以"适度增长"来代替"快速增长"和"较快增长"。这次建议中"较快增长"的提法没有改变，我认为改为"适度增长"较好，这样才能保证"加快"经济发展方式的转变。

　　我们的经济现在有7%~8%的中速增长就可以了。不要追求9%、10%和10%以上的速度，犹如我们过去实际上所做的那样。要认真地用宏观计划调控的手段，切实地把握好经济波动的这个中轴，使之不要远离7%~8％的水平。如果继续像过去那样，规划的速度定的是7.5%~8％，而实际执行的政策（特别是货币政策和投资政策）所支持的速度，却在9%~10％以上，那么转变发展方式肯定是加快不了的。要知道7%~8％的速度在现今世界上也不是一个低速度。我们担心的是就业问题，但就业问题主要出在结构安排上，如果我们把结构调整得比较合适，那么7%~8％的速度，不见得不能够解决就业问题。

至于建议的另一个亮点，即保障和改善民生、促进社会公平，我粗粗查了一下，只有4800字的全会公报，竟有四处提到保障和改善民生。在"建议"中，讲保障和改善民生的地方就更多了，我查了出现民生字样大的有七处之多。而讲调整收入分配的地方也有四处。可见五中全会公报和建议对民生和分配问题的重视。重视民生和分配问题，由温总理在五中全会关于十二五规划建议的说明中，再次表达出来，就是："我们不仅要通过发展经济，把社会财富这个蛋糕做大，也要通过合理的收入分配制度，把蛋糕分好，让全体人民都能够共享改革发展的成果。"

在这里，我也想就"做大蛋糕和分好蛋糕"这个好像是ABC的话题，谈谈我自己的认识。

十一届三中全会以来我们党的工作重点转移到以经济建设为中心。这次会议公报没有提"以经济建设为中心"，大概是因为社会建设的分量加重了，但并没有否定"经济建设为中心"。而且经济建设与社会建设有的问题也不好分，例如民生分配问题，既是社会建设，也是经济建设。这个"经济建设为中心"，简单地说就是做两件事情，一件是要把蛋糕做大，把我们的经济实力做大，国家富强。另外一件是同时要把蛋糕分好，做好社会产品和国民收入的分配，让大家共同享受发展成果。我们过去30多年，大部分时间是放在蛋糕做大上面，没有把它放在蛋糕分好上面。这是一个缺陷，当然这也有道理，因为我们国家穷。先把蛋糕做大，然后等到蛋糕慢慢大了，再把蛋糕分好，这也说得过去。人们说把蛋糕做大是政府的责任，把蛋糕分好是政府的良知、良心。那么在蛋糕没有分好的情况下，政府就没有良知、良心吗？不能这样说。应该说这都是我们政府的责任，不仅仅是良知、良心的问题。但是政府在前一阶段不可能把这个蛋糕又做得大，又切得好。所以前一阶段我们要努力把这个蛋糕做大，到了一定的时候，就要两者并重，既要做大更要分好。

社会主义要把分好蛋糕放在更加重要的地位，因为我们社会主义是大家共同分享，不是少数人侵吞发展的果实。同时不这样做也不行，不这样做怎么能进一步做大蛋糕？不这样做，老百姓的不满意程度多起来，大家的积极性发挥不出来，蛋糕就没办法继续做大。而且现在要转变经济发展方式，首先要扩大内需；要扩大内需，也必须解决分好蛋糕的问题。不然多数人收入很少，手头没有购买力，何从扩大内需，调整结构，转变发展方式？所以，现在已经到了“做大”与“分好”两者并重，应当更加注重分好蛋糕的时候了。

应该强调我们现在已经到了这个时候。按照邓小平同志1992年南方谈话的精神，在上个世纪末达到小康水平的时候，就要突出地解决贫富差距问题。上个世纪末他是讲基本上达到小康水平，不是全部达到小康水平，那时就要突出地提出解决贫富差距。解决贫富差距的问题不就是分好蛋糕的问题吗？那么就是说从20世纪、21世纪之交开始我们在做大蛋糕的同时，从2000年左右就应该注意分好蛋糕，并且把后者放在经济工作的突出地位，这是邓小平同志讲的，不是我讲的。那么现在两极分化的趋势，远远比2000年的时候严重得多。我前几年写文章一直在讲现在还不好说两极分化，由于种种原因我就不去讲了。但是现在比那个时候严重得多，现在的基尼系数已经到0.5左右了，所以更应该把分好蛋糕作为经济工作的重点，经济建设工作这个中心的重点。

经济建设这个中心包括两个方面：一个是把蛋糕做大，另一个是把蛋糕分好。不是说现在不要再做大蛋糕了，还是要做大蛋糕，现在我国经济总量已超过日本，居世界第二，但是人均还不到日本的十分之一，所以还要继续做大蛋糕。但应该把经济建设这个中心的重点放在扭转解决两极分化趋势问题方面，即放在分好蛋糕上面。所以中心的重点应该是这个问题。不能说重要的只是做大蛋糕，这跟社会主义性质不符。资本主义也做大蛋糕，人家的蛋糕做得还比我们的大。我们社会主义分好蛋糕是更重要的。更加重视社会公平既是全体人民切身关心的问题，也是符合社会主义的本质、宗旨，是我们政权合法性的根据。

邓小平说分配问题大得很，比生产问题更大，解决这个问题比解决发展起来的问题更困难，分配问题比发展问题更困难，这就是说分好蛋糕比做大蛋糕更难，这就是邓小平同志讲话的意思。不晓得我们注意到这句话没有。这个事情不是小事情，大家研究的还是不够。所以需要我们全党高度重视，因为解决这个问题比解决发展的问题更难。我们要细心研究这个中心之中的重点大难题，解决这个大难题。在这方面，马克思主义政治经济学有很大的责任。

马克思主义政治经济学分配理论的基本出发点是：所有制决定分配制，财产关系决定分配关系。但是，人们常常忽略这个观点。在分析我国贫富差距拉大的原因时，人们举了很多缘由，诸如城乡差距扩大、地区不平衡加剧、行业垄断、腐败、公共产品供应不均、再分配调节落后，等等，不一而足。这些缘由都能成立，也必须一一应对。但这些不是最主要的。造成收入分配不公的最根本原因被忽略了。

收入分配不公源于初次分配。初次分配中影响最大的核心问题是劳动与资本的关系。这就涉及社会的基本生产关系或财产关系了。财产占有上的差别往往是收入差别最重大的影响要素。改

刘国光

经济论著全集

第
17
卷

革开放30年来我国贫富差距的扩大，除了上述一系列的原因外，跟所有制结构的变化，跟"公"降"私"升、化公为私的私有化过程有紧密的联系。

在调整收入分配关系，缩小贫富差距时，人们往往从分配领域本身着手，特别是从财政税收、转移支付等再分配领域着手，完善社会保障公共福利，改善低收入者的民生状况。这些措施是完全必要的，我们现在也开始这样做了，包括这次五中全会建议规定的改善民生和收入分配的措施。我们做得还远远不够，还要加大力度。但是，仅仅就分配谈分配，仅仅从分配和再分配领域着手，还是远远不够的，不能从根本上扭转贫富收入差距扩大的问题。还需要从所有制结构，从财产制度上直面这一问题，需要从基本生产关系，从基本经济制度来接触这个问题；需要从强化公有制为主体地位，弱化私有化趋势来解决这个问题，这样才能最终阻止贫富差距扩大，向两极分化推进的趋势，实现共同富裕。这就是邓小平所说的"只要我国经济中公有制占主体地位，就可以避免两极分化"，他又说，"基本生产资料归国家所有，归集体所有，就是坚持归公有"，就"不会产生新资产阶级"。这是非常深刻的论断。它指明社会主义初级阶段容许私人产权的发展，容许非劳动要素（主要是资本）参加分配，但这一切都要以公有制为主体和按劳分配为主为前提，不能让私有制代替公有制为主体，也应该扭转按资分配代替按劳分配为主的趋势。那种让私人资本向高利行业渗透（关系国民经济命脉的重要部门和关键领域，连民主革命的先行者孙中山节制资本的口号也反对这样做），那种突出鼓励增加"财产性收入"（只能使富人越来越富，而大多数工农大众以微薄的财产获得什么蝇头小利）之类的政策，只能促使收入差距和财富差距进一步扩大，都应该调整。只要保持这两个主体，贫富差距就不会恶性发展到两极分化的程度，可以控制在合理的限度内，最终向共同富裕的目标前进。

否则，两极分化、社会分裂是不可避免的。所以改革收入分配制度，扭转贫富差距扩大趋势，要放在坚持共和国根本大法的角度下考虑，采取必要的政策措施，保证公有制为主体、按劳分配为主的两个为主的宪法原则的真正落实。

关于社会主义政治经济学的若干问题*

（2010年12月）

一、社会主义政治经济学的阶级性和科学性

人们通常讲，马克思主义政治经济学体现了科学性和阶级性的高度统一，它代表无产阶级的利益，具有鲜明的阶级性，这是不错的。人们又通常讲，坚持马克思主义立场，就是要始终代表最广大人民的根本利益。一般地讲，这也不错。但是要分析，广大人民是划分为阶级的。社会主义初级阶段也是这样。现阶段，广大人民除了广大工农劳动人民，还包括小部分剥削阶级。应当说，马克思主义和共产党不能代表剥削阶级的利益，只能在一定历史条件下，如民主革命时期、社会主义初级阶段，关怀和照顾一部分剥削阶级（民族资产阶级、合法私营企业主阶层）的正当利益，以团结他们为革命和建设而努力。不能无条件地、毫不动摇地、毫无限制地支持剥削阶级。绝对不能为了迁就或成全他们的利益而损害劳动人民的利益。贫富差距的扩大，两极分化趋势的形成，就是这种损害的表现。这是同马克思主义的立场与共产党的宗旨格格不入的。政治经济学的社会主义部分，也要贯彻这个立场，处处不要忘了这个问题。

---

* 原载《政治经济学评论》2010年第4期；2010年12月补充修订。

马克思主义政治经济学的科学性在于它揭示了经济社会发展的客观规律，运用的基本方法是辩证唯物主义和历史唯物主义的方法，把历史方法和逻辑方法统一起来。过去对于社会主义经济的研究，一般采用规范方法。学者的注意力集中在社会主义经济"应该怎样"，从给定的前提中合乎逻辑地推出结论。现在研究社会主义经济改革时，当然也不能不关心社会主义初级阶段的经济"应该怎样"的规范，但首先要分析清楚初级阶段的经济"实际上是怎样"的问题，即对客观存在的事实及其内在联系和规律予以实事求是的分析和说明。没有这种分析说明，就不可能对它面临的问题有明晰的概念和提出可行的方案。我们要注意经济学教学中的一个现实，即实事求是的实证分析，要比规范原理的说教更能够唤起学习热情和探索兴趣。为什么某些西方资产阶级教材能在社会主义国家大行其道，吸引了不少学生，而马克思主义政治经济学却在课堂里被边缘化，甚至被学生们嘲笑？我想，这与其研究方法和叙述方法上存在的缺点，可能有一定的关系。我希望有关教材能在这方面有所改进，比如说增加一些定量分析，用方块事例解说一些经济原理等，以达到更有效地宣传马克思主义。

二、社会主义初级阶段的矛盾

按党的文件论述社会主义初级阶段的主要矛盾，就是人民日益增长的物质文化需要同落后的社会生产之间的矛盾。这一主要矛盾，首先是1956年八大明确宣布的。当时刚完成社会主义改造，把这一矛盾当作进入社会主义建设时期的主要矛盾。十一届三中全会以来，重新确认这一主要矛盾，后来引入了初级阶段概念，就把它当作"社会主义初级阶段所面临的主要矛盾"。由于人民日益增长的需要大于落后的社会生产，才迫切要求我们聚精会神加紧经济建设，所以作为十一届三中全会全党重点工作转移决策的理论依据，初级阶段主要矛盾的提法是非常重要的。

不过，当前有一个理论上的疑难问题，就是出现了"内需不足""产能过剩"的现象，即国内生产能力大于国内需求，这好像同社会生产落后于社会需要的主要矛盾有点脱节，很需要政治经济学从理论上解释一下。

人民日益增长的"需要"，是指生理上和心理上的欲望，还是指有购买能力的需求？如果是前者，即主观欲望，那么社会生产总是赶不上欲望的需要，由此推动社会的发展和人类的前进。如果"需要"是指后者，即有购买能力的需求，那么社会生产和人民消费需求的关系，就要看是什么社会制度了。在资本主义社会制度下，社会生产与有效需求的关系受到资本主义经济基本矛盾的制约，人民有效需求总是落后于不断扩大的社会生产，因此经常发生生产过剩并爆发周期性经济危机。在社会主义社会制度下，公有制经济和按劳分配制度，再加上有计划的调节和综合平衡，一般不应发生有效需求不足和生产过剩问题。但在过去传统计划经济下，因大锅饭、软预算体制，导致短缺经济现象，往往出现有效需求过多而生产供应不足。这是传统计划经济的一个缺陷。但无论如何社会主义社会一般不应发生有效需求不足和生产过剩的与社会主义本质宗旨相扭曲的现象。问题在于现在初级阶段不是完整的社会主义。除了社会主义经济成分外，还允许私企外企等资本主义经济存在和发展，因此资本主义经济规律的作用就渗透到初级阶段社会主义经济中来，发生局部的生产过剩和内需不足的问题。对于这次世界资本主义周期性经济危机过程中，中国为什么被卷进去，为什么中国在这个危机中表现得比资本主义国家好些，也要从上述道理来解释，才讲得通。我在《求是内参》2009年第14期发表的《当前世界经济危机中中国的表现与中国特色社会主义模式的关系》一文中，讲了这个问题。

初级阶段的主要矛盾，决定了十一届三中全会以来我党工作重点转移到经济建设为中心，这是万分正确的。"经济建设"或"经济发展"要做什么事情？简单地说主要是两件事情，一是把GDP（或蛋糕）做大，经济实力做强；二是把GDP（或蛋糕）分好，让人民共享发展成果。从全局来看，当然要两者并重；但在初级阶段确有先后次序，先做大蛋糕，然后分好蛋糕，也说得通；但到一定时候就要两者并重，甚至把分好蛋糕放在"更加重要"的地位，因为不这样做就难以进一步做大蛋糕。政治经济学应该强调现在我们已经到了这个时期。按照邓小平的意见，在上世纪末初步达到小康水平的时候就要突出地提出和解决贫富差距问题，[①]就是说，从世纪之交开始，我们就应在做大蛋糕的同时，开始注意分好蛋糕，并把后者放在经济工作的突出地位。现在，两极分化的趋势远比2000年时严重得多，更应把这一方面的工作作为经济工作的重点，即中心的重点。当然，做大蛋糕还是很重要，现在我国经济总量已超过日本居世界第二，但是人均还不到日本的十分之一，所以还要继续做大蛋糕，仍然包含在这个中心里面。不过中心的重点现在应当是分好蛋糕，更加重视社会公平。这是全体人民切身关心的问题，也符合社会主义的本质、宗旨。邓小平说，"分配问题大得很"，"解决这个问题比解决发展起来的问题还困难"[②]。就是说，分好蛋糕比做大蛋糕更难，所以需要我们全党高度重视，悉心研究这个中心之中的重点的大难题，解决这个大难题。

社会主义初级阶段的主要矛盾不是阶级矛盾。但是不能否认社会主义初级阶段还存在着阶级、阶级矛盾和阶级斗争。在某

① 《邓小平年谱（1975—1997）》下，中央文献出版社2004年版，第1343页。

② 《邓小平年谱（1975—1997）》下，中央文献出版社2004年版，第1364页。

种条件下还可能激化。当前的许多论述根本不提阶级、阶级矛盾和阶级斗争，变相宣扬阶级消亡和阶级斗争熄灭，这是不正确的。阶级矛盾和阶级斗争仍将"在一定范围内"长期存在。在哪些范围？首先，在政治思想领域和意识形态领域存在，这是很明显的，毛泽东早已指出过了。现在在我国很时髦的新自由主义思潮、民主社会主义思潮、历史虚无主义思潮、普世价值思潮……还有六四风波、西山会议、零八宪章等事件，不都是阶级斗争在意识形态和政治思想领域的表现吗？其次，在经济领域，不仅在私有企业中，存在着劳动和资本的矛盾，劳动人民受中外私人资本的盘剥压榨，存在此起彼伏的劳资纠纷；而且在某些异化了的国有企业中，随着工人阶级重新被雇用，也可以看到高管阶层与普通职工的对立。如果政治经济学回避对中国新资产阶级客观存在的两面性作科学的分析，只讲他们是"社会主义建设者"的积极一面（这是对的），不讲他们具有剥削性的一面，甚至回避"新资产阶级"的名称，那还称什么科学？客观地分析初级阶段中的阶级、阶级矛盾和阶级斗争，是马克思主义政治经济学这门科学义不容辞、责无旁贷的事情。不错，我们需要社会和谐，社会主义社会基本矛盾的性质是非对抗性的，它的解决不需要像资本主义社会那样采取剧烈的阶级斗争方式，而是可以依靠社会主义制度自身的力量，在社会主义制度的自我完善中得到解决。但是如果根据这一点，就淡化阶级、阶级矛盾和阶级斗争，默默地、变相地宣扬阶级消灭论和阶级斗争熄灭论，这种理论只能掩盖和纵容别人明目张胆地、不断地发动对劳动人民的阶级斗争，并使得代表劳动阶级的共产党在这种客观存在的阶级斗争面前陷于被动无力的地位。实际情况不是这样的吗？但愿不是。

关于社会主义政治经济学的若干问题

三、不同于其他社会制度的社会主义本质特征

社会主义本质是指社会主义制度不同于封建主义和资本主义制度等社会制度的最根本的特征。这个定义就生产关系来说，是正确的，但不能完整地解释邓小平1992年南方谈话提出的社会主义本质。①邓小平那次讲的社会主义本质包含生产力和生产关系两个方面。生产力方面的特征是"解放生产力、发展生产力"。生产关系方面的特征是"消灭阶级、消除两极分化，最终达到共同富裕"。生产关系方面的社会主义特征确实是不同于资本主义等社会制度的特征。而生产力方面的特征则不能这么说，因为其他社会制度在成立的初期也是"解放生产力发展生产力"。马克思和恩格斯在《共产党宣言》中，就描述过资本主义制度初期发展生产力的巨大功绩，说："资产阶级在它的不到一百年的阶级统治中所创造的生产力，比过去一切世代创造的全部生产力还要多，还要大。"②

邓小平这次谈话之所以把"解放生产力发展生产力"包括在社会主义的本质特征中，是针对当时中国生产力发展还极其落后，而"四人帮"又在搞什么"贫穷的社会主义"，阻碍着中国生产力的发展，提醒人们注意中国的社会主义更需要发展生产力，以克服贫穷落后的紧迫性。这样讲是必要的。如果设想社会主义革命在生产力高度发达的资本主义国家取得胜利，就不会有把"解放和发展生产力"当作社会主义的本质特征和根本任务的说法，而只能是"消灭剥削，消除两极分化，达到共同富裕"。

邓小平还有一篇讲话涉及社会主义"本质"问题。1990年

① 《邓小平年谱（1975—1997）》下，中央文献出版社2004年版，第1343页。

② 《马克思恩格斯选集》第一卷，人民出版社1995年版，第277页。

12月24日他同江泽民、杨尚昆、李鹏谈话时指出，"社会主义最大的优越性就是共同富裕，这是体现社会主义本质的一个东西"。①这与南方谈话中讲的"消灭剥削、消除两极分化"是相通一气的，都是讲的生产关系，但是不包括生产力方面的东西。

邓小平讲社会主义"本质"的地方并不多，只找到上面两例。他大量讲的是社会主义的"性质""原则""两个最根本的原则""最重要的原则""两个非常重要的方面"。②概括起来，一个是公有制为主体，一个是共同富裕，不搞两极分化。他反复地讲这两点，而这两点同1992年南方谈话所谈社会主义本质的生产关系方面，又是完全一致的。

邓小平之所以反复强调社会主义本质、性质、原则的生产关系方面的东西，就是因为不同社会制度相区别的本质特征是在生产关系方面，不是在生产力方面。马克思主义政治经济学的研究对象是，联系生产力和上层建筑，来研究生产关系；着眼于完善生产关系和上层建筑，来促进生产力的发展。所以在社会主义本质问题的研究和阐述上，主要的功夫应该下在生产关系方面，强调社会主义区别于资本主义的本质在于消灭剥削和两极分化，它的根本原则在于公有制为主体和共同富裕。

事实上，目前的许多教材在社会主义性质问题分析上，对于发展生产力方面阐述比较周详，这当然是必要的；但对于生产关系方面的阐述偏弱，这是不足之处。为什么会有这种偏向？其原因大概是由于社会主义初级阶段的实践，实际上不能消除一切剥削，并且出现两极分化的趋向。一些就其性质来说不是社会主义的生产关系，只要适应社会主义初期阶段的生产力水平，能够

关于社会主义政治经济学的若干问题

① 《邓小平年谱（1975—1997）》下，中央文献出版社2004年版，第1324页。

② 《邓小平年谱（1975—1997）》下，中央文献出版社2004年版，第1033、1069、1078、1075、1091页等。

推动生产力的发展，也应该存在和发展。这是容许资本主义剥削因素存在于初级阶段社会主义的理论依据。这样，为了发展生产力，我们必须容忍剥削关系和它所带来的两极分化后果，甚至讳避谈论剥削关系和两极分化趋势的存在。但这是同社会主义本质论不相容的。社会主义本质论同社会主义初级阶段实践的矛盾，使得这个理论的阐述者只好强化它的生产力方面，弱化它的生产关系方面。但是，邓小平社会主义理论的重点核心，还在生产关系方面。不然，为什么他说"如果我们的政策导致两极分化，我们就失败了"？[①]这个理论上的假设，也是就生产关系来说的。"失败"是指在假设的情况下，社会主义生产关系就要遭受挫折，并不是指生产力。即使在那样假设的情况下，生产力短期内可能有很大的发展。

我们怎样才能解决社会主义本质论和社会主义初级阶段实践之间的矛盾呢？这是需要政治经济学来研究和解答的问题。

政治经济学对社会主义本质的内涵，应根据前述邓小平在众多场合所讲的精神，恢复其不同于其他社会制度的最根本特征，即生产关系方面的含义，而淡化他仅仅在一处（南方谈话）顺便提及的生产力方面的含义。当然发展生产力不论对于贫穷落后的中国建立社会主义来说，还是对于准备为未来共产主义社会奠定物质基础来说，都是非常非常之重要的，邓小平对这些问题也多处有丰富的论述。[②]可以另辟一个范畴，用邓小平自己概括的"社会主义的根本任务是发展生产力"，来专述发展生产力的重要性方面的问题，而让"社会主义本质论"专论生产关系的内涵。

在明确了社会主义本质就是区别于资本主义的特征即"消灭剥削，消除两极分化，最终达到共同富裕"之后，就可以进一

---

① 《邓小平文选》第三卷，第111页。

② 《邓小平文选》第三卷，第137、199、157、225、227页等处。

刘国光

经济论著全集

第
17
卷

步解决本质论与初级阶段实践之间的矛盾。社会主义本质是适用于整个社会主义历史时期的，包括初级阶段。在社会主义初级阶段，除了社会主义的主导因素包括公有制和按劳分配，还必须容许资本主义因素，如私有制和按资分配存在。因为有资本主义私有制和资本积累规律发生作用，所以必然有剥削和两极分化趋势的出现。社会主义就其本质来说是不容许这些东西存在的，但在初级阶段一时还做不到，为了发展生产力，只能兼容一些资本主义因素。社会主义就其本质来说，又是不能让剥削和两极分化过分发展的。所以要对资本主义因素加以适当的调节和限制。如果我们细心考察我国的根本大法就会发现，宪法已经对这个事情有了规定和对策。就是对基本经济制度规定了公有制为主体，对分配制度规定了按劳分配为主。这些规定就是为了节制私有经济和按资分配的资本主义因素的过度发展，使其不至于超过公有制为主体和按劳分配为主的地位，并演变为私有化、两极分化和社会变质。只有认真、坚决、彻底贯彻实行宪法的这两条规定，我们才能够在社会主义初级阶段保证社会主义本质的逐步真正实现。不然的话，就会发生前述邓小平假设的前景后果，那是我们必须防止出现的。

四、社会主义市场经济是有计划的

马克思主义认为，在共同的社会生产中，国民经济要实行有计划按比例的发展。"有计划按比例"并不等于传统的行政指令性的计划经济。改革后，我们革除传统计划经济的弊病，适应初级阶段的国情，建立了社会主义市场经济体制。但是不能丢掉公有制下有计划按比例的经济规律。政治经济学尤其不能忘记这一点。

1992年十四大提出建立社会主义市场经济体制的改革目标，

是在邓小平"计划与市场两种手段都可以用"的南方谈话精神下制定的。江泽民十四大前在党校讲话，举了改革目标的三种提法：①社会主义有计划的市场经济；②计划与市场相结合的社会主义商品经济；③社会主义市场经济。这三种提法当时并无高下之分，都可以选择。当时中央总书记选择了"社会主义市场经济"，把"有计划"三个字去掉了。但是总书记随即说："有计划的商品经济也就是有计划的市场经济，社会主义经济从一开始就是有计划的，这在人们的脑子里和认识上一直是很清楚的，不能因为提法中不出现'有计划'三个字，就发生了是不是取消了计划性的问题。"[①]十四大之所以在改革目标的文字上取消了"有计划"三个字，而由会前的口头解释中讲明这并不意味着取消社会主义的"计划性"，这与当时传统计划经济的影响还相当严重，而市场经济的概念尚未深入人心的情况有关；为了提高市场在人们心中的地位，推动市场经济概念为社会公众所接受，才这样提出来的——删掉了"有计划"三个字，加上"社会主义"四个字极有分量的定语，而"社会主义从一开始就是有计划的"！这样，十四大改革目标的精神就很完整了。我当时就认为党中央这样做用心良苦，非常正确。可是今天对十四大改革目标提法的精神能够真正理解的人却不多了。

现在市场经济在我国已实行近二十年，计划离我们渐行渐远。由于历史原因，我们过去过于相信传统的计划经济，时过境迁，一些同志从迷信计划变成迷信市场，从一个极端走到另一个极端。十一五计划改称为"规划"，一字之差就大做文章，说我们离计划经济更远了。我并不反对"计划"改称"规划"，反正都是一样，但是难道只有"规划"才有指导性、战略性、灵活性，"计划"不是也有指令性计划、指导性计划、战略性计划、

---

① 中共中央文献研究室：《改革开放三十年重要文献选编》上，中央文献出版社，2008年版，第647页。

148

预测性计划？

　　本来我们要建立的市场经济，如中共十四大所说，就是国家宏观调控下的市场经济。这些年国家对经济的宏观调控在不断完善前进。特别是十四大以来，我们在短期宏观调控上，先后取得了治理通胀和治理通缩的成功经验。但在宏观调控工作中，国家计划对短期和长期的宏观经济的指导作用明显减弱；计划本身多是政策汇编性的，很少有约束性、问责性的指标任务；中央计划与地方计划脱节，前者控制不了后者追求GDP情结；计划的要求与实际完成的数字相差甚远，完全失去了导向的意义。所有这些，影响到宏观经济管理的实效，造成社会经济发展中的许多失衡问题。

　　在这样的情况下，政治经济学教材重申社会主义市场经济也有"计划性"，很有必要。十七大重新提出"发挥国家规划、计划、产业政策在宏观调控中的导向作用"，[①]就是针对我国经济实践中计划工作削弱和思想意识中计划观念的淡化边缘化而提出的。我们不仅要在实践中切实贯彻十七大这一方针，而且要在理论宣传工作中重新强调社会主义市场经济的计划性，恢复前述十四大关于改革目标的整体精神。这首先是政治经济学教材的任务。

　　社会主义市场经济必须有健全的宏观调控体制，这当然是正确的。但是1985年巴山轮会议上，匈牙利经济学家科尔奈建议我国建立宏观调控下市场经济体制的时候，法国经济学家阿尔约伯特说他们法国就实行这种体制。所以宏观调控下市场经济并非社会主义国家经济体制独自的特色，资本主义国家也有的。那么我们社会主义国家宏观调控下的市场经济怎样区别于资本主义国家呢？除了基本经济制度的区别外，就在于社会主义市场经济还有

---

① 中共中央文献研究室：《改革开放三十年重要文献选编》下，中央文献出版社，2008年版，第1726页。

计划性，还有国家计划的指导。少数市场经济国家如日、韩、法曾设有企划厅之类的机构，编有零星的预测性计划。英美等多数市场经济国家只有财政货币政策等手段，没有采取计划手段来调控经济。但我们的公有制经济为主体的社会主义大国，有必要也有可能在宏观调控中运用计划手段，指导国民经济有计划按比例发展。这也是社会主义市场经济的优越性所在。

宏观调控有几项手段，最重要的是计划、财政、货币三者。十四大报告特别指出"国家计划是调控的重要手段之一"，[①]没有指财政、货币政策。不是说财政、货币政策不重要，而是财政、货币政策是由国家宏观计划来导向的。十七大也强调国家计划在宏观调控中的导向作用。所以，国家计划与宏观调控不可分，是宏观调控的主心骨。宏观调控下的市场经济也可以称为国家宏观计划调控下的市场经济，这就是社会主义有计划的市场经济，不同于资本主义在宏观调控下的市场经济的地方。

国家计划在宏观调控中的导向作用，不同于"传统计划经济"。现在我们在理论上说明了社会主义市场经济是有计划性的，实践上十七大又重新强调国家计划在宏观调控中的导向作用，这是不是如同某些人责难说的，"又要回到传统的计划经济去呢"？我认为不是这样的，这是计划与市场在改革更高层次上的结合。第一，现在的国家计划不是既管宏观又管微观，无所不包的计划，而是主要管宏观，微观的事情主要由市场去管。第二，现在资源配置的基础性手段是市场，计划是弥补市场缺陷不足的必要手段。第三，现在的计划主要不再是行政指令性的，而是指导性的、战略性的、预测性的计划，同时必须有导向作用和必要的约束、问责功能。就是说，也要有一定的指令内容，不是编制了以后放在一边不闻不问了。

① 中共中央文献研究室：《改革开放三十年重要文献选编》上，中央文献出版社，2008年版，第660页。

十二五规划是十七大后第一次编制和执行的中长期计划，对扭转我国发展方式和社会关系存在的问题有十分重大的意义。要在规划的制定和执行过程中，真正落实十七大和十七届五中全会精神，在十二五期间，努力改进国家计划和宏观调控工作，使其名副其实地对国民经济社会发展起指导作用。我们要在转变发展方式的前提下保持经济的适度增长；在巩固社会主义基本经济制度的前提下促进公私经济的发展；在更加重视社会公平的原则下扭转贫富差距两极分化的趋势。实现这些目标，单靠市场经济是做不到的，要借助于国家宏观计划调控。宏观计划调控的权力必须集中在中央手里，地方计划必须服从全国统一计划。我赞成一些同志的建议，地方不再制定GDP为牵头和无所不包的地方国民经济计划，而以地方财力和中央转移支付的财力为主，编制地方经济社会建设计划，加强地方政府的市场监督、社会管理、公共服务的功能。政府配置资源的作用仍要有，尤其是重大的结构调整、重大基础建设等。资本主义国家在危机时刻，也不排除暂时实行所谓"社会主义的政策"，如国有化，何况社会主义国家，更不能一切交给市场，还要讲市场与计划两种手段相结合。

五、关于社会主义基本经济制度问题

社会主义市场经济与资本主义市场经济的又一个根本区别在于基本经济制度不同。前者以社会主义初级阶段的基本经济制度为基础，不同于资本主义私有经济制度。社会主义初级阶段的基本经济制度是公有制为主体、多种所有制经济共同发展的经济结构。坚持这一基本经济制度是维系社会主义市场经济的前提。十七届五中全会又再次重申"要坚持和完善基本经济制度"。坚持这一基本制度必须既不能搞私有化，也不能搞单一公有制。这是十七届四中全会提出要划清四个重要界限里面的一条，十分重要。不过要进一步研究，"私有化"和"单一化"这两个错误倾向，哪一个目前是主要的。单一公有制是过去片面追求"一大二公三纯"时代的产物，现在似乎没有人主张那一套，有也是极其个别的极"左"人士。当前主要错误倾向不是单一公有制，而是私有化。有大量的言论和事实证明，当前私有化的危险确实严重存在。马克思主义的政治经济学不能不看到这些大量的言论和事实。对私有化和单一公有化两种倾向各打五十大板，不中要害，实际上是把私有化错误倾向轻轻放过。

马克思主义评价所有制的标准，并不只看所有制成分的比重。这是对的。但是马克思主义也不主张不看比重。公有制在国民经济中的比重不断降低，降得很低，以趋于零，那还算是什么社会主义？现在连国家统计局局长都在讲我国的经济成分一直是公降私升，国有经济比重一直不停地下降，宏观上并不存在右派精英攻击的所谓"国进民退"；微观上"有进有退"，案例多是"国退民进"，局部个别案例中的所谓"国进民退"，也并非没有道理。总之，客观上我国经济这些年来一直是公降私升，"国退民进"究竟要退到什么地步，才算合适？记得江泽民讲过，公有制比重的减少也是有限制有前提的，就是不能影响公有制的主体地位。现在有不少人对公有制是否还是主体有疑虑。解除人们疑虑的办法之一就是用统计数字来说明。马克思主义政治经济学应当负起这个责任，解除公众的疑虑，坚定人们对社会主义初级阶段基本经济制度的信心。

基本经济制度不但要求公有制经济占主体地位，而且要求国有制经济起主导作用。而要对经济起主导作用，国家应控制国民经济命脉，国有经济的控制力、影响力和竞争力得到增强。在社会主义经济中，国有经济的作用不是像资本主义制度那样，主要从事私有企业不愿意经营的部门，补充私人企业和市场机制的不足，而是为了实现国民经济的持续稳定协调发展，巩固和完善社会主义制度。为了实现国民经济的持续稳定协调发展，国有经济就应主要集中于能源、交通、通信、金融、基础设施和支柱产业等关系国民经济命脉的重要行业和关键领域，在这些行业和领域应该为"绝对的控制力""较强的控制力""国有资本要保持独资或绝对控股"或"有条件对相对控股"，国有经济对这些部门保持控制力，是为了对国民经济有计划的调控，以利于它的持续稳定协调发展。

除了帮助政府实行对国民经济有计划的协调外，国有经济还有另一项任务，即保证社会正义和公平的经济基础，对那些对于政府调控经济不重要，但是对于保障正义和公平非常重要的竞争性领域的国有资产，也应该视同"重要"和"关键"的领域，要力争搞好。所以，不但要保持国有经济在具有自然垄断性的关系经济命脉部门领域的控制力，而且同时要保障国有经济在竞争性领域的发展，发挥它们在稳定和增加就业，保障社会福利和提供公共服务的作用，增强国家转移支付和实行公平再分配的经济能力和实力。有竞争力的国有企业为什么不能在竞争性领域发展，利润收入只让私企独占？所以，中央对竞争性领域的国有经济一向坚持"有进有退"，发挥其竞争力的政策，而绝不是"完全退出"竞争性领域的政策，像一些新自由主义的精英们和体制内的某些追随者喋喋不休地叫嚷的那样。当然，竞争性领域应当对私营企业完全开放，尽量让他们相互竞争并与国企竞争。这些都要在政治经济学教科书中斩钉截铁地讲清楚。

私有化的主张者不仅要求国有经济完全退出竞争领域，他们还要求国有经济退出关系国民经济命脉的重要行业和关键领域。他们把国有经济在这些行业领域的控制和优势地位冠以"垄断行业""垄断企业"，不分青红皂白地攻击国有企业利用政府行政权力进行垄断。有人主张垄断行业改革措施之一就是创造条件鼓励私有企业进入这些"垄断行业"，这正是私有化主张者梦寐以

关于社会主义政治经济学的若干问题

求的。因为这些垄断行业一般都是高额利润行业。应当明确，有关国家安全和经济命脉的战略性部门及自然垄断产业，问题的关键不在于有没有控制和垄断，而在于谁来控制和垄断。一般说来，这些特殊部门和行业，由公有制企业经营要比私有制企业能更好地体现国家的战略利益和社会公众利益。

行政性垄断的弊病是应当革除的。革除的办法与一般国企改革没有太大的差别，就是实行政企分开，政资分开，公司化改革，建立现代化企业制度，收入分配制度的改革，健全法制和监管制度，等等。恢复企业利润上缴国库和调整高管薪酬待遇，是当前国企收入分配改革中人们关注的焦点。另外还有一个完善职工代表大会制度的改革，使之成为真正代表劳动者权益的机构。如果职工真正有权监督国企重组，像吉林通钢那样的悲惨事情也不会发生了。

私有经济在社会主义初级阶段的基本经济制度中有其地位，应当充分阐述包括私有经济在内的非公经济对促进我国生产力发展的积极作用。但是，私营经济具有两面性。即除了有利于发展生产力和积极一面外，还具有剥削性消极的一面。这后一面在初级阶段是容许的，但它应当受到社会的约束。由于剥削追逐私利这一本质所带来的一系列社会后果，如劳资纠纷、两极分化等，马克思主义的政治经济学不可不察，不可不研究。

针对私营经济和私营企业主客观存在的两面性，除了引导他们在适当的行业合法经营，健康发展外，还要对其不合法不健康经营的行为进行限制，对其经营的领域进行节制，如不允许控制命脉重要部门，不允许进入垄断部门。这些部门天然是高利润部门，而且关系国家和公众利益，应当由公有制经济来承担，不能让私人资本来发财。孙中山还有节制资本的口号呢。

六、关于收入分配

生产决定分配，不同的所有制关系决定不同的收入分配制度，只有在生产资料社会占有的基础上，才能形成按劳分配为主体的分配关系。这是马克思主义政治经济学的原理。个人收入划分为“劳动收入”和“非劳动收入”，这一对概念的引入很重要，它是与另一对概念“按劳分配收入”和“按要素收入”相对应的，但有些交叉。人们讲按生产要素分配时，生产要素包括了资本、知识、技术、信息、管理、土地等项。但马克思主义政治经济学是把技术和管理当作“复杂劳动”来看待，其所得收入也应看作“劳动收入”或“复杂劳动的收入”。知识、信息、专利等可以是资本化的产权，可以转让，属于资本的范畴，其所得收入也应视为资本收入。房地租收入也可以资本化，其性质可以等同视之。所以，个人收入划分为劳动收入和非劳动收入，按要素分配收入实质上是按资本分配收入。这一概念的澄清十分重要。它立刻把初次分配的核心，带到劳动与资本的关系，即V：M的关系问题上来。由于国民收入初次分配中不同经济主体的收入获得是与生产要素的占有状况相联系的，尤其是非劳动生产要素（主要是资本）参与分配，在个人拥有非劳动生产要素的差异逐渐扩大，少数人财产性收入不断叠加累积的情况下，初次分配的结果必然产生越来越大的收入差距，出现分配的不公平现象。

在分析我国贫富差距不断扩大的原因时，人们列举了很多缘由，诸如城乡差异扩大，地区不平衡加剧，行业垄断，腐败，公共产品供应不均，再分配措施落后，等等，不一而足。这些缘由都言之有理，也是必须应对的。但这些原因不是最最主要的。收入分配差距扩大的根本原因被有意无意忽略了。

收入分配不公源于初次分配，而初次分配中影响最大的核心

问题在于V∶M的关系，即劳动收入等资本收入的关系。这就涉及生产关系和财产关系问题了。财产占有上的差别往往是收入差别最重大的影响因素。即使西方资产阶级经济学家萨穆尔逊都承认，"收入差别最主要的是拥有财富多寡造成的，和财产差别相比，个人能力的差别是微不足道的"。又说"财产所有权是收入差别的第一位原因，往下依次是个人能力、教育、培训、机会和健康。"[①]西方经济学大师的这一说法是科学的。如果用马克思主义政治经济学语言，可以说得更加透彻。分配决定于生产，不同的生产方式、生产关系，决定了不同的分配方式、分配关系。与资本主义私有制生产方式相适应的分配方式是按要素（主要是按资本）分配，而与社会主义公有制生产方式相适应的分配方式则是按劳分配。马克思主义政治经济学历来是这样讲的。在社会主义初级阶段，由于我们在坚持社会主义道路前提下允许一些资本主义因素在一定范围内存在，所以允许同时实行按资本和其他非劳动要素分配，但这种分配方式只能处于从属地位，为主的应是按劳分配。这是由所有制结构以公有制为主决定了的。

以上是规范的政治经济学所论。但实证的政治经济学发现，"现在我国国民收入分配已由按劳分配为主转向按要素（即资本）为主"。[②]另一篇文章提出，"从资本主义市场经济一般规律和我国市场经济发展的实际进程可以知道，这一分配方式的变化所带来的后果，就是随着私人产权的相对扩大，资本的收入分配也相应扩大，劳动收入的份额相对缩小，从而扩大收入差距。绝对富裕和相对贫困的并行，秘密就在这里"[③]。我国贫富差距

---

① 萨缪尔森：《经济学》下，高鸿业译，商务印书馆1979年版，第231页。

② 武力、温锐：《1992年以来收入分配变化刍议》，《中国经济时报》2006年5月26日。

③ 刘国光：《关于分配与所有制关系若干问题的思考》，《红旗文稿》2007年，第24期。

的扩大，除了前述的一系列重要原因外，跟所有制结构的变化，跟公降私升，跟化公为私的私有化和过度市场化过程，有着解不开的紧密联系。这已是不争的事实。

讲清了收入差距扩大形成的原因，就可以找到治理途径和政策措施。今年以来，调整收入分配一词以前所未有的密集度出现在我国官方表述中。政府领导人多次讲了改革分配制度的决心和方案思路。总的看来，在考虑调整收入分配关系和缩小贫富差距时，人们往往倾向于从分配领域本身着手，特别是从财政税收转移支付与再分配领域着手，改变低收入者的民生状况，完善社会保障公共福利等。这些措施是完全必要的，我们现在也开始这样做了，但做得还很不够，还要加多措施、加大力度。如个人所得税起征点和累进率的调整，财产税、遗产税、奢侈品消费税的开征，并以此为财源，增强对社会保障、公共福利和改善低收入者生活的支付等。但仅仅从分配和再分配领域着手，还是远远不够的，不能从根本上扭转贫富收入差距扩大的问题，还要从所有制结构，从财产关系上直面这一问题。也就是说，我们要从巩固社会主义初级阶段基本经济制度的角度来接触这一问题，强化公有制的地位，发展多种经济成分，同时弱化私有趋势来解决这个问题，这样才能最终阻止贫富差距继续扩大向两极分化推进的趋势，实现共同富裕。这就是邓小平所说的"只要我国经济中公有制占主体地位，就可以避免两极分化"，又说"基本生产资料归国家所有，归集体所有，就是说归公有"，"就不会产生新资产阶级"。这是非常深刻的论断。政治经济学教科书不能丢了这个论断。它指明社会主义初级阶段容许私人产权的发展，容许按要素（主要是资本）分配收入，但这一切都要以公有制和按劳分配为主为前提，不能让私有制代替公有制为主体，也应该扭转按资分配代替按劳分配为主的趋势。那种让私人资本向高利行业渗透（关系国民经济命脉的重要部门和关键领域，连孙中山节制资本口号也反对这样做），那种突出鼓励增加"财产性收入"（只能使富人财产越来越富，而大多数工农大众从微薄财产获得什么蝇头小利）之类的政策，只能促使收入差距和财富差距进一步扩大，都应该调整。只要保持和强化公有制这个主体，贫富差距就不会恶性发展到两极分化的程度，可以控制在合理的限度以内，最终走向共同富裕的目标，否则，两极分化、社会分裂是不可避免的。

巩固和发展马克思主义理论思想阵地*

——读陈奎元同志2011年3月16日《讲话》随感
（2011年3月16日）

陈奎元同志不久前在中国社会科学院马克思主义理论学科建设与理论研究2011年度工作会议上的讲话《信仰马克思主义、做坚定的马克思主义者》（以下简称《讲话》），是近来思想政治领域的一篇重要文章。这篇讲话对当今我国在信仰、学习、坚持和发展马克思主义上存在的问题，有很多精辟的论述。由于工作会议讨论的范围是马克思主义的学科建设和理论研究，《讲话》没有多谈毛泽东思想，但是我觉得《讲话》的精神也适用于毛泽东思想的学习。讲话涉及的问题很多，我谈几点自己读后的体会。

关于坚持马克思主义的指导地位，不搞指导思想多元化的问题。《讲话》指出，我们提倡解放思想，但是不能丢掉社会主义意识形态；我们尊重差异，包容多样，但是这种尊重和包容的内涵和外延不是没有边际："包容"不能变成被"调包"，不能允许挑战党和国家的基本理论和根本制度。这些话都不是无的放矢，而是针对时弊而发的。《讲话》又指出，当社会主义在全世界陷入低潮之时，中国由于多元化思潮的侵蚀和泛滥，马克思主义被淡化、边缘化的情景是不可否认的客观事实，马克思主义受到了前所未有的贬低和排斥。在一些讲坛、媒介和刊物中，颂扬

---

*　原载《中国社会科学报》2011年6月2日。

西方理论体系，排斥马克思主义体系的暗流非常强劲。我认为，在中国共产党领导下的社会主义中国，出现这种情况是非常不正常的。我在几年前，就经济学教学与研究领域，也提出过西方资产阶级经济学的影响在上升，马克思主义经济学的指导地位被削弱、被边缘化的现象。这种情况至今未见好转。当时我说："现在研究经济学要有正确的立场、观点和方法的说法，不太时兴了。"就是指这种情况来说的。但是我总认为，马克思主义的立场、劳动人民的立场，是正直的经济学人应有的良心，是不能丢弃的。西方经济学对市场经济运行机理的分析，有许多可以借鉴的东西，但是有些传播西方主流经济学的人士，力求使它在中国也居于"主流"地位。取代马克思主义的主导地位，也就是奎元同志所说的"掉包"。他们公然要"冲破所有制崇拜"，那就是不要公有制为主体，明确挑战国家宪法规定的社会主义初级阶段的基本经济制度。我那时就提出来对经济理论界出现的这种情况需要关注。中央适时地决定实施马克思主义理论研究和建设工程，对于巩固和发展马克思主义理论阵地，是一项英明的决策，在一定程度上起了延缓马克思主义被边缘化的作用。但就经济学领域来说，西方资产阶级经济学的强劲渗透，还未得到扭转。要根本扭转这种趋势，发展马克思主义经济学，还需要我们做出很大的努力。当然，马克思主义经济学也不能仅靠官方的权威来支持其主导地位，而要与时俱进，兼容并蓄，不断创新。

《讲话》另一个论点是强调要用马克思主义的唯物史观来认识和解决我国的问题。"如果放弃唯物史观的指导，就不能清楚地认识我国当前的社会矛盾，也解决不好反映基本矛盾的各种经济问题。"并举了生产力与生产关系、经济基础与上层建筑关系的例子来说明，认识必须全面辩证而不能停顿或偏于一隅。例如只强调发展生产力是第一要务，是硬道理，而不注意完善生产关系是与此不能分割的。又如认为只要管好上层建筑，保持党的领导地位和社会主义政治制度，经济方面无论发生什么偏差都不要紧，都可以用行政命令来解决，等等。我再补充两例。一些同志在思想解放的名义下，不分清红皂白地提出要冲破姓"社"姓"资"的矛盾，全盘抹杀社会主义与资本主义的区别。当然，不是什么都要讲姓"社"姓"资"。生产力就不能讲姓"社"姓"资"，如要造大飞机搞信息化、高科技、管理现代化，就不能讲姓"社"姓"资"；但是生产关系中非共性的东西，就不能不讲姓"社"姓"资"。如雇佣劳动、剥削，等等。上层建筑与经济基础的关系，也要全面辩证地看。有人认为，只在思想政治领域有资产阶级自由化的问题，经济领域没有这个问题，只要埋头从事经济建设就行。这是不对的！私有化的观点，完全市场化的观点，政府守夜人的观点，等等，这一系列观点都是经济领域里资产阶级自由化的表现。防止经济领域资产阶级自由化，就是防止经济基础变质。如果经济基础变了质，政治领域和整个上层建筑也会跟着变质，这是马克思主义的基本常识。过去有的中央领导也认为经济领域没有资产阶级自由化，至今还有一些领导干部这样认识，这是极其错误的。有人提出经济改革（主要指所有制改革）已经"成功"（实现了基本私有化），现在要随势跟进完成与"普世价值"接轨的"宪政改革"了，就是这方面的强烈信号。

　　《讲话》特别关注共产党员学习马克思主义的问题。本来，学习马克思主义是所有共产党员的天然本分，因为共产党就是在马克思主义的理论基础上和思想指导下建立起来，以实现共产主义为最终目的的组织。不知道马克思主义和共产主义为何物，怎么能够担负起中国共产党为达到终极目标而在每一实现步骤中的任务和使命呢？《讲话》对我们党内学习马克思主义的现状和问题做了估计和分析，指出"我们的党是执政六十多年的党，大量的党员既没有经过革命斗争的考验，又不读马列著作，说对马克思主义有坚定的信仰，就没有根据"。又说，"我们党有近8000万党员，他们中的大多数都是各行各业的优秀分子，但是真正受到马克思主义基本原理的教育，牢固地树立马克思主义世界观、价值观的党员，并不占很大比例。"《讲话》还分析了各种类型的党员学习马克思主义的状况。我把他们归类为三种。一类是基层组织的广大党员和要求入党的积极分子，他们没有受到各级基层组织下功夫地进行马克思主义基本知识的教育。一类是党的一些领导干部，只注意与业务有关的知识学习，不关心马克思主义基本理论的学习。一类是党的一些思想理论战线上的工作者，也不去认真学习与研究马克思主义哲学、世界观和方法论。这三种人学习马克思主义都很重要。广大党员是人民群众的先锋队、带头人，如果他们不了解马克思主义基本常识，怎么带领人民走社会主义道路，向共产主义方向前进？党的领导干部要指挥全党大军，从事空前规模的革命与建设、改革与发展事业，如果他们不具备坚定的马克思主义理论基础，又如何在领导工作中坚持正确的政治方向？思想理论工作者对群众和干部学习马克思主义，负有"传道、授业、解惑"的责任，他们更需要深入学习和研究马克思主义。

关于怎样学好马克思主义，《讲话》推荐了中央编译局新近翻译出版的两套文集；《马克思恩格斯文集》和《列宁专题文集》。这两套文集是"精心选编、精心翻译的最优版本"，"希望大家认真地读"。不过我以为，对于上述三类党员，不宜统一规定，也要分类要求。对广大基层党员，最好编写一些马克思主义基础知识和精选语录之类的小册子，供他们阅读，同时可以指导他们选读上述文集中的一些重点文章，使他们能够熟悉马克思主义的ABC。对于党的领导干部，特别是高级领导干部，应要求他们通过各种方式（党校、自学等）通读、钻研全套文集。掌握马克思主义的基本理论，树立正确的世界观、人生观和价值观。

对于思想理论战线的工作者，学习马克思主义的要求应当更严，除了读上述文集外，他们最好能够尽量研读其他马恩列经典著作，钻研马克思主义理论的学术专题，成为马克思主义某一方面的专家。

毫无疑问，我们学习马克思主义，要坚持理论联系实际的学风，像毛泽东提倡的要"系统地而不是零碎地，实际地而不是空洞地"，学好马克思列宁主义。要着眼于长远目标，解决当前中国和世界的现实问题。马克思主义、毛泽东思想和中国特色社会主义是一脉相承的。毛泽东思想是马克思主义与中国实际相结合的产物，中国特色社会主义又是马克思主义和毛泽东思想的继承与发展。中国特色社会主义，不能涵盖和代替马克思主义和毛泽东思想。这三者都是我们中国共产党宝贵的武器。要把学习马克思主义，学习毛泽东思想，学习中国特色社会主义，很好地结合起来，恰当地安排好它们之间的衔接与关系。这是我们党的思想理论工作中要慎重处理好的一个问题。

发展流通产业要计划和市场
两种手段并用*

（2011年）

一　改革开放以来我国流通领域发生的重大变化

我国经济体制改革从一开始就是市场取向的改革，逐步实现从传统的计划经济体制向社会主义市场经济体制的转轨。经过三十多年的改革开放，我国流通领域发生了翻天覆地的变化，主要有以下几个方面的重大变化。

首先是流通规模快速增长。改革开放以来，全国社会商品零售总额以年均两位数增长，由1978年的1.5万亿元增加到2009年的12.5万亿元，增长了7.3倍，跃居世界第三位。生产资料销售额由1980年的449亿元增加到2009年的28.5万亿元，增加了634倍。

其次是流通网络基本形成。不论在城市还是在农村，我国基本形成了四通八达的商品流通网络，各类商品市场空前发展，彻底改变了过去经营模式比较单一的状况，形成了多层次、少环节、开放式的竞争发展新格局。

再次就是多种经营业态并存。我国用20年时间完成了西方发达国家用近百年时间创造的各种业态。现在有有店铺业态、无店铺业态30多种，并不断有创新的批发、零售业态出现。流通体制由单一的国有转变为国有控股、股份制、民营、中外合资、中外

　　*　原载《贸易经济》2011年5月。

合作、外商独资等多种经济成分并存，共同推动了我国流通业的持续发展。

同时，流通现代化相继显现。连锁经营、现代物流、电子商务等现代化流通快速发展。现代信息技术广泛采用，电子化信息、采购、运输、储存、运营等管理已经在城市普及。

这些和其他一些可喜的变化，再加上流通企业数量和规模快速增长与扩大，吸纳了大批农村剩余劳动力和城镇待业人员，缓解了社会就业压力，这都是流通领域广大工作人员在党的领导下所取得的成就，是值得我们大书特书的。

二　社会主义市场经济下，流通业的基础和先导作用凸显

十几年前，在原国家内贸局举办的流通体制改革开放20周年座谈会上，我提出商业在国民经济中的地位将从末端行业提升为先导行业，现在这个提法还有意义。改革开放以来，随着我国消费者主体整体向上位移，过去是生产者主体现在是消费者权利向上位移，买方市场已经形成。消费者主权地位的确立，流通业在作为启动市场经济运行的起点并将其转化为周而复始的新起点，也就是把不断的即期需求、潜在的需求转化到消费行为的过程中，流通业已上升为社会主义市场经济体制下的一个先导行业。过去我们的经济叫资源约束型的经济，现在是市场约束型的经济；过去是供给约束型的经济，现在变为需求约束型的经济，流通业的地位就提高了，应该由末端地位升为先导地位。还应该认识到，在经济全球化背景下，流通是反映一个国家经济发展与社会繁荣程度的窗口之一，是观察一个国家综合国力和人民生活水平的"晴雨表"，是不断启动市场、促进需求和消费不断升位的一个助推器。随着社会主义市场经济的完善和产业结构的调整，

消费对经济增长的贡献越来越大，要看到，面对这次世界金融危机和世界经济危机形势的蔓延及深化，我国政府采取了积极的、扩张性的财政政策与适当的货币政策来扩大内需，加大投资拉动经济的力度，是十分必要的。

但是，启动需求仅仅依靠投资需求是不够的，因为它还要依靠最终需求。没有最终的消费需求，投资需求也是不能实现的，最后会导致多余生产力并增加积压库存，为增加积压库存而生产是没有必要的。不能仅仅限于投资需求，要着手多方面开拓消费需求，特别是潜力巨大的农村市场需求。因此，我国流通业面临着把投资乘数效应所产生的有效需求转化为消费的任务，还必须多方面开拓消费需求。总之，流通业承担着扩大内需的重大任务，其基础和先导作用日益凸显。

三 发展流通产业，实现结构升级，要健全宏观管理机制，市场与计划两种手段都要用

改革开放以来，我们在建立社会主义市场经济体制中取得了巨大的进步，逐渐学会了在国家宏观调控下让市场在资源配置中起基础性作用。现在市场经济在我国已实行将近二十年，计划离我们渐行渐远。由于历史原因，我们过去过于相信传统的计划经济，时过境迁，一些同志从迷信计划变成迷信市场，从一个极端走向另一个极端。在理论观念上计划几乎成了一个禁区。在宏观调控工作中，国家计划对宏观经济的指导作用明显减弱；计划本身多是政策汇编，很少有约束性、问责性的指标任务；中央计划与地方计划脱节，前者控制不了后者追求国内生产总值（GDP）的情结；计划的要求与实际完成的数字相距甚远，完全失去了导向的意义。所有这些，影响到宏观经济管理的实效，造成社会经济发展中的许多失衡问题。

在这样的情况下，重申社会主义市场经济也有"计划性"很有必要。2008年十七大重新提出"发展国家规划、计划、产业政策在宏观调控中的导向作用"，就是针对我国经济实践中计划工作削弱和思想意识中计划观念淡化、边缘化而提出的。涉及发展流通产业的产业政策也属于计划导向作用的范畴。我们不仅要在实践中切实贯彻十七大这一方针，而且要在理论宣传工作中重新强调社会主义市场经济的计划性。发展流通产业，既要强调发挥市场机制的作用，又要用好宏观计划调控的手段。

1985年在"巴山轮"国际会议上，匈牙利经济学家科尔耐提出，我国建立宏观调控下的市场经济并非社会主义国家经济体制独自的特点，资本主义国家也有。那么，我们社会主义国家宏观调控下的市场经济怎么区别于资本主义国家呢？除了基本经济制度外，就在于社会主义市场经济还有计划性，还有国家计划指导。少数市场经济国家如日、韩、法也设有企划厅之类的机构，编有零星的预测性计划。英美等多数市场经济国家只有财政货币政策等手段，没有采取计划手段来调控经济。但我们是公有制经济为主体的社会主义大国，有必要也有可能在宏观调控中采取几种手段，最重要的是计划、财政、货币三者。十四大报告特别指出"国家计划是宏观调控的重要手段"，没有指财政、货币政策。不是说财政、货币政策不重要，而是财政、货币政策是由国家宏观计划来导向的。所以，国家计划与宏观调控不可分，是宏观调控的主心骨。宏观调控下的市场经济也可称为国家宏观计划调控下的市场经济，这就是社会主义有计划的市场经济不同于资本主义在宏观调控下的市场经济的地方。

国家计划在宏观调控中的导向作用，不同于"传统计划经济"。现在我们在理论上说明了社会主义市场经济是有计划性的，实践上十七大又重新强调国家计划在宏观调控中的导向作用，这是不是如同某些人责难所说的"又要回到传统的计划经济去呢"？我认为不是这样的，这是计划与市场在改革更高层次上的结合。

第一，现在的国家计划不是既管宏观又管微观、无所不包的计划，而是主要管宏观，微观的事情主要由市场去管。第二，现在资源配置的基础性手段是市场，计划是弥补市场缺陷不足的必要手段。第三，现在的计划主要不再是行政指令性的，而是指导性的、战略性的、预测性的计划，同时必须有导向作用和必要的约束、问责功能。就是说，也要有一定的指令内容，不是编制了以后放在一边不闻不问了。

"十二五"规划是十七大后第一次编制和执行的中长期计划，对扭转我国发展方式和社会关系存在的问题有十分重大的意义。要在规划的制定和执行过程中，真正落实十七大精神，努力改进国家计划和宏观调控工作，使其名副其实地对国民经济社会发展起指导作用。

在"十二五"期间，我们要在转变发展方式的前提下保持经济的适度增长；在巩固社会主义基本经济制度的前提下促进公私经济的发展；在更加重视社会公平的原则下扭转贫富差距两极分化的趋势，实现这些目标，单靠市场经济是做不到的，要借助于国家宏观计划调控。流通产业的发展也是这样。宏观计划调控的权力必须集中在中央手里，地方计划必须服从全国统一计划。我赞成一些同志的建议，地方不再制定以国内生产总值牵头、无所不包的地方国民经济计划，而以地方财力和中央转移支付的财力为主，编制地方经济社会建设计划，加强地方政府的市场监督、社会管理、公共服务的功能。政府配置资源的作用仍要有，尤其是重大的结构包括产业结构的调整、重大基础建设等。资本主义国家在危急时刻，也不排除暂时实行所谓"社会主义的政策"（如国有化），何况社会主义国家？更不能一切交给市场，还要将市场与计划两种手段相结合。

首届世界政治经济学奖答辞*

（2011年5月28日）

今天，世界政治经济学奖委员会隆重授予我首届"世界马克思经济学奖"。由于身体原因，我不能亲自出席大会，但在大会组委会的精心安排下，使我有机会以这种录像的方式同大家交流。在此我对组委会所付出的辛勤劳动深表感谢。

下面，作为一个中国经济学人，我想谈谈自己在学术研究中的一些感受和对若干经济问题的认识。

研究经济学要不要有正确的立场

新中国成立前，我还在青年时期，在中国昆明西南联大接受了正规的西方经济学教育，同时自己研修马克思主义经济学。新中国成立后，进一步研习马克思主义经济学。中国实行市场取向的改革以来，我又重新受到西方经济学的冲击和影响。这两种经济学在我身上交错并存。我是怎样处理两者的关系呢？借用中国新文化运动以来讲的"中学为体，西学为用"这句话，我是以马克思主义为"体"，西方经济学为"用"。现在，在中国由于

---

* 《光明日报》2011年7月15日摘要发表。（此文节选自作者获首届"世界马克思经济学奖"所致答辞。2011年5月28日世界政治经济学学会在美国麻省大学召开了第六届国际学术论坛，来自30多个国家的150多位学者出席了论坛。经各国学者推荐和理事会评审，学会最终决定将首届"世界马克思经济学奖"授予中国社科院特邀顾问刘国光教授）

169

多元化思潮的侵蚀与泛滥，研究经济学要有正确的立场、观点和方法的说法，不太时兴了。但我总认为，马克思主义的立场，劳动人民的立场，大多数人民利益的立场，关注社会弱势群体的立场，是正直的经济学人应有的良心，是不能丢弃的。马克思主义经济学最基本观点和方法也是要坚持的。但研究具体经济问题的观点、方法，马克思主义经济学和西方经济学都可以选择，为我所用，为创建我国社会主义的政治经济学所用。西方主流经济学对市场经济运行机理的分析，有许多可以借鉴的东西，但是部分传播西方"主流"经济学的人，力求使它在中国也居于"主流"地位，取代马克思主义经济学，这种情况需要关注。当然，马克思主义经济学也不能仅靠官方权威来支持其主导地位，而要与时俱进，兼容并蓄，不断创新。

人们通常讲，马克思主义政治经济学具有鲜明的阶级性，它代表无产阶级的利益，这是不错的。人们又通常讲，坚持马克思主义立场，就是要始终代表最广大人民的根本利益，一般地讲，这也不错。中国社会主义初级阶段的广大人民，除了广大劳动人民群众，还包括部分剥削阶级。应当说，马克思主义和共产党不能代表剥削阶级的利益，只能在一定历史条件下，如民主革命时期、社会主义初级阶段，关怀和照顾一部分剥削阶级（民族资产阶级、合法私营企业主阶层）的正当利益，以团结他们为革命和建设而努力。不能无条件地、毫不动摇地、毫无限制地支持剥削阶级。绝对不能为迁就或成全他们的利益而损害劳动人民的利益。贫富差距的扩大，两极分化趋势的形成，就是这种损害的表现。这是同马克思主义的立场和共产党的宗旨格格不入的。中国的政治经济学，一定要贯彻这个立场，处处不能忘了这个立场。

正确认识社会主义初级阶段计划与市场的关系

上世纪50年代，我国初步建成社会主义经济制度，那时我的研究工作主要是以马克思社会再生产理论，研究计划经济中的综合平衡问题。在研究过程中，我逐渐感到中国计划经济的实践，与综合平衡原理有很大距离，其根源并不在于社会制度本身，而在于经济管理体制中的行政管理过于集中。1978年中共十一届三中全会开启经济体制改革，我是较早倡导市场取向改革的。并参与了中共十四大制定社会主义市场经济改革目标决策的起草工作。到本世纪初，中国社会主义市场经济体制基本建立后，市场经济体制运行中出现这样那样的问题，我又开始关注市场经济的缺陷。我们这一代经济学人，经历了计划与市场烈火与实践反复的锤炼。有人认为，现在尘埃已经落定，市场占了上风，计划不再时兴了。我不完全这样看。历史证明，计划经济在前苏联和中国都曾经起过一定的积极作用。但历史也证明，传统的计划经济不能解决效率和激励问题。市场经济作为资源配置的主要方式，在历史发展的一定阶段，是必由之路。但市场经济的缺陷很多、很多，也不能迷信。我始终坚持计划与市场的结合论，认为尽管不同时期侧重点有所不同，但目标都是要让"看得见的手"和"看不见的手"相得益彰，各自发挥应有的作用。因此，我主张在坚持市场改革方向的同时，政府必须实施合理而有效的宏观调控和计划调节。

中国要建立的是社会主义的市场经济，而不是资本主义的市场经济。"社会主义市场经济"是一个完整的概念，这一模式把坚持社会主义方向和坚持市场取向改革有机结合起来。其最根本的特征有两个。第一是在所有制结构上，以公有制为主体，多种所有制共同发展为制度基础，这与资本主义市场经济是以资本主义私有制经济为制度基础根本不同。第二是在运行机制上，它在资源配置中让市场起基础性作用的同时，还在宏观调控中运用计划手段，即社会主义市场经济是"有计划的"。这与资本主义市场经济排除国家计划指导的"无计划性"也根本不同。

坚持公有制经济为主体既然是社会主义市场经济的制度基础，那么坚持公有制经济为主体的经济结构，自然成为维系社会主义市场经济的前提条件。这个条件如果丧失，变为私有制经济为主体或完全私有化，那么社会主义市场经济就会变质为资本主义市场经济。

我国现在确有一种私有化势力，蓄谋以弱化公有制经济，强化非公经济的手段，达到以私有制为主体代替公有制为主体的私有化目的；他们反对在市场经济的前面加上"社会主义"的定语，说什么"市场经济就是市场经济，没有什么社会主义与资本主义的区别"，其用心是很明显的。马克思主义者和中国共产党不会让这一图谋得逞。

我国社会主义市场经济的另一个特征即其有计划性，也是由公有制为主体决定的。马克思主义认为，在共同的社会生产即以生产资料公有制为基础的社会生产中，国民经济有必要和可能实行有计划按比例的发展。"有计划按比例"并不等于传统的行政指令性的计划经济。中国改革后，我们废除了传统计划经济体制的弊病，建立了社会主义市场经济，但是不能无视公有制的有计划按比例的经济规律。资本主义国家的市场经济可以有宏观调控，但无计划来指导经济发展。我国是公有制为主体的社会主义大国，有必要也有可能在宏观经济管理中运用计划工具，指导国民经济有计划按比例的发展。这也是社会主义市场经济区别于资本主义市场经济的优越性所在。

在这一个领域，中国也存在着新自由主义、市场原教旨主义的严重干扰。他们只要市场，而把计划打入禁区，甚至拒绝政府对经济的必要干预。中国的马克思主义学者们同他们之间的斗争，从来没有停息。

中国模式应对世界经济危机

2008年由美国次贷危机引发的这次世界经济危机，是上世纪30年代世界经济危机以后最严重的一次世界经济危机。按照马克思主义的见解，它本质上是由资本主义基本矛盾引发的。这次世界经济危机一个不同于前次的景观，是社会主义的中国被卷进去了。中国是社会主义国家，怎么会被资本主义世界经济危机卷进去？我有如下的解释。我国多年来实行出口导向型的经济发展战略，对外依存度空前提高，致使我国经济的相当大部分与发达资本主义国家紧密地联系在一起。发达国家发生了周期性危机，中国就不能不受到冲击。但这只是外部因素。多年来积聚起的内部因素才是根本原因。内部因素，主要是在经济体制方面，生产资料私人占有比重的迅速上升和公有制的相对下降、市场化改革的突进和国家计划调控的相对削弱等，使得资本主义市场经济规律在中国经济中起作用的范围越来越大。这样，在资本主义发达国家主导的经济全球化过程中，中国就很自然地、不可避免地被资本主义世界的周期经济危机卷进去。

但是，中国在这次世界经济危机中所受的冲击相对较小，复苏的速度相对较快。这与中国实行的是中国特色社会主义模式有关。中国特色社会主义经济模式中，既有社会主义经济因素，也容许资本主义因素存在。简单说来，中国容许市场化、私有化的发展，但我们还有一些保留。比如，坚持公有经济为主体，在关键重要领域保持了相当强大的国有实力。又比如，在建立市场经济体制的同时，加强宏观调控，特别是保持了国家计划调控的余地，如继续编制执行年度计划，五年、十年中长期规划，保留发改委这样庞大的计划机构，等等。这次应对危机所采取的种种重大措施，就展示了这种出手快、出拳重、集中力量办大事的计划调控的能力，这是一些资本主义国家所难以做到的。这些都使得中国经济在世界经济危机中受到冲击的影响较少，处置的表现也较好。总之，中国的经济并没有照抄欧美自由市场经济模式，没有遵循新自由主义的"华盛顿共识"，如同某些"主流"经济学者所竭力主张的那样。坚持中国特色的社会主义模式，是我们在这次危机中表现相对出色的主要原因。

结论是什么呢？

在中国现时的社会经济中，两种社会制度的经济规律，即社会主义的经济规律和资本主义的经济规律，都在起作用，交织着复杂的矛盾和斗争。为了坚持改革开放的社会主义方向，我们一方面要在社会主义初级阶段，允许用市场经济和私有制经济发展来协助推动我国社会生产力发展的作用发挥到极致；另一方面，更要防范陷入资本主义社会经济规律作用消极后果的泥淖。我们必须坚持中国特色社会主义道路，反对把中国特色社会主义歪曲为"中国特色的资本主义"。我们必须坚持公有制为主体和多种所有制经济共同发展；坚持在国家宏观计划导向下，实行市场取向的改革；用社会主义的基本原则来反对资本主义的私有化、市场化、自由化以及两极分化，把资本主义社会经济规律的作用限制在一定范围内。只有这样，我们才能在资本主义周期性经济危机的浊流中，高举社会主义的红旗不断前进。

谢谢大家！

关于市场经济与计划经济的争论*

——山东电视台采访刘国光纪要
（2011年）

记者韩信（后略为记者）： 您去山东有几次了？印象如何？

刘国光： 我到山东诸城时，是1995年，是16年前的事了，那时候参加中小型城市企业改革的研讨会，是在诸城开的。那时候你们那个叫"×卖光"的也在那里，他叫什么名字我忘记了。

记者： ××市长。

刘国光： 现在在哪儿？

记者： 现在是省长助理。那个时候是搞国企改革吧？

刘国光： 那个时候小企业的改革他们是搞出一些路子来了，小企业改革各种方式办法，但是主要的一条路就是股份合作制。这是个很好的形式，劳动者也有股份。劳动者的劳动也好，劳动者的资本也好，这样的联合形式如果能够发展下去，那很好。但是后来我不知道怎么发展下去的，听说是卖光了，而且都是向大股东集中，向领导人集中，一起把它卖光，我听说是这样的。

记者： 要不他怎么叫"×卖光"？争议很大。好像您最开始说的股份合作制就是劳动者的劳动和资本的一种合作。

刘国光： 我们当时是很赞成这个东西的，我觉得这是个很好的路子，这是社会主义的路子，劳动者的劳动合作与劳动者的资

* 原发表于《社会主义市场经济理论问题》，中国社会科学出版社2013年版。

本合作。劳动者参股问题不大。如果是变成少数人、少数大股东的个人财产，剥削别人，性质就变了。所谓卖光是个什么情况我不太清楚，但我知道逻辑上就是私有化。我不知道山东后来像诸城的老百姓是不是越过越好，可能越过越好；也可能一部分人越过越好，一部分人越过越差也很难说，所以现在不好来判断这个事情。这是不是市场化必然产生的，我说市场化确实助长了这个东西，就是我们的调控指导没有把合作化的精神贯彻在我们这个农村改革当中。完全私有化是不对的，我就认为不对，但是合作化若能够继续贯彻下去，搞股份合作制那是很好的。像河南的南街村还有好多地方我们还保持集体合作制，他们搞得很好，不一定就非要私有化。私有化的道路是两极分化道路，一部分人穷一部分人富的道路。还是要重新走集体化的道路，要走合作化的道路。当然不是像过去人民公社那种，那种办法不行，让农民自愿合作还是要走这条路，这个才是中国的道路。

记者：您看改革开放这三十多年来关于市场和计划的争论一直都没有停顿过，是吧？

刘国光：没有停顿，这个世界性的问题一直没停顿，现在还在争论。

记者：改革开放之初的时候大家都不敢谈市场，大家都习惯了计划。

刘国光：现在大家不敢谈计划。

记者：那时候是不是说计划就代表着共产主义啊，市场就是资本主义啊？

刘国光：不能这样讲，邓小平也讲了，资本主义也有计划，社会主义也有市场，所以你不能说这个代表这个，那个代表那个。但是有一条真理就是社会主义、共产主义，社会化的生产就是以生产资料公有制为基础的生产，是可以而且必须要有计划按比例的发展，私有制经济不可能按有计划按比例发展，这是一个规律，只能这么讲，不能说谁代表谁。邓小平讲得很清楚，资本主义也有计划，有的国家编有局部的零星的预测性的计划。私营企业也有自己的企业计划，它没有我们这样的宏观的、整体的计划。

记者：虽然邓小平这么说，但是在改革开放之初的时候，其实大家对市场经济，市场这俩字还是不敢提。

刘国光：是不敢提，那是过去。

记者：好像大家都觉得是精神污染。

刘国光：过去片面性是应该承认的，但是也不是所有的人，比方陈云，陈云当时就很清楚地讲要以市场作补充，但是我们过去实际生活里面却排斥这个东西，所以陈云的意见也没有能够实现，并不是说我们过去大家都排斥。

记者：记得您好像说过一句话，就是我们中国的改革要坚持马克思主义为指导。

刘国光：嗯，就是要坚持马克思主义为指导，只有坚持马克思主义为指导，才能够坚持社会主义道路。如果不坚持马克思主义为指导，就只有走资本主义制度道路了，如果我们这个社会都乐意走资本主义道路也很好，我想现在千百万的大多数劳动人民不愿意，劳动人民肯定是愿意走社会主义道路，不愿意走资本主义道路，而只有一部分有钱的人、资本家愿意走这个道路。我们现在给私人企业以发展的机会，但是我们不能让中国社会走资本主义道路。现在初级阶段我们允许非公经济的存在和发展，但不能让它做主体。但是确有些人希望以私营经济为主体，在媒体上这些主张都有的，斗争很激烈，不仅是意识形态里面的斗争，在经济里面的斗争也非常激烈。我们虽然不讲阶级斗争，实际上阶级斗争是存在的。我们党中央那是很高瞻远瞩的，现在大讲和谐，实际上不是这么回事，真正的社会还是在阶级斗争，但是我们要引导它向和谐发展，不要搞对抗，更不要以它为纲。

记者： 在社会主义市场经济条件下，您说坚持马克思主义的指导，是不是就坚持我们马克思主义的信仰？

刘国光： 对，坚持信仰。我们初级阶段的社会主义的路线也是坚持马克思主义；我们允许多种经济成分的发展，这也是马克思主义；我们允许市场经济的资本因素存在，这也是马克思主义；但是我们的市场经济是以公有制为主体，是有计划的。这些都是马克思主义。不是说只有讲计划才是马克思主义，讲市场就是非马克思主义，不能这么说。讲公有制就是马克思主义，讲私有制就不是马克思主义，不能这么讲的。我们马克思主义是包容很宽的，但是主旋律很清楚，特别是我们社会主义市场经济主旋律在什么地方很清楚，我们党中央很清楚，不管你怎么议论。现在大家很自由吧，议论也没什么关系。但是社会主义市场经济的主旋律，一是公有制为主体，二是有计划按比例，这两条不能含糊。

记者： 嗯，作为一个经济学家您怎么理解我们共产党的？

刘国光： 我不知道你是什么意思，你是从哲学的意思还是从什么其他意思讲？

记者： 作为一个经济学家，也作为一个共产党员。

刘国光： 共产党员有一个基本的东西，有一个立场的问题，这个立场就是劳动人民的立场，这是最重要的，这是马克思主义。人们又讲，我们马克思主义，共产党还代表广大人民的立场，这话也不错，因为大多数人民是劳动阶级。这个人民里还包含剥削阶级，他们是社会主义建设者，但是他们其中有些又是剥削者，有两面性。我们共产党马克思主义者对待他们什么态度？在一定的历史时期，在他们对我们的社会进步有利的时候，有贡献的时候，我们也要团结他们，要支持他们，要鼓励他们，在民主革命时期我们对民族资产阶级就是这样做的；社会主义初级阶段，对私营企业主也是这么做的，他们能够发展经济很好嘛，我们为什么不让他们发展？要鼓励他们发展。但是我们要看到他们的两面性，他们有剥削的一面，也有自利的一面，这一面使得我们社会的另一部分人受到剥削，这会使得我们社会分裂，分裂成为两极分化。现在你要绝对地限制这些消极方面，这不可能，现在市场经济不可能，但是我们要缓和这些消极方面，要防止它扩张，这也是马克思主义。马克思主义的立场就是我们不光是埋头赶路，还要抬头望远。埋头赶路那是我们在初级阶段，要把我们的国家搞强搞富，这个是对的。但是要看到我们还要建设社会主义中级阶段、高级阶段，以至共产主义。好像初级阶段市场经济是万岁，不是这样的，我们过了初级阶段以后情况还有变化，这个要看到。我最近在考虑这个问题，如果共产党的领导人只埋头赶路而不抬头望远，那不是马克思主义。马克思主义的共产党最终是要建设高级社会主义的，建设共产主义的，不光是今天这个初级阶段，当然初级阶段也相当长，按照邓小平讲话是一百年，初级阶段路线坚持一百年不变嘛。一百年从哪里算起啊？大概从完成社会主义改造的1956年算起了，到2056年也差不多了吧，但是随着科学技术的进步，文化进步发展越来越快，不一定要一百年。现在经济总量上赶上美国的时间不远了，日本已经赶上了，现在第二位啊。但人均还要赶上。但是埋头在生产力上赶路是一个问题，我们要看到生产关系的变化，不能一天到晚在毫不动摇地发展什么私营经济，毫不动摇地搞三十六条，而不注意巩固公有制为主体这个社会主义初级阶段基本经济制度的根本，这是不对的，有些东西不能够过分的，这是题外话。

记者：您在文章中提及这一次十七届五中全会通过十二五规划建议有一个很耀眼的亮点，就是突出保障和改善民生，促使社会公平，这些亮点体现在哪？

刘国光：这个问题谈起来话多了，我们今天就不谈这方面的问题了，这方面的问题比计划与市场还重要，我想另外找时间谈吧。我现在正在写一篇文章叫作《国富与民富的问题》。有人说，我们过去十一个五年计划都是搞的"国富"，我们十二五就转成要搞"民富"，就是民生。我觉得搞民生是对的，但是国富转民富不是那么回事。民富要细分，国富也要细分。我们国家并不是很富，现在我们人均GDP是日本人均的1/10，这个不是很富。至于民穷，民也并不都穷，人民生活现在整体地提高了。民有一部分很富，现在我们千万亿万富豪人数居第二位第三位，奢侈品市场占世界第二位，民哪里不富啊？民很富啊，但这只是极少部分人的富，大多数人并不富，大多数人还是很穷的。中国人民大学一位教授估计中国有十亿人口是贫穷人口，按照联合国一美元以下是绝对贫困，两美元以下的是低收入，他算起来有十亿人口。中国是这样的一个情况，一方面富的有，一方面穷的也有。中国要解决这个问题，要解决两极分化的问题，不是解决国富民穷的问题，而是要解决民里面一部分先富起来的富跟另外一部分后富不富或贫穷的矛盾问题。首先就是我们观念上要有一个改变。我们发展方式的转变包括人与自然的关系和人与社会的关系都有很多问题。其中最重要的问题之一就是两极分化的问题。两极分化的问题解决了才能够解决内需不足的问题，内需不足的问题解决了才能够解决结构调整的问题，结构调整的问题解决了才能够解决我们整个的发展方式的转变。内需不足主要是一个群众的购买力不够，主要是这个问题。富人内需很足啊，奢侈品市场世界第二啊，人家买不起的东西中国人都能买，巴黎的游客、伦敦的游客，伦敦的房地产市场，美国、新加坡房地产市场最多的外国顾客是中国大富豪，你说中国人富不富？中国的问题主要不是"国富转民富"，而是"先富转共富"，当然这需要一个过程，解决这个问题也不是一句话。我在这里不能详细去讲了。

记者：从什么时候您就开始关注市场和计划这一问题？

刘国光：50年代我从苏联学习回来以后，正好我们国家社会主义改造已经顺利完成，按照苏联的一套搞传统的计划经济，我们开始的时候就是学习苏联的计划经济，但是我们国家周恩来、陈云等同志对市场也很注意，大计划小市场、计划为主市场补充这些论点都提出来过。那个时候强调计划经济，而对市场经济比较忽视，虽然后来毛主席讲了，要尊重价值规律，但总的讲起来我们在改革开放以前还是排斥市场的。这样的体制当然也不能说它一点效果没有，我们集中力量搞社会主义建设也取得伟大的成就，但同时也疏忽了经济的效率，激励机制不是很完善的。所以改革开放以后我们开始引进市场机制，搞市场来补充我们的计划，一直到1992年十四大提出来要把我们的经济体制建成一个社会主义的市场经济体制。当时搞市场经济是邓小平同志提出来的，他提出来时讲的是计划与市场两个手段都要用，因为我们过去是计划经济，所以当时特别强调市场。但是他还是两个手段都用。所以在十四大的时候改革目标模式到底怎么提？最后是提出来"社会主义市场经济"，把"有计划的"字样去掉了，但是加上了"社会主义"。就是说，要界定的市场经济不是一般的市场经济，是"社会主义"的市场经济，所以"计划"的字样虽然去掉了，但是"社会主义从一开始就是有计划的。大家都很清楚，不能因为我们提法上没有'有计划'三个字就好像存在问题了"，当时的中央总书记在十四大前夕的党校讲话里就是这么讲的。所以加上"社会主义"是很重要的，因为"社会主义一开始就是有计划的"。有些人主张去掉社会主义的字样，这是不能去掉的，很重要，社会主义的市场经济跟资本主义市场经济是不同的。我们坚持社会主义的市场经济。社会主义市场经济和资本主义市场经济有两个很重要的区别，两个市场经济都是要运用市场机制来调控资源的配置，都是要通过自由竞争来促进效率，这个都是需要的。但是又不同，我觉得有两点最重要的不同，一点是我们社会主义市场经济是以社会主义初级阶段的基本经济制度作为它的制度基础，这个制度是以公有制为主体，这个跟资本主义市场经济以私有制为主体，私有制为基础根本不同。现在有的人不要以公有制为基础，这是要变更我们社会性质，那是不行的，这是一个不同点。第二个不同点也是很重要的，十四大讲社会主义市场经济是国家宏观调控下的市场经济，是不是就跟资本主义一样呢？因为资本主义国家也有宏观调控。我在文章里面也讲了，1985年的时候有个"巴山轮"国际会议，好多国家著名经济学者都参加了，匈牙利经济学家科尔奈建议我们中国要建立宏观调控下的市场经济，他分析了几种模式，其中一个模式就是这个模式。当时法国经济学家阿尔约伯特说，他们法国就是实行宏观调控下的市场经济。这个宏观调控下的市场经济我们后来在十四大也提出来了。但是资本主义国家的市场经济也有宏观调控，它也用财政政策、货币政策来调控市场的运行。所以区别在什么地方呢？区别就在我们宏观调控手段还包括国家计划，国家计划是一个重要的宏观调控手段，十四大专门讲了一句话，"国家计划是宏观调控的重要手段"。十四大没有专门提货币政策和财政政策，但并不是货币政策、财政政策就不重要了，那是很重要的。问题是这些政策在我们中国要由国家计划来指导，这个是不同的。在资本主义国家像法国、日本、韩国、印度它们也有什么企划厅之类的机构，编制一些局部性、预测性的计划。英国、美国这些国家就没有这些计划。中国不同，中国是社会主义大国，有必要也有可能在宏观调控中实行计划指导，让国民经济有计划、按比例地发展。资本主义国家在宏观调控中无计划指导，所以它们经济危机周期性地爆发，我们不能允许这样。所以国家计划是宏观调控的重要手段，而且是宏观调控的主心骨，这是我们跟资本主义不同的。所以我总结两个基本不同，一个是公有制为主体的基本经济制度，作为我们社会主义市场经济的制度基础。第二个是国家计划的指导，这是我们社会主义市场经济区别于资本主义市场经济的地方。现在有些人希望所有制能够变成民营或私营为主体，取消社会主义：它也不要国家计划，不要国家干预。一些主流经济学家都是这样主张。所以我们在所有制结构上以及在经济运行机制上，在经济学这两个重要方面，都要坚持社会主义方向。你说有没有社会主义与资本主义的区别这个问题？有，我就讲这点。现在我们大家都主张市场经济，但有的是主张资本主义，有的是主张社会主义市场经济，这是不同的。我讲清楚了吧？

记者：清楚。

刘国光：我再讲讲我们十四大宣布我们要建立社会主义市场经济的改革目标。大概在20世纪末21世纪初期这个就已经初步建立了，取得了伟大的成就，经济搞活了，国家搞强了，这是有目共睹的，现在GDP占世界上第二位，同时也出现了很多问题，有很多问题跟市场有关系。市场有两面性，一方面是它在一定条件下促进经济的发展，另外一方面它也有很多毛病。宏观总量的平衡它不能够解决，因此周期性发生危机。社会公平不能够解决，贫富两极分化是市场必然的规律。再一个就是环境保护问题它也不能解决。没有国家的干预，没有国家计划导向下的宏观调控，这些问题是解决不了的。

记者：就是说市场也出现了很多的问题。

刘国光：我们经过这么多年，人们习惯都来讲市场的好处，讲计划的坏处，计划慢慢地变成一个好像是要否定的东西，变成一个禁区，只讲市场不讲计划。我想应该是同时讲，因为邓小平就是讲我们计划跟市场是连着的，不要因为我们在十四大提出改革目标时没有提有计划这三个字就怀疑我们有没有计划，还要有计划。但是社会上许多人认为计划越来越臭，市场越来越香，但市场本身又有那么多问题，所以我们国家计划就慢慢地失去作用，慢慢地不起作用，国家计划现在基本是一个政策汇编，很少有一些约束性的指标。还有我们中央计划和地方计划有冲突，中央计划经济增速为7.5%~8%，地方计划可以百分之十几。还有我们的计划距实践也很远，我们计划是8%或者7.5%，实际却是完全10%以上。社会思想上认为计划是一个禁区，大家都不敢提了，连"十一五"计划都改称规划，连名字都改，媒体上还吹得一塌糊涂，说什么我们离计划经济更远了，离市场经济更近了。理论上是这样，而实际上我们的计划本身也削弱了。我认为是针对这样的情况，我们十七大提出来了，加强国家计划、规划和产业政策在宏观调控中的作用，这个计划指导着整个经济发展，整个市场经济也由它指导着，我们国家计划是不是真在努力去做呢？我希望是的。

但是我们十七大强调这个，那些主流派的人说你们要回到传统的计划经济去。我说不是的，我说这不是回到过去，这是我们把邓小平讲的计划手段、市场手段两种手段同时用。为什么这样讲？我讲三点，第一点，我们现在的计划跟过去的计划不同，过去的计划是高度集中无所不包的宏观微观统管的计划。现在不是这样了，现在我们国家计划只管宏观经济，微观事情应该由市场经济来管。第二点，资源配置的机制主要是以市场为主，计划用来补足市场的不足、市场的缺陷，因为市场本身是有缺陷的，市场不是万能的，市场当然有很多好的地方，什么竞争、供求、激励的机制这些都是很好的，但是它还有不好的地方。第三点，我们过去的计划是指令性的，你必须完成，实际上过去也不是这样的，但是是比较死的，现在的计划，主要不是指令性的，但不能完全排除指令，有些约束性的指标，那还要指令，但主要的还是战略性的、指导性的和预测性的。过去说我们的计划一般都是指令性的，说出来要做到的，同天气预测不同。当时我就不大赞成这个说法，我说天气预测是很科学的，不是随随便便的，虽然天气预测变化也很多，不一定完全能够准确实现，但是它是有一定科学依据的。我们经济上也是这样的情况，预测性的计划对指导市场是很有作用的，我们现在的计划是战略性的，又是指导性的，还是预测性的计划，跟过去的完全指令性的计划不同，我们现在强调的计划不是过去的计划，我们现在的计划还需要有一些东西约束，你比方讲我们能源的节约指标，就是一个有约束性的指标。我相信我们收入分配的问题也应该这样。我们现在基尼系数差不多达到0.5了，我们要想办法把基尼系数在几年之内降到多少应该有个约束性的指标，像重庆市最近做的那样，"十二五"期间要降到0.35。不然我们收入分配的改革就是空话了，说得好听解决不了问题。指导性的计划也是需要的，这样一种计划可以指导我们社会主义的经济向前发展，不能够像资本主义经济无政府地这么混，这么地跳动，引起社会财富的浪费以及人们生活受到损害。

我最后要谈一个问题，资本主义国家的经济危机没有办法避免，我们中国是社会主义国家，为什么这次卷进去了，过去并没有卷进去？过去的苏联作为社会主义国家30年代世界大萧条的时候也没有卷进去，苏联经济那个时候很好。这次我们中国社会主义经济卷进去什么道理？这个问题很复杂了，我有专门文章，我也不在这里详细讲了，其中有一个原因，就是因为我们体制的改革，我们现在实行中国的模式，中国的经济体制模式既有资本主义因素也有社会主义因素。以社会主义为主体，私有经济、个体经济、外资经济也有，跟外国的接触也很多，这样子资本主义国家的东西跟你的机制体制有关系，你的机制已经是局部资本主义化了，追求利润这一套东西，就很自然地卷进全球的资本主义经济规律，这是我的一个解释。但是另外一点，中国经济卷进世界经济的危机卷得不深，很快就复苏，这跟别的国家也不一样，我们复苏得比人家快，原因就在于我们中国的模式里面虽然有资本主义的东西，但是资本主义我们还限制它，限制在一定的范围，我们现在宪法上还坚持社会主义，在所有制上面我们还是公有制为主，我们国有制还控制重要的经济命脉，我们还有国家计划，虽然国家计划削弱了，但是我们还有国家计划，还有庞大的发改委这样一个计划机构。几万亿投资不简单，就把这个经济稳住了，可以说，这是计划经济的好处。所以我们一方面为什么被卷进去，一方面为什么我们卷进得不深，又很快就能够出来，我的解释就在这一点。

巩固社会主义市场经济制度基础

——初级阶段的基本经济制度[*]
（2011年）

　　社会主义市场经济与资本主义市场经济的一个根本区别在于基本制度不同。前者以社会主义初级阶段的基本经济制度为基础，不同于资本主义私有经济制度。社会主义初级阶段的基本经济制度是公有制为主体、多种所有制经济共同发展的经济结构。坚持这一基本经济制度是维系社会主义市场经济的前提条件。

　　十七届五中全会又再次重申"要坚持和完善基本经济制度"。坚持社会主义基本经济制度，就必须既不能搞私有化，也不能搞单一公有制，这是十七届四中全会提出要划清四个重要界限里面的一条，十分重要。不过，要进一步研究"私有化"和"单一化"这两个错误倾向，哪一个在目前是主要的。单一公有制是过去片面追求"一大二公三纯"时代的产物，现在似乎没有人主张那一套，有也是个别的极"左"人士。当前主要错误倾向不是单一公有制，而是私有化。有大量的言论和事实证明，当前私有化的危险倾向确实严重存在。马克思主义的政治经济学不能不看到这些大量的言论和事实。对私有化和单一公有制两种倾向各打五十大板，不中要害，实际上是把私有化的错误倾向轻轻放过。

　　马克思主义评价所有制的标准，并不只看所有制成分的比

---

* 原载《国企》2011年第1期。

187

重，这是对的，但马克思主义也不主张不看比重。公有制在国民经济中的比重不断降低，降得很低，以致趋近于零，那还算是什么社会主义？现在连国家统计局局长都在讲我国的经济成分一直是公降私升，国有经济比重在不停地下降，宏观上并不存在一些人士所讲的"国进民退"；微观上"有进有退"，案例多是"国退民进"，局部案例中的所谓"国进民退"，大多属于资源优化配置，也并非没有道理。总之，客观上我国经济这些年来宏观总体上一直是公降私升、"国退民进"。究竟要退到什么地步才算合适？现在有不少人对公有制是否还是主体存有疑虑。有学者估计，公有制已不再占主体地位。这种判断如果属实，那么宪法规定的基本经济制度已岌岌可危，需要尽快扭转。

基本经济制度不但要求公有制经济占主体地位，而且要求国有经济起主导作用。而要对经济起主导作用，国家应控制国民经济命脉，国有经济的控制力、影响力和竞争力得到增强。国有经济的作用是不是像资本主义制度那样，只能从事私有企业不愿意经营的部门，补充私人企业和市场机制的不足呢？不是的，在社会主义经济中，国有经济的存在是为了实现国民经济的持续、稳定、协调发展，巩固和完善社会主义制度。为了实现国民经济的持续、稳定、协调发展，国有经济就应主要集中于能源、交通、通信、金融、基础设施和支柱产业等关系国民经济命脉的重要行业和关键领域。在这些行业和领域应该有"绝对的控制力""较强的控制力""国有资本要保持独资或绝对控股"或"有条件地相对控股"。这些都是中央文件里规定了的。国有经济对这些部门保持控制力，是为了对国民经济有计划地调控，以利于它的持续、稳定、协调发展。

除了帮助政府实行对国民经济有计划的调控外，国有经济还有另一项任务，即保障社会正义和公平的经济基础。对那些对于政府调控经济不重要，但是对于保障正义和公平非常重要的竞争性领域的国有资产，也应该视同"重要"和"关键"的领域，要力争搞好。所以，不但要保持国有经济在具有自然垄断性的关系经济命脉部门领域的控制力，而且同时要保障国有经济在竞争性领域的发展，发挥它们在稳定和增加就业、保障社会福利和提供公共服务的作用，增强国家转移支付和实行公平再分配的经济能力和实力。有竞争力的国有企业为什么不能在竞争性领域发展，利润收入只让私企独占？所以，中央对竞争性领域的国有经济一向坚持"有进有退"、发挥其竞争力的政策，而绝不是"完全退出"竞争性领域的政策，像一些新自由主义的精英们和体制内的某些追随者喋喋不休叫嚷的那样。当然，竞争性领域应当对私营企业完全开放，尽量让它们相互竞争并与国企平等竞争。这些都要在政治经济学教科书中斩钉截铁地讲清楚。

私有化的主张者不仅要求国有经济完全退出竞争领域，还要求国有经济退出关系国民经济命脉的重要行业和关键领域。他们动不动就把国有经济在这些行业领域的控制和优势地位冠以"垄断行业""垄断企业"，不分青红皂白地攻击国有企业利用政府行政权力进行垄断，把国有资本一概污蔑为官僚垄断资本。有人主张垄断行业改革措施之一就是创造条件鼓励私有企业进入这些"垄断行业"，这正是私有化主张者梦寐以求的。因为这些垄断行业一般都是高额利润行业。应当明确，在有关国家安全和经济命脉的战略性部门及自然垄断产业，问题的关键不在于有没有控制和垄断，而是在于由谁来控制和垄断。一般来说，这些特殊部门和行业，由公有制企业经营要比私有制企业能更好地体现国家的战略利益和社会公众利益。

当然，国有垄断企业也应该进行改革，行政性垄断的弊病是应当革除的。革除的办法与一般国企改革没有太大的差别，就是实行政企分开、政资分开、公司化改革、建立现代企业制度、收入分配制度的改革、健全法制和监管制度等。恢复企业利润上交国库、调整高管薪酬待遇、杜绝市场化改革以来国企利益部门化私利化的弊端，是当前国企收入分配改革中人们关注的焦点。另外还有一个是，要完善职工代表大会制度的改革，使之成为真正代表劳动者权益的机构。如果职工真正有权监督国企重组，像吉林通钢那样的悲惨事件也就不会发生了。

私有经济在社会主义初级阶段的基本经济制度中有其地位，应当充分阐述包括私有经济在内的非公经济对促进我国生产力发展的积极作用，应创造条件使其得到发展。但是，私营经济具有两面性，即除了有利于发展生产力的积极一面外，还具有剥削性消极的一面。这后一面在初级阶段是容许的，但它应当受到社会的约束。由于剥削和追逐私利这一本质所带来的一系列社会后果如劳资纠纷、两极分化等，马克思主义的政治经济学不可不察，不可不研究。

针对私营经济和私营企业主客观存在的两面性，除了引导它们在适当的行业合法经营、健康发展外，还要对其不合法、不健康经营的行为进行限制，对其经营的领域进行节制，如不允许控制命脉重要部门、不允许进入垄断部门，这些部门天然是高利润部门，而且关系国家和公众利益，应当由公有制经济来承担，不能让私人资本来发财，以免扩大贫富差距。民主革命的伟大先驱者孙中山还有节制资本的口号，何况社会主义。

深化对公有制经济地位和作用的认识*

（2011年6月）

坚持公有制为主体、多种所有制经济共同发展的社会主义初级阶段基本经济制度，既不搞私有化，也不搞单一公有制，这是我们党从长期社会主义经济建设和改革开放实践中总结得出的重要理论成果。更好地坚持和运用这一理论成果，推进中国特色社会主义伟大事业，需要深化对公有制经济在我国社会主义初级阶段的地位和作用的认识。

公有制的主体地位既体现在量上，更体现在质上

坚持公有制为主体，是坚持社会主义初级阶段基本经济制度的前提和基础。坚持社会主义初级阶段基本经济制度，就要巩固公有制为主体这个前提和基础，反对私有化。

党的十五大报告指出，"公有制的主体地位主要体现在：公有资产在社会总资产中占优势；国有经济控制国民经济命脉，对经济发展起主导作用。""公有资产占优势，要有量的优势，更要注重质的提高。"现在有不少人对公有制是否还是我国经济的主体有疑虑，主要是对公有制经济所占的比重即量的方面有疑虑。也有人认为近年来出现了"国进民退"现象。根据国家统计局的数据，我国国有经济在国民经济中的比重不断下降，宏观上

＊　原载《人民日报》2011年6月21日。

并不存在所谓的"国进民退";微观上国有经济"有进有退",但更多的是"国退民进";个别案例中的所谓"国进民退",多半属于资源优化重组,并非没有道理。解除人们疑虑的办法之一,就是用统计数字来说明,坚定人们对社会主义初级阶段基本经济制度的信心。

公有资产占优势,更重要的是表现为质的优势,即公有资产在关键性的涉及国民经济命脉、战略全局和发展方向的生产资料上占优势,而不是在一般的微不足道的生产资料上占优势;是在先进的具有导向性、控制性的生产资料上占优势,并且不断提高进步发展壮大,而不是在落后的生产资料上占优势。这样,公有制经济才能控制国民经济命脉,对国民经济发展起主导作用,具有强大的控制力、影响力和带动力。

所以,坚持社会主义初级阶段基本制度,不但要求公有制经济占主体地位,而且要求国有经济对国民经济起主导作用,国家应控制国民经济命脉,使国有经济的控制力、影响力、带动力和竞争力得到增强,使广大人民群众都能享受到国有经济的好处。在社会主义经济中,国有经济不能如同在资本主义经济中那样,主要存在于私有企业不愿意经营的部门,仅仅起到补充私有企业和市场机制不足的作用,而是还需要保证国民经济持续稳定协调发展,巩固和完善社会主义制度。因此,必须反对不顾我国社会主义基本国情搞私有化的错误倾向。为了实现国民经济持续稳定协调发展,国有经济应主要集中于能源、交通、通信、金融等基础设施和支柱产业中。这些都是关系国民经济命脉的重要行业和关键领域,在这些行业和领域中国有经济应该有绝对的控制力、较强的控制力,国有资本要保持独资和绝对控股或有条件地相对控股。

全面认识国有经济的作用

关于国有经济的作用，理论界有不少论述，其中有一种观点值得注意和研究。这种观点把国有经济的社会责任分为两种，一是帮助政府调控经济，二是保证社会公平的经济基础。前一个作用普遍适用于社会主义国家和现代资本主义市场经济国家，而后一个作用则是社会主义国家的国有经济所独有的。按照西方主流经济学的观点，在一定条件下国有经济有助于政府调控经济，但是一些发达国家的私有化实践证明，即使垄断性的基础产业实行了私有化，国有经济的比重下降到了10%以下，政府照样可以运用货币政策、财政政策、产业政策和商业手段等有效地调控经济。但维护和实现社会公平，则是高度私有化的经济和以私有制为主的混合经济解决不了的老大难问题。我国在坚持社会主义市场经济的改革方向中增强国有资本的控制力，发挥其主导作用，理应包括保障、实现和发展社会公平的内容和标准，需要发挥好国有经济保障社会公平的重要职能。因此，那些对于保障社会公平非常重要的竞争性领域的国有资产，也应该认为是"重要"的国有资产，要力争搞好。

基于国有经济负有为保障社会公平提供经济基础的社会责任，国家要保障在公益服务、基础设施、重要产业的有效投资，并不排斥为解决就业问题在劳动密集领域进行多种形式的投资和运营。国有经济战略性调整应坚持"有进有退"的原则，保障有竞争力的国有企业在竞争性领域健康发展，充分发挥其在稳定和增加就业、保障社会福利和提供公共服务上的作用，增强国家进行收入再分配和转移支付的经济实力。在我国这样一个社会主义大国，国有经济的数量底线，不能以资本主义国家私有化的"国际经验"为依据。确定国有经济的比重，应当考虑到保障、实现和发展社会公平的需要。

发挥好国家计划在宏观调控中的作用

改革开放以来，我们革除传统计划经济的弊病，相应于社会主义初级阶段的基本经济制度，建立了社会主义市场经济体制。我国社会主义初级阶段基本经济制度以公有制为主体，所以，在社会主义市场经济条件下，仍然要发挥好计划在宏观调控中的作用。

社会主义市场经济必须有健全的宏观调控体制，但是，实行宏观调控下的市场经济并非社会主义市场经济独有的特色，而是资本主义市场经济也有的。那么，社会主义国家宏观调控下的市场经济怎样区别于资本主义国家呢？主要就在于社会主义市场经济的基础，也就是我们的基本经济制度是以公有制为主体的，因而还有计划性这个特点，还有国家计划的指导。少数资本主义市场经济国家，如日本、韩国、法国等，曾设有经济企划厅之类的机构，编有零星的预测性计划。英、美等多数资本主义市场经济国家只有财政政策、货币政策等手段，没有采取计划手段来调控经济。但我国是以公有制为主体的社会主义大国，有必要也有可能在宏观调控中运用计划手段，这是社会主义市场经济的优越性所在。宏观调控有几项手段，最重要的是国家计划、财政政策、货币政策三者。党的十四大报告指出："国家计划是宏观调控的重要手段之一。"所以在我国，国家计划与宏观调控是不可分的，是宏观调控的主心骨。

党的十七大报告指出，发挥国家发展规划、计划、产业政策在宏观调控中的导向作用。这里强调的计划，同传统计划经济条件下的计划有着本质不同。这是因为：第一，现在的国家计划不是既管宏观又管微观、无所不包的计划，而是只管宏观，微观的事情主要由市场去管；第二，现在资源配置的基础性手段是市场，计划是弥补市场缺陷的必要手段；第三，现在的计划主要不再是行政指令性的，而是指导性的、战略性的、预测性的计划，但同时必须具有导向作用和必要的约束、问责功能。由计划经济向社会主义市场经济过渡，再到强调国家计划在宏观调控中的导向作用，这合乎辩证法的正—反—合规律。这不是回到过去传统的计划经济模式，而是计划与市场关系在改革发展新阶段更高层次上的综合。

发展公有制经济有利于防止两极分化

改革开放30多年来，我国人民生活水平普遍提高，但收入分配差距拉大趋势也越来越严重。在谈到收入差距扩大的原因时，人们一般会想到城乡差距扩大、地区发展不平衡加剧、行业垄断、腐败、公共产品供应不均、再分配调节滞后等。这些都有道理，也必须一一应对，但不是最主要的原因。按照马克思主义观点，所有制决定分配制；财产关系决定分配关系。财产占有上的差别，才是收入分配差别最大的影响因素。西方著名经济学者萨谬尔森也承认，收入差别最主要的是由拥有财富多寡造成的。

在调整收入分配关系、缩小收入差距时，人们往往从分配领域本身着手，特别是从财政税收、转移支付等再分配领域着手，通过完善社会保障、提高公共福利等手段，改善低收入者的生活。这些措施是完全必要的，需要加大力度继续做好。但是，仅仅就分配谈分配，仅仅从分配和再分配领域着手调整收入差距是远远不够的，不能从根本上扭转收入差距扩大问题。还需要从所有制结构、从财产制度上直面这一问题，需要通过强化公有制的主体地位来解决这个问题。只有这样，才能最终遏止收入差距扩大，实现共同富裕。邓小平同志强调："只要我国经济中公有制占主体地位，就可以避免两极分化。"这是非常深刻的论断。当然，如何使全体人民更好地分享公有制经济特别是国有企业的收益，是一个亟须研究和解决的问题。

关于社会主义初级阶段基本经济
制度若干问题的思考*

(2011年)

一 社会主义初级阶段理论的形成和基本经济制度的提出

社会主义初级阶段理论来源于马克思主义。马克思、恩格斯将共产主义社会分为两个阶段，社会主义是共产主义的初级阶段。列宁有新经济政策过渡的实践，相当于社会主义初级阶段的试验。毛泽东把社会主义划分为"不发达阶段"和"发达阶段"，①不发达阶段就是社会主义初级阶段。具体分析一下社会主义初级阶段这个概念所包含的基本理论观点，不难看出它是对马克思主义关于未来社会发展阶段思想的深化。社会主义初级阶段包含两个理论命题：第一，在一定条件下，经济文化较不发达国家可以不经过资本主义的充分发展而进入社会主义；第二，在任何条件下，生产力的发展阶段都是不可逾越的。可以说，这是马克思、恩格斯的一贯主张。社会主义初级阶段论的形成是对马克思主义不断革命论和革命发展阶段论的具体运用。马、恩、列、毛的有关论述，为我们党在十一届三中全会以后提出社会主

---

* 原载《经济学动态》2011年第7期。

① 《毛泽东文选》第8卷，人民出版社1999年版，第116页。

196

义初级阶段的科学论断提供了重要的理论根据。

社会主义初级阶段理论正式形成的过程，首先是1981年十一届六中全会通过的《关于建国以来党的若干历史问题的决议》，第一次提出我国社会主义制度还处于初级的阶段。其次是1987年中共十三大，社会主义初级阶段理论确立。邓小平在十三大召开前指出："党的十三大要阐述中国社会主义是处在一个什么阶段，就是处在初级阶段，就是初级阶段的社会主义。社会主义本身是共产主义的初级阶段，而我们中国又处在社会主义的初级阶段，就是不发达的阶段。一切都要从这个实际出发，根据这个实际来制订规划。"[1]到了1997年9月，党的十五大制定了党在社会主义初级阶段的基本纲领，精辟地回答了什么是社会主义初级阶段中国特色社会主义的经济、政治和文化，以及怎样建设这样的经济、政治和文化。

在社会主义初级阶段，我国应该建立怎样的所有制结构，确立什么样的基本经济制度，党的认识也经过了一个逐步深化的过程。1981年7月国务院颁布的《关于城镇非农业个体经济若干政策性规定》对城镇非农业个体经济做出若干政策性规定。1982年党的十二大指出社会主义国有经济在整个国民经济中占主导地位，首次在代表大会文件中明确提出鼓励个体经济发展并且扩展到农村地区。1987年1月，中央发布《把农村改革引向深入》文件，提出对私营经济"应当允许存在，加强管理，兴利抑弊，逐步引导"，一方面，肯定了私人企业的合法性；另一方面，也指出私人企业同公有制经济是有矛盾的，它自身也存在弊端，要加以调节和限制。

1987年党的十三大报告第一次公开明确承认私营经济的合法存在和发展，认为私营经济"是公有制经济必要的和有益的补

① 《邓小平文选》第三卷，人民出版社1993年版，第252页。

充"。1992年，党的十四大报告中讲："以公有制包括全民所有制和集体所有制经济为主体，个体经济、私营经济、外资经济为补充，多种经济成分长期共同发展。"

正式提出初级阶段基本经济制度概念的是1997年的十五大报告。报告提出："公有制为主体，多种所有制共同发展，是我国社会主义初级阶段的一项基本经济制度"，同时承认"非公有制经济是我国社会主义市场经济的重要组成部分"。进一步提升非公有制经济地位，使非公有制经济由体制外进入体制内。至此，社会主义初级阶段基本经济制度正式确立。

2002年党的十六大提出了两个"毫不动摇"的方针，即"必须毫不动摇地巩固和发展公有制经济"和"必须毫不动摇地鼓励、支持和引导非公有制经济发展"。2007年党的十七大再次重申"要坚持和完善以公有制为主体、多种所有制经济共同发展的基本经济制度"。2010年党的十七届五中全会提出坚持社会主义基本经济制度，就必须既不能搞私有化，也不能搞单一公有制。这是针对残存的单一公有制传统观念，特别是主要针对近年来出现的私有化倾向而提出来的，十分重要，应该引起注意。

二　我国实行社会主义初级阶段基本经济制度的依据

基本经济制度决定社会的性质和社会的发展方向。判断社会的性质和发展方向的唯一标准就是看生产资料归谁所有。在社会主义出现以前，人类的所有社会制度都是以生产资料私有制为核心，生产资料公有制是社会主义制度区别于以前一切人类社会制度的根本不同点。为什么我国要实行以公有制为主体、多种所有制经济共同发展的基本经济制度呢？

我国是社会主义国家，必须以公有制作为社会主义经济制度的基础。我国宪法规定："中华人民共和国的社会主义经济制度的基础是生产资料的社会主义公有制，即全民所有制和劳动群众集体所有制。"宪法接下来又讲："国家在社会主义初级阶段，坚持公有制为主体、多种所有制经济共同发展的基本经济制度。"①因此，要把"社会主义经济制度"同"社会主义初级阶段的基本经济制度"这两个概念区别开来。"社会主义经济制度"是"社会主义初级阶段基本经济制度"的核心。前者不包括非公有制经济，只有公有制是其基础；而初级阶段的基本经济制度中，包括非公有制经济，但公有制必须占主体地位。"社会主义经济制度"存在于社会主义初级阶段和以后的其他阶段，是不断成熟和发展的过程；而社会主义初级阶段的基本经济制度，只反映初级阶段的特点。可以设想，初级阶段结束，非公有制经济不会立即被公有制所取代。进入中级阶段，将是公有制经济进一步发展壮大，所占比重不断提高，而非公有制经济则逐渐减退，所占比重减少的过程。到社会主义高级阶段，社会主义经济趋于成熟，剥削制度和生产资料私有制经济将最终退出历史舞台。

　　社会主义初级阶段的基本经济制度中之所以包括多种所有制共同发展，允许发展非公有制经济，是由初级阶段的国情决定的。我国生产力发展水平还不高，人口众多，就业空间余地小，经济发展与发达国家的差距还很大，人民日益增长的物质文化需要同落后的社会生产是主要矛盾，解放和发展生产力是我国社会主义的根本任务。因此，只要符合"三个有利于"标准的经济成分就允许和鼓励其发展。个体、私营和外资经济，在其符合"三个有利于"的条件下，就可以成为社会主义初级阶段基本经济制度的构成部分和社会主义市场经济的重要组成部分。

　　我国还处于社会主义初级阶段，这是实行社会主义基本经

---

① 《中华人民共和国宪法（2004年修正）》第一章总纲第6条。

济制度的理论和现实依据。但我们必须清楚地认识到，社会主义初级阶段也有一个时间限期的问题，不可能是无限期的。邓小平在1992年年初视察南方时说："社会主义初级阶段的基本路线要管一百年，动摇不得。"①这是在当前的社会主义现代化建设过程中要遵循的重要的时间界限。从中国初步建成社会主义的1956年算起，到本世纪五六十年代后，就要着手向中级阶段过渡。但随着我国生产力的发展、科学技术的进步，一百年的初级阶段的期限是有可能缩短的。提出这一点就是为了提醒：不仅要埋头赶路，而且要抬头望远，时刻不要忘记了社会主义和共产主义远景目标。在初级阶段的不同发展时期，针对出现的新情况、新问题，党的政策必须做出相应的调整和变化，防止我国偏离社会主义的道路。我们党要时刻牢记我们党奋斗的最终目标，牢记为人民服务的宗旨。

三　坚持基本经济制度首先要巩固公有制的主体地位

社会主义公有制是社会主义制度的基础。公有制为主体也是初级阶段基本经济制度的前提和基础。坚持基本经济制度，首先要巩固公有制为主体这个前提和基础。

"公有制的主体地位主要体现在：公有资产在社会总资产中占优势。公有资产占优势，要有量的优势，更要注意质的提高。"②现在有不少人对公有制是否还是主体有疑虑，主要是对公有制所占的比重即量的方面有疑虑。目前，根据国家统计局的数据，我国国有经济在国民经济中的比重不断下降，宏观上并不存在所谓的"国进民退"；微观上国有经济"有进有退"，但更

① 《邓小平文选》第三卷，人民出版社1993年版，第370页。
② 《十五大以来重要文献选编》上，人民出版社2000年版，第21页。

多的是"国退民进";个别案例中的所谓"国进民退",多半属于资源优化重组,并非没有道理。我们党一贯强调,"公有制比重的减少也是有限制有前提的,那就是不能影响公有制的主体地位"。①解除人们疑虑的办法之一,就是用统计数字来说明,坚定人们对社会主义初级阶段基本经济制度的信心。

公布资产占优势,更重要的表现为质的优势,即关键性的涉及经济命脉、战略全局和国民经济发展方向的生产资料占优势,而不是一般的微不足道的生产资料占优势;是先进的具有导向性控制性的生产资料占优势,并且不断提高、进步、发展、壮大,而不是落后的东西占优势。这样它才能控制经济命脉,对国民经济起主导作用,有强大的控制力、决定力、示范力和促进力。

所以,初级阶段基本制度不但要求公有制经济占主体地位,而且要求国有经济对国民经济起主导作用,国家应控制国民经济命脉,使国有经济的控制力、影响力和竞争力得到增强。在社会主义经济中,国有经济不是像在资本主义制度下那样,主要从事私有企业不愿意经营的部门,补充私人企业和市场机制的不足,而是为了实现国民经济的持续稳定协调发展,巩固和完善社会主义制度。为了实现国民经济的持续稳定协调发展,国有经济应主要集中于能源、交通、通信、金融等基础设施和支柱产业中。这些都是关系国民经济命脉的重要行业和关键领域,在这些行业和领域中国有经济应该有"绝对的控制力""较强的控制力""国有资本要保持独资或绝对控股"或"有条件地相对控股"。②这些都是中央文件所规定和强调的。国有经济对这些部门保持控制力,是为了对国民经济有计划地调控,以利于它持续稳定协调发展。

关于国有经济控制力应包括的范围,有一种意见是值得注

① 《江泽民文选》第三卷,人民出版社2006年版,第72页。

② 《十五大以来重要文献选编》下,人民出版社2003年版,第2587页。

关于社会主义初级阶段基本经济制度若干问题的思考

意和研究的。这种意见把国有经济的社会责任分为两种，一是帮助政府调控经济，一是保证社会正义和公平的经济基础。前一个作用普遍适用于社会主义国家和现代资本主义市场经济国家，而后一作用则是社会主义国家独有的。"按照西方主流经济学的观点，在一定条件下国有经济有助于政府调控经济，但是OECD国家的私有化证明，即使以垄断性的基础产业为主要对象进行了私有化，国有经济到了10%以下的比重以后，政府照样可以运用各种货币政策、财政政策、产业政策和商业手段等有效地调控经济。但是社会正义和公平，却是高度私有化的经济和以私有化为主的混合经济解决不了的老大难问题。""在中国坚持社会主义市场经济的改革方向中，增强国有资本的控制力，发挥其主导作用，理应包括保障、实现和发展社会公平的内容和标准。对那些对于政府调控经济不重要但是对于保障社会正义和公平非常重要的竞争性领域的国有资产，也应该认为是'重要'的国有资产，要力争搞好，防止出现国资大量流失那种改革失控，随意实行大规模'转让'的偏向。"①

基于国有经济负有保证社会正义和公平的经济基础的社会责任，国家要保障在公益服务、基础设施、重要产业的有效投资，并不排除为解决就业问题在劳动密集领域进行多种形式的投资和运营。在保障垄断性领域国有企业健康发展的同时，还要保障在竞争性领域国有企业的发展，发挥它们在稳定和增加就业、保障社会福利和提供公共服务上的作用，增强再分配和转移支付的经济实力。有竞争力的国有企业为什么不能在竞争性领域发展，利润收入只让私企独占？其实，中央对竞争性领域的国有经济一向坚持"有进有退"，发挥其竞争力的政策，而绝不是"完全退出"竞争性领域的政策，像一些新自由主义的精英们和体制内的

---

① 夏小林：《非国有投资减缓，后效仍需观察》，《中华工商时报》
2007年1月31日。

某些追随者喋喋不休地说教的那样。我国这样一个社会主义大国，国有经济的数量底线，不能以资本主义国家私有化的"国际经验"为依据。确定国有经济的比重，理应包括保障、实现和发展社会公平和社会稳定的内容，所以国家对国有经济控制力的范围，有进一步研究的必要。

四　正确处理公有制经济与非公有制经济的关系

谈基本经济制度，不能不谈私有经济，私有经济是非公有制经济的一部分。其与公有制主体经济的共同发展，构成我国社会主义初级阶段的基本经济制度。非公有经济在促进我国经济发展、增加就业、增加财政收入、满足社会各方面需要方面，不仅在当前，而且在整个社会主义初级阶段的历史时期内，都有不可缺少的重要积极作用，因此我们必须鼓励、支持和引导非公有制经济发展，而不能忽视它、歧视它、排斥它。所以，党和政府对非公有制包括私有制经济非常重视，对它们的评价，从十三大、十四大的"公有制经济的补充"，到九届人大二次会议称为"社会主义市场经济的重要组成部分"，十六大党还提出了"两个毫不动摇"，足见中央充分肯定非公有制包括私有制经济的重要作用。

但我们应该把私有经济的性质与作用分开来讲。只要是私人占有生产资料，雇用和剥削劳动者，它的性质就不是社会主义的。至于它的作用，要放到具体历史条件下考察。当它处于社会主义初级阶段，适合生产力发展的需要时，它还起积极作用，以至构成社会主义市场经济的一个重要组成部分。由于它不具有社会主义的性质，因此不能说它也是社会主义经济的组成部分。某些理论家则把非公有经济是"社会主义市场经济的重要组成部分"，偷换为"社会主义经济的重要组成部分"，认为"民营经济"（即私营经济）"已经成为"或者"应当成为"社会主义经济的主体，以取代公有制经济的主体地位。这明显地越过了宪法关于基本经济制度规定的界限。

对私有经济，既不应当轻视、歧视，又不应当吹捧护短，那么应当怎样正确对待，才符合坚持基本经济制度的要求呢？毫无疑问，我们要继续毫不动摇地发展私有经济，发挥其机制灵活，有利于促进社会生产力的正面作用；同时克服其剥削性产生的不利于社会经济发展的负面作用。如有些私营企业主贿赂政府官员，偷逃税收，压低工资和劳动条件，制造假冒伪劣产品，破坏自然资源环境，借机侵害国有资产，以及其他欺诈行为，都要通过教育监督和法制来清除。我想广大私营企业主，本着"社会主义建设者"的职责和良心，也一定会赞成这样做，这对私有经济的发展只有好处，没有坏处。

在鼓励、支持私有经济发展的同时，还要正确引导其发展方向，规定能发展什么，不能发展什么。比如竞争性领域，要允许私有经济自由进入，尽量撤除限制其进入的藩篱。特别是允许外资进入的，也应当开放内资进入。而对关系国民经济命脉的重要部门和关键领域，就不能允许私有经济自由进入，只能有条件、有限制地进入，不能让其操纵这些部门和行业，影响国有经济的控制力。私有经济在竞争性领域有广阔的投资天地，在关系国民经济命脉的一些重要部门现在也可以参股投资，分享丰厚的赢利，他们应当知足了。作为"社会主义建设者"群体和"新社会阶层"，私营企业主大概不会觊觎社会主义经济的"主体地位"。但是确有某些自由主义精英明里暗里把他们往这方面推。要教育他们不要跟着这些精英跑。

总之，我们要毫不动摇地发展包括私有经济在内的非公有经济，但这必须与毫不动摇地坚持发展公有制经济并进，并且这种并进要在坚持公有制经济为主体，国有经济为主导的前提下进行。这样做，才能够保证我国社会主义基本经济制度的巩固和发展，使之永远立于不败之地。

五　基本经济制度决定了社会主义市场经济是有计划的

马克思主义认为，在共同的社会生产中（即以公有制为基础的社会生产中），国民经济要实行有计划按比例的发展。"有计划按比例"并不等于传统的行政指令性的计划经济。改革开放以来，我们革除传统计划经济的弊病，相应于社会主义初级阶段的基本经济制度，建立了社会主义市场经济体制。基本经济制度以公有制为主体，所以社会主义市场经济就不能丢掉有计划按比例发展规律的要求。

1992年党的十四大提出建立社会主义市场经济体制的改革目标时，对于提法中没有包含"有计划"三个字，当时中共中央总书记有解释："社会主义经济从一开始就是有计划的，这在人们的脑子里和认识上一直是很清楚的，不能因为提法中不出现'有计划'三个字，就发生了是不是取消了计划性的问题。"①党的十四大之所以在改革目标的表述上没有用"有计划"三个字，这与当时传统计划经济的影响还相当严重，而市场经济的概念尚未深入人心的情况有关；为了提高市场在人们心中的地位，推动市场经济概念为社会公众所接受，才没有加上"有计划"三个字，但加上了"社会主义"这个极有分量的定语，而"社会主义从一开始就是有计划的"！这样，党的十四大改革目标内含公有制为基础和有计划的精神就很完整了。

社会主义市场经济必须有健全的宏观调控体制，这当然是

---

① 《关于在我国建立社会主义市场经济体制》，《江泽民文选》第一卷，人民出版社2006年版，第202页。

正确的。但是，宏观调控下的市场经济并非社会主义国家经济体制独具的特色，资本主义国家也有。那么，我们社会主义国家宏观调控下的市场经济怎样区别于资本主义国家呢？除了基本经济制度的区别外，就在于社会主义市场经济的基础——基本经济制度是以公有制为主体，因而还有计划性这个特点，还有国家计划的指导。少数市场经济国家，如日本、韩国、法国，都曾设有企划厅之类的机构，编有零星的预测性计划。英美等多数市场经济国家只有财政政策、货币政策等手段，没有采取计划手段来调控经济。但我们是以公有制经济为主体的社会主义大国，有必要也有可能在宏观调控中运用计划手段，指导国民经济有计划按比例发展。这符合马克思主义有计划按比例发展的原理，也是社会主义市场经济的优越性所在。宏观调控有几项手段，最重要的是计划、财政、货币三者，党的十四大报告特别指出"国家计划是宏观调控的重要手段"。[①]这里没有说到财政政策、货币政策，不是说财政政策、货币政策不重要，而是财政政策、货币政策是由国家宏观计划来导向的。所以，国家计划与宏观调控不可分，是宏观调控的主心骨。宏观调控下的市场经济也可以称为国家宏观计划调控下的市场经济，这就是社会主义市场经济不同于资本主义市场经济的地方。

十七大重新强调国家计划在宏观调控中的导向作用，并不是如某些人所歪曲的那样，"要回到传统计划经济模式"。因为：第一，现在的国家计划不是既管宏观又管微观、无所不包的计划，而是只管宏观，微观的事情主要由市场去管；第二，现在资源配置的基础性手段是市场，计划是弥补市场缺陷的必要手段；第三，现在的计划主要不再是行政指令性的，而是指导性的、战略性的、预测性的计划，同时必须有导向作用和必要的约束、问

---

① 《中国共产党第十四次全国代表大会文件汇编》，人民出版社1992年版，第23页。

刘国光

经济论著全集

第
17
卷

责功能。由计划经济向市场经济过渡，再到重新强调国家计划在宏观调控中的导向作用，这合乎辩证法的正—反—合规律。这不是回到过去传统的计划经济的旧模式，而是计划与市场关系在改革新阶段更高层次上的综合。

六 坚持基本经济制度，才能制止两极分化

改革开放30多年，我国人民生活水平普遍提高，但收入分配中贫富两极分化趋势也越来越严重。现在谈到贫富差距扩大的原因时，人们首先会想到城乡差距扩大、地区不平衡加剧、行业垄断、腐败、公共产品供应不均、再分配调节滞后等。这些都有道理，也必须一一应对。但这不是最主要的。造成收入分配不公的最根本原因被忽略了。

收入分配不公源于初次分配。初次分配中影响最大的核心问题是劳动与资本的关系。这就涉及社会的基本生产关系或财产关系问题了。按照马克思主义观点，所有制决定分配制；财产关系决定分配关系。财产占有上的差别，才是收入差别最大的影响因素。西方著名经济学者萨缪尔森也承认，"收入差别最主要的是由拥有财富多寡造成的"。[1]30多年来我国贫富差距的扩大和两极分化趋势的形成，除了前述原因外，所有制结构上和财产关系中的"公"降"私"升和化公为私，财富积累迅速集中于少数私人，才是最根本的。

我国社会主义初级阶段经济结构，在改革开放伊始，还是清一色的公有制经济。随着让一部分人先富起来和效率优先政策取向的执行，以私有制为主的非公经济的发展必然超过公有制经济，从而形成了多种所有制经济共同发展的局面。这是有利于整

① 萨缪尔森：《经济学》下卷，高鸿业译，商务印书馆1979年版，第231页。

个经济的发展的。但这种私有经济超前发展的势头一直延续下去，"到一定的时候问题就会出来"，"两极分化自然出现"（邓小平语）。[1]随着所有制结构的公降私升，在分配关系上按劳分配的比重就要缩小，按要素（主要是按资本财产）分配的比重就要增加。有人分析，我国现在国民收入分配已经由按劳分配为主转向按要素（资本）分配为主。[2]我们从资本积累规律和市场经济发展的一般进程可以知道，这一分配方式所带来的后果，就是随着私人产权的相对扩大，资本财产的收入份额也会相对扩大，劳动的收入份额则相对缩小，从而扩大贫富差距，促进两极分化趋势。我国国民收入中劳动与资本份额变化的统计，证实了上述理论分析。

在调整收入分配关系、缩小贫富差距时，人们往往从分配领域本身着手，特别是从财政税收、转移支付等再分配领域着手，完善社会保障公共福利，改善低收入者的民生状况。这些措施是完全必要的，我们现在也开始这样做了。我们做得还远远不够，还要加大力度。但是，仅仅就分配谈分配，仅仅从分配和再分配领域着手，还是远远不够的，不能从根本上扭转贫富收入差距扩大的问题。还需要从所有制结构，从财产制度上直面这一问题，需要从基本生产关系，从基本经济制度来接触这个问题；需要从强化公有制为主体地位来解决这个问题，这样才能最终阻止贫富差距扩大，实现共同富裕。因此，分配上的状况改善是以所有制上公有制经济的壮大为前提条件的。所有制发展上要扭转"公"降"私"升的趋势，阻止化公为私的所有制结构转换过程。只有这样，才能最终避免贫富的两极分化。小平同志强调："只要我

---

① 《邓小平年谱（1975—1997）》下，中央文献出版社2004年版，第1364页。

② 武力、温锐：《1992年以来收入分配变化刍议》，《中华工商时报》2006年5月26日。

刘国光

经济论著全集

第
17
卷

国经济中公有制占主体地位，就可以避免两极分化。"①

　　他又说，"基本的生产资料归国家所有，归集体所有，就是说归公有"②，就"不会产生新的资产阶级"。③这是非常深刻的论断。这指明社会主义初级阶段容许私人产权的发展，容许非劳动要素（主要是资本）参加分配，但这一切都要以公有制为主体和按劳分配为主为前提，不能让私有制代替公有制为主体，也应该扭转按资分配代替按劳分配为主的趋势。那种让私人资本向高利行业渗透（关系国民经济命脉的重要部门和关键领域）等，只能促使收入差距和财富差距进一步扩大，都应该调整。只要保持这两个主体，贫富差距就不会恶性发展到两极分化的程度，就可以控制在合理的限度以内，最终向共同富裕的目标前进。否则，两极分化、社会分裂是不可避免的。所以改革收入分配制度，扭转贫富差距扩大趋势，要放在坚持共和国根本大法的角度下考虑，采取必要的政策措施，保证公有制为主体、按劳分配为主的"两个为主"的宪法原则的真正落实。

关于社会主义初级阶段基本经济制度若干问题的思考

---

①　《邓小平文选》第三卷，人民出版社1993年版，第149页。

②　同上书，第91页。

③　同上书，第123页。

既要"做大蛋糕"又要"分好蛋糕" *

——专访中国社科院前副院长刘国光
（2011年8月）

坐在记者面前的刘国光，发丝如雪，精神矍铄。

已88岁高龄的刘老，如今很少接受媒体采访。用他自己的话说："年纪大了，需要休息，也要把更多的机会给年轻人。"但对于《重庆日报》记者的采访，刘老却决定破一次例："重庆搞共同富裕，意义很大，有必要出来说一说！"

社会主义性质决定了要把"分好蛋糕"放在更加重要的地位

《重庆日报》：走共同富裕的发展道路，就涉及一个"做蛋糕"与"分蛋糕"的问题。对于这两者之间的关系，您如何看？

刘国光：我们过去30多年，大部分时间是放在"蛋糕做大"上面，没有把它放在"蛋糕分好"上面。这是一个缺陷，因为我们国家穷。有一种说法就认为，把"蛋糕做大"是政府的责任，把"蛋糕分好"是政府的良知、良心。

社会主义要把"分好蛋糕"放在更加重要的地位，因为我们社会主义是大家共同分享，不是少数人侵吞发展的果实。同时不这样做也不行，不这样做怎么能进一步做大"蛋糕"？不这样

* 《重庆日报》2011年8月5日，记者龙在宇，实习生阳炆杉。

做，老百姓的不满意程度多起来，大家的积极性发挥不出来，"蛋糕"就没办法继续做大。而且现在要转变经济发展方式，首先要扩大内需；要扩大内需，也必须解决"分好蛋糕"的问题。不然多数人收入很少，手头没有购买力，从何扩大内需，调整结构，转变发展方式？所以，现在已经到了"做大蛋糕"与"分好蛋糕"两者并重，应当更加注重"分好蛋糕"的时候了。

按照邓小平同志1992年视察南方时谈话的精神，在上个世纪末达到小康水平的时候，就要突出地解决贫富差距问题。解决贫富差距的问题不就是"分好蛋糕"的问题吗？那么就是说从20世纪、21世纪之交开始，我们就应该在"做大蛋糕"的同时，开始注意"分好蛋糕"，并且把后者放在经济工作的突出地位。这是邓小平同志讲的，不是我讲的。现在两极分化的趋势，比2000年的时候严重得多。现在的基尼系数已经到0.5左右了，所以更应该把"分好蛋糕"作为经济工作的重点。

所有这些，也是我为什么出来接受采访，对于重庆推动共同富裕的做法倍加推崇的原因。

解决分配问题比解决发展问题更困难

《重庆日报》：把工作重心转到"分好蛋糕"上面，是否与"以经济建设为中心"的提法一致？

刘国光：这两者是一致的，"分好蛋糕"其实正是经济建设中的一项重要内容。经济建设这个中心包括两个方面：一个是把"蛋糕做大"，一个是把"蛋糕分好"。不是说现在不要再"做大蛋糕"了，尽管目前我国经济总量已超过日本，居世界第二，但是人均还不到日本的十分之一，所以还要继续"做大蛋糕"。但应该把经济建设这个中心的重点放在扭转解决两极分化趋势问题方面，即放在"分好蛋糕"上面。如果只说"做大蛋糕"，这跟社会主义性质不符。资本主义也"做大蛋糕"，人家的"蛋糕"做得还比我们的大。我们社会主义"分好蛋糕"是更重要的。因为更加重视社会公平，既是全体人民切身关心的问题，也符合社会主义的本质、宗旨，也是我们政权合法性的根据。

邓小平说分配问题大得很，比生产问题更大，解决这个问题比解决发展起来的问题更困难，这就是说，分配问题比发展问题更困难，"分好蛋糕"比"做大蛋糕"更难。这个事情不是小事情，大家研究得还是不够。

强化公有制的主体地位，才能实现共同富裕

《重庆日报》：目前要实现共同富裕，突破口在哪里？

刘国光：马克思主义政治经济学分配理论的基本出发点是：所有制决定分配制，财产关系决定分配关系。但是，人们常常忽略这个观点。在分析我国贫富差距拉大的原因时，人们举了很多缘由，诸如城乡差距扩大、地区不平衡加剧、行业垄断、腐败、公共产品供应不均、再分配调节落后等，不一而足。这些缘由都能成立，也必须一一应对。但这些不是最主要的。

仅仅就分配谈分配，仅仅从分配和再分配领域着手，还是远远不够的，不能从根本上扭转贫富收入差距扩大的问题。还需要从所有制结构，从财产制度上直面这一问题，需要从基本生产关系，从基本经济制度来接触这个问题；需要从强化公有制为主体地位来解决这个问题，才能最终地阻止贫富差距扩大，实现共同富裕。

这就是邓小平所说的"只要我国经济中公有制占主体地位，就可以避免两极分化。"这是非常深刻的论断。这指明社会主义初级阶段容许私人产权的发展，容许非劳动要素（主要是资本）参加分配，但这一切都要以公有制为主体和按劳分配为主为前提，不能让私有制代替公有制为主体，也应该扭转按资分配代替按劳分配为主的趋势。

关于国富、民富和共同富裕
问题的一些思考[*]

（2011年）

2010年年底到2011年年初，"十二五"规划制定讨论期间，一个很热烈讨论的话题，是"国富"和"民富"的问题。有人说，过去我们长期实行的是"国富优先"而不是"民富优先"的政策导向，这造成现在我国"国富民穷"或"国富民不富"的现象。有人说，"国富优先"的政策导向，使国家生产力大大快于民众消费的增加，导致总需求不足。因此要从"十二五"起，把"国富优先"的政策导向转变为"民富优先"。

在研究制定"十二五"规划建议的时候，虽然有国家发改委个别官员讲，"十二五"规划与前面十一个五年规划的"本质差别是由追求国富转为追求民富"，但"十二五"规划好像并没有明确提出"国富转民富"的方针和字样。我认为有些学者和媒体把"国富"与"民富"并立和对立起来的提法，并不确切。就"国富"来说，经过改革开放，我国的经济实力也就是"国富"确实大大增强了，经济总量已超过日本，排到世界前二位。但是人均国民总收入仍列世界第121位，[①]所以不能说国家已经很富。就"民富"来说，也不能简单地讲现在是"民不富"或"民穷"。我国人民生活水平总体上比过去有很大提高，部分人群已

---

* 　原载《经济研究》2011年第10期

① 　参见《中国统计年鉴2011》附录2—13。

经很富很富，甚至富得冒油，堪比世界富豪。有报告显示，2010年我国内地资产在百万美元以上的富人总数已达53.5万；[①]2011年我国内地资产超十亿美元的富翁有146人。[②]但是大部分国民确实富得不够，甚至很穷。所以一方面内需不足，消费率低；一方面奢侈品市场热销，居世界第二。一方面"朱门酒肉臭"，一方面在菜市场、超市旁边可以见到拣拾菜帮子过日子的群众。所以说，国民有富有穷，不能一概而论，说什么"民穷"或"民不富"。

再说消费率低和内需不足的原因。这不是什么"国富优先""民富滞后"的结果。而是"让一部分人先富起来"，而多数群众未能跟着走上"后富"，反而陷于相对贫困，甚至绝对贫困的结果。按照联合国标准，每日收入一美元以下为绝对贫困，两美元以下为低收入，都属穷人之列。2010年中国估计有1.5亿人口的每日收入不足一美元，[③]属于绝对贫困。这些人群收入低，买不起东西，才是消费率低和内需不足的主要群体。而居民之中另一部分特别富裕人士，他们之中有人可以花400万元买只藏獒，再用30辆奔驰车去机场接这个宠物；有人可花数百万元买一辆宾利豪华敞篷车，或者花更多的钱置办私人飞机。看来他们不是提高消费率和扩大内需的对象。

再说政策导向。究竟我国过去有没有所谓"国富优先"的政策导向？我的印象，过去从来没有明确宣布过或者实行过什么"国富优先"的政策，倒是明确宣布过并实行了"让一部分人先富起来"的政策。如果说这也算是"民富优先"，那也只是让一部分人优先富起来的政策。这一部分人主要是私人经营者和有机遇、有能力、有办法、有手段积累财富的人群。应当说，这一政

---

①　参见http://news.cntv.cn/20110626/101326.shtml。

②　参见http:liftnance.people.com.cn/money/GB/15625212.html。

③　参见http://news.qq.com/a/20100818/000255.htm。

策实行得非常成功。它导致中国经济结构发生了巨大变化，宏观经济上国退民进、公退私进的结果，使得民营经济在GDP中的比重，由改革开放前的近乎零，上升到2005年的65％。民营经济的增长大大超过国有、公有经济的事实，证明了我们这些年实际上实行的，不是什么"国富优先"，而是"民富（当然是一部分'民'）优先"的政策。在社会主义初级阶段，需要放开一些个体、私营经济，以促进生产力的发展。这种借助让一部分人先富起来以推动经济发展的政策，本来也可以说得过去，是可以尝试的。当初宣布实行这一政策的时候，就曾提出"先富带后富，实现共同富裕"的口号。但是多年的实践证明，"让一部分人先富"的目标虽然在很短的历史时期中迅速完成，但"先富带后富，实现共同富裕"，却迟迟不能够自动实现。在市场化的大浪淘沙下，这也不大可能实现。相反的，随着市场化的发展，贫富差距越来越大，两极分化趋势"自然出现"。反映贫富差距的基尼系数向着高危方向发展，我国已成为两极分化比较严重的国家之一。

关于国富、民富和共同富裕问题的一些思考

为什么我们在实行让一部分人先富起来的同时，长时间地不能解决先富带后富实现共同富裕呢？光用"先做大蛋糕后分好蛋糕要有一个时间过程"来解释，是不足以充分说明的。邓小平早就指出，先由贫富差距的扩大，再到贫富差距缩小的问题，要在21世纪之初基本达到小康的时候，就应该着手解决。中国经济发展的实际进程表明，由于中国资本原始积累过程中财富来源路径的特殊性，中国富豪积累财富时间超短。从事财富研究的胡润曾说，在国外，挣一个亿的财富要15年，把一个亿的财富变成十个亿要10年时间，而中国只要3年，比外国短了很多。在中国，成功地完成一部分人先富起来的任务所花的时间极短，而先富带后富，实现共同富裕的任务却遥遥无期。一些为财富为资本辩护的精英们常常以分配问题复杂为借口，预言需要等待很长很长的时间才能解决分配的公平问题，要大家忍耐再忍耐，这真是奇怪的逻辑。要知道这是连邓小平也不能容忍的，因为他早就多次要求适时解决贫富差距扩大的问题，并警告说两极分化趋势将导致改革失败的危险后果。

为什么社会主义的中国会发生一部分人先富起来很容易，实现社会公平克服两极分化反而非常困难？我认为主要原因之一，在于我们集中精力进行以经济建设为中心的伟大事业以来，把主要的注意力放在效率优先做大GDP规模上面，而把社会公平和分配好社会产品的问题放在"兼顾"的次要地位，以至于一些同志逐渐把马克思主义关于社会经济发展规律的一些基本常识也模糊淡忘了。比如说社会主义初级阶段，对于个体、私营经济是应该允许发展的，但不能忘了列宁指出的小生产时刻不断产生资本主义的规律；又比如说，私人资本是应该允许存在的，但不能忘了马克思早已指出的资本积累必然引起两极分化的规律；又比如说，私营企业主对社会经济发展的贡献是应当承认的，但不能忘了他们作为资产阶级的两面性，特别是其嗜利逐利的本性，这一本性迫使他们不断为占有更多的剩余价值而奋斗，推动社会走向两极分化。"两极分化自然产生"，这是邓小平的又一个至理名言。但我们的一部分同志却竭力回避"两极分化"的字眼。党内一部分有影响的同志淡忘了上述一系列马克思主义关于社会经济发展规律的ABC，所以在改革开放后实行让一部分人先富起来政策的时候，对于私人资本经济往往偏于片面支持刺激鼓励其发展社会生产力的积极方面，而不注意节制和限制其剥削和导致两极分化后果的消极方面，即与社会主义本质不相容的东西。先富带后富和共同富裕长期难以实现，贫富差距的扩大和两极分化趋势的形成，根本原因就在这里。

目前我国收入分配领域最核心的问题，是贫富差距急剧扩大，两极分化趋势明显。中心的问题不是什么"国富"与"民富"的矛盾,而是一部分国民先富、暴富与大部分国民不富或贫穷的矛盾。要克服和扭转贫富差距扩大和两极分化的趋势,需要的政策转向,不是什么"国富优先"转变为"民富优先",而是明确宣布"让一部分人先富起来"的政策已经完成任务,今后要把这一政策转变为逐步"实现共同富裕"的政策,完成"先富"向"共富"的过渡。

再说,把"国富"与"民富"对立并提,是缺乏科学依据的。"国富"和"民富"是一双相对的概念,二者之间并非完全互相排斥,而是矛盾统一的关系,在一定意义上也可以水乳交融。什么叫"国富"?严复最早翻译亚当·斯密"The Wealth of Nation"一书,中文译名为《国富论》。但斯密在这本书里不但讨论了君主或政府(相当于国家)的收入和财富问题,也讨论了工、农、商子民(相当于国民)的收入和财富问题。后来郭大力、王亚南重译此书,书名改称《国民财富的性质和原因的研究》,这样"国富"的含义就推广为"国民的财富"了。但是书里面并没有删掉政府或国家的收入和财富问题,可见"The Wealth of Nation"的含义,可以是国家的财富,也可以是国民的财富。国富和民富并不完全是非此即彼的东西。

现在我国流行语汇中的"国富",是什么含义呢?大体上是指政府直接掌握和可分配的收入,相当于斯密书中的第五篇所说君主或国家的收入。斯密讨论了各类名目繁多的税负的利弊,其目的在于试图说明,君主(政府)的收入和国民的收入并非一直是矛盾的。交给国家的收入多了,并不意味着国民的收入就减少了。因为君主和国家需要必要的费用,以保护和增加国民财富。《国富论》用大量篇幅论证了国家的三项基本职能,即保护社会、保护社会里的每一个人、建设公共事业和公共福利设施。如果我们把国家和政府所代表的统治阶级利益和官员的挥霍浪费暂时存而不论,可以说这大体上也是现代国家与国民、政府与人民之间财富与收入关系的写照。

现代国家政府可支配收入转化为居民可直接支配的收入，只是其用于民生支出中的一部分（如补贴、救济、社保等）。其用于公共福利（教育、文化、卫生等）、基础设施、经济建设、安全保卫、行政管理等费用，其效益虽然是全民共享，但不直接由居民支配而由政府支配。政府可支配收入与居民可支配收入毕竟不是一码事。有些同志把居民可支配收入占国民收入之比与政府可支配收入占比的升降，作为"国富"与"民富"对比的评价标志。这一对比有它本身的分析意义，但不能反映收入分配关系的根本问题，即贫富差距和两极分化问题。如前所述，"居民收入"是一个混合概念，居民中包括富民与贫民。从居民收入占比和政府收入占比的对比中，完全看不出贫富差距。贫富差距和两极分化，首先要在居民内部，划分为劳动报酬（劳动力要素所有者的收入）和非劳动报酬（其他非劳动要素特别是资本要素所有者的收入）的对比中表现出来。这才是当今社会分配的核心问题。

若干年来，随着所有制结构的公降私升，随着市场化大潮中"拥抱资本、疏远劳动"的风气盛行，宪法中规定的"按劳分配为主"，事实上逐渐被"按资本分配为主"所代替。因此劳动者报酬占比不断下降，而资本所得占比不断上升。由于劳动者报酬在居民收入中占最大份额，劳动者报酬在GDP中占比的下降，就决定了居民可支配收入在GDP中占比的下降。居民可支配收入占比的下降，主要是由劳动者报酬占比下降和企业利润所得占比上升造成的，主要不是由政府收入上升所造成的。所以，要扭转居民收入占比的下降趋势，核心问题在于提高劳动者报酬和中低收入者的收入，关键在于调整劳动收入与资本所得的比重，而不在于调整政府收入的比重。

政府收入在GDP中所占比重，或者所谓"宏观税负"问题，曾是"国富"与"民富"争议中热议的话题。目前我国宏观税负水平是不是过高，肯定的和否定的意见都有。现在以既包括纳入一般预算管理的公共财政收入，又包括政府基金收入、国有资本经营预算收入、社会保险基金收入等宽口径的政府收入来说，财政部业务部门按我国全口径财政收入计算，政府收入占GDP比重2007年为27.6%，2008年为27.9%，2009年为30.0%。中国社会科学院财贸所也按IMF《政府财政统计手册》标准，计算了中国全口径政府收入占GDP之比，2007年为31.5%，2008年为30.9%，2009年为32.2%，比财政部的数字稍高。按IMF《政府财政统计年鉴》对2007年53个国家宏观税负的计算，这些国家实际宏观税负平均为39.9%，其中24个工业化国家实际宏观税负平均为45.3%，29个发展中国家实际平均税负为35.5%。同这些实际数字比较，我国平均宏观税负即使用社科院2009年32.2%的较高数字，也大大低于工业化发达国家的平均水平，与发展中国家相比也不过高。根据国际经验，随着生产力向发达水平发展，政府承担的社会民生、公共福利和收入再分配等任务越来越重，我国政府收入占比或所谓宏观税负水平，还有继续提升的必要和空间。

所以，目前我国宏观税负问题，主要并不在于政府收入占比高低，而在于财政收支结构是否合理，是否能够通过政府收支的运作，一方面实现"国富"与"民富"的良性交融，一方面推动"民富"中"先富"向"共富"的转化。目前我国国家财政收支结构上的主要问题，在于财政收入的负担偏重由中低收入者或劳动阶层来承担，而在财政支出的使用上，用于社会民生和公共福利方面的开支偏低。

我国现行税制的格局是以间接税为主，其在税收总额中占七成以上。间接税包括增值税、营业税等税额，隐藏在商品和服务的价格之内，最终由消费者埋单。即使消费者因收入低而免于缴纳所得税，他也不能摆脱生活所需的米、油、盐、服装、餐馆用餐、水电煤气等价格与付费中内含的间接税负担。由于低收入者需要将可支配收入的很大部分用于基本生活开支，因此他们承担的间接税负与其收入之比，要比高收入者为基本生活所承担的税负与其收入之比大得多。个人所得税收入结构也存在明显的不合理。个税征收对象主要是工薪阶层的劳动收入，而对股息、红利、财产租赁等资本所得征收甚少，占有大量财富的富人只负担了少量税收份额；没有被统计到城镇居民收入中的数额巨大的隐性收入，主要发生在高收入富户，这也严重影响了税负公平。在我国财政支出结构上，一方面行政管理开支过高，占国家整个财政支出的比重，远高于英、日、美等发达国家，每年公车、公款吃喝、公费出国即"三公"费用惊人；另一方面用于教育、医疗和社会保障的公共服务支出占财政总支出的比重，明显低于人均GDP超过3000美元的国家。

以上情况表明，如果像一些人士所说，我国宏观税负过高，那也只是对中低收入的劳动阶层负担偏重，而他们应当得到的补偿或该分享的社会福利却感到不足；以资本和财产所得为主的富裕阶层的财富的收入，则大都游离于国家财政税收调节的国民收入再分配过程之外。这种逆向调节的机制，只能助长贫富差距的扩大，迫切需要扭转。对此一些学者专家都有共识，主张改弦易辙。在财政收入方面，提高直接税收的比重，降低间接税收的比重；在直接税方面，提高资本财产与非劳动所得的税负，考虑家庭负担，降低中低收入者的所得税负；开征遗产税、赠予税等财产税种。在财政支出方面，厉行节约，大力减少行政费用占比，增大社会民生、公共福利、再分配转移支付占比，等等。这些主张集中起来就是要国家财政重回"调节收入分配、促进社会公平"这方面的职责，问题在于决策决心和实施步骤，需要抓紧进行。

应当指出，缩小贫富差距，扭转两极分化趋势，不能单纯靠国家财政调节手段。贫富差距扩大的原因甚多，如城乡差距、地区不平衡、行业垄断、腐败、公共产品供应不均、再分配调节滞后等，必须一一应对。但这不是最主要的，按照马克思主义观点，所有制决定分配制，财产关系决定分配关系。财产占有上的差别，才是收入差别最大的影响因素。30多年来我国贫富差距的扩大和两极分化趋势的形成，除了前述原因外，所有制结构上和财产关系中的"公"降"私"升和化公为私，财富积累迅速集中于少数私人，才是最根本的。

我国社会主义初级阶段的经济结构，随着让一部分人先富起来和效率优先政策的执行，非公有经济的增长必然超过公有经济和国有经济，从而形成了多种所有制经济共同发展的局面。这是有利于整个经济发展的。但这种非公有经济超前发展和公降私升、"国"降"民"升的势头一直延续下去，"到一定的时候问题就会出来"，"两极分化自然出现"（邓小平语）。[①]随着私人产权的相对扩大，资本财产的收入份额会相对扩大，劳动的收入份额则相对缩小，从而扩大贫富差距，促成两极分化趋势。

在调整收入分配关系，缩小贫富差距时，人们往往从分配领域本身着手，特别是从财政税收、转移支付等再分配领域着手，完善社会保障公共福利，改善低收入者的民生状况。这些措施是完全必要的，我们现在也开始这样做了，还要加大力度。但是，仅仅就分配谈分配，仅仅从分配和再分配领域着手，还是远远不够的，不能从根本上扭转贫富差距扩大的问题。还需要从所有制结构上直面这一问题，需要从强化公有经济为主体，国有经济为主导着手，扭转生产资料所有制"公"降"私"升和"国"退"民"进的趋势，阻止化公为私的所有制结构转换过程。这也是调整"国富"同"民富"关系的一个重要方面。小平同志强

关于国富、民富和共同富裕问题的一些思考

---

① 《邓小平年谱（1975—1997）》下，中央文献出版社2004年版，第1364页。

调："只要我国经济中公有制占主体地位，就可以避免两极分化。"[①]又说，"基本生产资料归国家所有，归集体所有，就是坚持归公有"，就"不会产生新资产阶级"。[②]这是非常深刻的论断。这表明，社会主义初级阶段容许私人产权的发展，容许非劳动要素（主要是资本）参加分配，但这一切都要以公有制为主体和以按劳分配为主为前提。那种让私人资本向高利行业渗透（关系国民经济命脉的重要部门和关键领域），那种盲目地鼓励增加"财产性收入"之类的政策，只能促使收入差距和财富差距进一步扩大，都应该调整。只要保持公有制和按劳分配为主体，贫富差距就不会恶性发展到两极分化的程度，可以控制在合理的限度以内，最终向共同富裕的目标前进。否则，两极分化、社会分裂是不可避免的。

① 《邓小平文选》第三卷，人民出版社1993年版，第149页。
② 同上书，第91页。

为何"共同富裕"推进艰难*

（2011年）

共同富裕推进艰难的原因主要在于：

第一，过去从来没有明确宣布或者实行"国富优先"的政策，只是实行了"让一部分人先富起来"的政策。它导致中国经济结构发生了巨大变化，宏观经济上国退民进、公退私进的结果，使得民营经济在国民经济的比重，由改革开放前的近乎零，上升到现在已经超过65%。

第二，为什么我们在实行"让一部分人先富起来"的同时，长时间地不能解决先富带动后富、实现共同富裕呢？在中国，成功地完成一部分人先富起来的任务所花的时间极短，而先富带后富、实现共同富裕的任务却仍未完成。一些为财富、为资本辩护的精英们常常以分配问题复杂为借口，预言需要等待很长的时间才能解决分配公平的问题，要大家忍耐再忍耐，这是奇怪的逻辑。

第三，为什么在社会主义中国会出现一部分人先富起来很容易，实现社会公平、克服两极分化反而非常困难？主要原因在于，我们集中精力以经济建设为中心，大力发展社会主义市场经济以来，把主要注意力放在效率优先、做大GDP规模上面，而把社会公平和分配好社会产品的问题放在"兼顾"的次要地位，以至于一些同志逐渐把马克思主义关于社会经济发展规律的一些基

* 原载《中国社会科学报》2011年7月12日。

本常识也模糊淡忘了。

第四，目前我国收入分配领域最核心的问题，是贫富差距急剧扩大，两极分化趋势明显。中心的问题不是"国富"与"民富"的矛盾，而是一部分国民先富、暴富与大部分国民不富或贫穷的矛盾。要克服和扭转贫富差距扩大和两极分化的趋势，需要实现及时的政策转向，这绝不是"国富优先"转变为"民富优先"，而是明确宣布"让一部分人先富起来"的政策已经完成任务，今后要把这一政策转变为逐步"实现共同富裕"的政策，完成"先富"向"共富"的过渡。

在这个难题面前，所有制是解决贫富差距的关键因素。按照马克思主义观点，所有制决定分配制，财产关系决定分配关系。财产占有上的差别，才是收入差别最大的影响因素。30多年来，我国贫富差距的扩大和两极分化趋势的形成，除了前述原因外，所有制结构上和财产关系中的"公"降"私"升和化"公"为"私"，财富积累迅速集中于少数私人，才是最根本的。只要保持公有制和按劳分配为主体，贫富差距就不会恶性发展到两极分化的程度，可以控制在合理的限度以内，最终向共同富裕的目标前进。

刘国光

经济论著全集

第
17
卷

坚持公有经济为主体，不断壮大国有经济才能制止两极分化

——2011年9月16日在"中国经济社会发展智库第五届高层论坛"讲话

（2011年9月16日）

30多年来我国贫富差距的扩大和两极分化趋势的形成，从根本上讲，是由于所有制结构上和财产关系中的"公"降"私"升和化公为私，才形成的。要改变当前的现状，必须重视公有制经济的地位和作用，不断壮大国有经济，才能制止两极分化。

经过改革开放，我国的经济实力大大增强了，2010年经济总量已超过日本，成为世界第二。但是人均CDP不到日本的十分之一，按国际货币基金组织统计，2010年列世界第95位，与发达国家的差距还非常大。与此同时，我国收入分配中的两极分化现象相当严重。我国人民生活水平总体上比过去有很大提高，部分人群已经很富很富，甚至富得冒油，堪比世界富豪。据估计，2009年我国百万美元以上的富豪人数已达67万户，居世界第三；资产超十亿美元的富翁人数仅次于美国，名列全球第二。但是大部分国民确实富得不够，甚至很穷。所以一方面内需不足，消费率低；一方面奢侈品市场热销，居世界第二。一方面"朱门酒肉臭"，一方面在菜市场、超市旁边可以见到拣拾菜帮子过日子的群众。反映贫富差距的基尼系数，改革开放前为0.25，1992年突破了0.4的国际警戒线；世界银行估计，2009年已达0.47。如果加

225

上漏计的高收入、灰色收入、隐性收入，估计现在已大大超过0.5，远远超出资本主义的发达国家和许多发展中国家。

收入分配中贫富两极分化趋势越来越严重的根本原因是什么呢？现在谈到贫富差距扩大的原因时，人们首先会想到城乡差距扩大、地区不平衡加剧、行业垄断、腐败、公共产品供应不均、再分配调节滞后等。这些都有道理，也必须一一应对。但这不是最主要的。造成收入分配不公的最根本原因被忽略了。

收入分配不公源于初次分配。初次分配中影响最大的核心问题是劳动与资本的关系。这就涉及社会的基本生产关系或财产关系问题了。按照马克思主义观点，所有制决定了分配制；财产关系决定分配关系。财产占有上的差别，才是收入差别最大的影响因素。30多年来我国贫富差距的扩大，除了前述原因外，所有制结构上和财产关系中的"公"降"私"升和化公为私，财富积累集中于少数私人，才是最根本的。

我国社会主义初级阶段的发展，在改革开放伊始，还是比较清一色的公有制经济。随着让一部分人先富起来和效率优先政策取向的执行，以私有制为主的非公经济的发展必然超过公有制经济，从而形成了多种所有制经济共同发展的局面。这是有利于整个经济的发展的。但这种私有经济超前发展的势头一直延续下去，"到一定时候问题就会出来"，"两极分化自然出现"（邓小平语）[1]。随着所有制结构的公降私升，在分配关系上按劳分配的比重就要缩小，按要素分配（主要是按资本财富）的比重就要增加。有人分析，我国现在国民收入分配已经由按劳分配为主转向按要素（资本）分配为主。我们从资本积累规律和市场经济发展的一般进程可以知道，这一分配方式所带来的后果，就是随着私人产权的相对扩大，资本的收入份额也会相对扩大，劳动的

---

[1] 《邓小平年谱》，中央文献出版社2004年版，第1364页。

收入份额则相对缩小，从而扩大贫富收入差距，促进两极分化趋势。我国国民收入中劳动与资本份额变化的统计，证实了上述理论分析。

如何才能解决收入分配两极分化这一问题呢？人们往往从分配领域本身着手，特别是从财政税收、转移支付等再分配领域着手，完善社会保障公共福利，改善低收入者的民生状况。这些措施是完全必要的，我们现在也开始这样做了，还要加大力度。但是，仅仅就分配谈分配，仅仅从分配和再分配领域着手，还是远远不够的，不能从根本上扭转贫富收入差距扩大的问题。还需要从所有制结构上直面这一问题，需要从强化公有经济为主体、国有经济为主导着手，扭转所有制"公"降"私"升和国退"民"进的趋势，阻止化公为私的所有制结构转换过程。所有制发展上要坚持"两个毫不动摇"，要坚持公有制为主体，毫不动摇地发展公、私两种经济，不能只片面强调一个"毫不动摇"；要延缓"公"降"私"升速度和程度，阻止化公为私的所有制结构转换过程。小平同志强调，"只要我国经济中公有制占主体地位，就可以避免两极分化"。又说，"基本生产资料归国家所有，归集体所有，就是坚持归公有"，就"不会产生新资产阶级"。这是非常深刻的论断。这表明，社会主义初级阶段容许私人产权的发展，容许非劳动要素（主要是资本）参加分配，但这一切都要以公有制为主体和按劳分配为主为前提。那种让私人资本向高利行业渗透（关系国民经济命脉的重要部门和关键领域），那种盲目地鼓励增加"财产性收入"之类的政策，只能促使收入差距和财富差距进一步扩大，都应该调整。只要保持公有制和按劳分配为主体，贫富差距就不会恶性发展到两极分化的程度，可以控制在合理的限度以内，最终向共同富裕的目标前进。否则，两极分化、社会分裂是不可避免的。

坚持公有制为主体也是初级阶段基本经济制度的前提和基

坚持公有经济为主体，不断壮大国有经济才能制止两极分化础。坚持基本经济制度，首先要巩固公有制为主体，这个前提和基础，反对私有化。

公有制的主体地位主要体现在：公有资产在社会总资产中占优势。公有资产占优势，要有量的优势，更要注意质的提高。现在有不少人对公有制是否还是主体有疑虑，主要是对公有制所占的比重即量的方面有疑虑。目前，根据国家统计局的数据，我国国有经济在国民经济中的比重不断下降，宏观上并不存在所谓的"国进民退"；微观上国有经济"有进有退"，但更多的是"国退民进"，个别案例中的所谓"国进民退"，多半属于资源优化重组，并非没有道理。我们党一贯强调，"公有制比重的减少也是有限制有前提的，那就是不能影响公有制的主体地位"①。现在个体、私营和外资等非公有制经济在我国国民经济中的比重已占到三分之二以上，公有制经济则不到三分之一。有的文章认为这是基本经济制度正常的公私比例。不但正常，还要继续搞公退私进、国退民进，才符合市场化的趋势和要求。我们知道，数量是质量的基础，没有一定的数量优势，把公有国有经济的比重降低到接近于零的水平，它怎么可能实现质的提高？所以这种影响到公有制经济主体地位的数量优势的丧失，是我们要注意防止和扭转的一个重要的全局性问题。

公有资产占优势，更重要的表现为质的优势，即公有经济要在关键性的涉及经济命脉、战略全局和国民经济发展方向的生产资料占优势。所以初级阶段基本制度不但要求公有制经济占主体地位，而且要求国有经济对国民经济起主导作用，国家应控制国民经济命脉，国有经济的控制力、影响力和竞争力得到增强。在社会主义经济中，国有经济绝对不是像在资本主义制度下那样，主要从事私有企业不愿意经营的部门，补充私人企业和市场机制

---

① 《江泽民文选》第三卷，人民出版社2006年版，第72页。

的不足，而是为了实现国民经济的持续稳定协调发展，巩固和完善社会主义制度。为了实现国民经济的持续稳定协调发展，国有经济应主要集中于能源、交通、通信、金融等基础设施和支柱产业中。在这些关系经济命脉的重要关键行业领域中，国有经济应该有"绝对的控制力""较强的控制力""国有资本要保持独资或绝对控股"或"有条件地相对控股"。这些都是中央文件所规定和强调的。

关于国有经济的作用，理论界有不少论述，其中有一种意见是值得注意和研究的。它把国有经济的社会责任分为两种，一是帮助政府调控经济，一是保证社会正义和公平的经济基础。前一个作用普遍适用于社会主义国家和现代资本市场经济国家，而后一作用则是社会主义国家独有的。按照西方主流经济学的观点，在一定条件下国有经济有助于政府调控经济，但是一些发达国家的私有化证明，即使以垄断性的基础产业为主要对象进行了私有化，国有经济到了10%以下的比重以后，政府照样可以运用各种货币政策、财政政策、产业政策和商业手段等调控经济。但是社会正义和公平，却是高度私有化的经济和以私有化为主的混合经济解决不了的老大难问题。我国在坚持社会主义市场经济的改革方向中，增强国有资本的控制力，发挥其主导作用，理应包括保障、实现和发展社会公平的内容和标准。对那些对于政府调控经济不重要但是对于保障社会正义和公平非常重要的竞争性领域的国有资产，也应该认为是"重要"的国有资产，要力争搞好。

基于国有经济负有保证社会正义和公平的经济基础的社会责任，国家要保障在公益服务、基础设施、重要产业的有效投资，并不排除为解决就业问题在劳动密集领域进行多种形式的投资和运营。在保障垄断性领域国有企业健康发展的同时，还要保障在竞争性领域国有企业的发展，发挥它们在稳定和增加就业、保障社会福利和提供公共服务上的作用，增强再分配和转移支付的经济实力。有竞争力的国有企业为什么不能在竞争性领域发展，利润收入只让私企独占？其实，中央对竞争性领域的国有经济一向坚持"有进有退"，发挥其竞争力的政策，而绝不是"完全退出"竞争性领域的政策，像一些新自由主义的精英们和体制内的某些追随者喋喋不休地说教的那样。在我国这样一个社会主义大国，国有经济的数量底线，绝对不能以资本主义国家私有化的"国际经验"为依据。确定国有经济的比重，理应包括保障、实现和发展社会公平和社会稳定的内容，所以国家对国有经济控制力的范围，有进一步研究的必要。

私有化的主张者不仅要求国有经济完全退出竞争领域，而且要求"国企必须从一切赢利性领域退出"，他们还特别要求国有经济退出关系国民经济命脉的重要行业和关键领域。他们动不动就把国有经济在这些行业领域的控制和优势地位冠以"垄断行业""垄断企业"，不分青红皂白地攻击国有企业利用政府行政权力进行垄断，把国有资本一概污蔑为官僚垄断资本。有人主张垄断行业改革措施之一就是创造条件鼓励私有企业进入这些"垄断行业"，这正是私有化主张者梦寐以求的。因为这些垄断行业一般都是高额利润行业。应当明确，在有关国家安全和经济命脉的战略性部门及自然垄断产业，问题的关键不在于有没有控制和垄断，而在于谁来控制和垄断。一般来说，这些特殊部门和行业，由公有制企业经营要比私有制企业经营能更好地体现国家的战略利益和社会公众利益。

当然，国有垄断企业也应该进行改革，行政性垄断的弊病是应当革除的。革除的办法，就是实行政企分开，政资分开，公司化改革，建立现代化企业制度，完善国企内部治理结构和外部监督机构，改革收入分配制度，等等。恢复企业利润上缴国库的比例，调整高管薪酬待遇，杜绝市场化改革以来国企利益部门化、私利化的弊端，是当前国企收入分配改革中人们关注的焦点。另外，还有一个完善职工代表大会制度的改革，使之成为真正代表劳动者权益的机构。如果职工真正有权监督国企重组，像吉林通钢那样的悲惨事情也不会发生了。

私有经济在社会主义初级阶段的基本经济制度中有其地位，应当充分肯定包括私有经济在内的非公经济对促进我国生产力发展的积极作用，应创造条件使其得到发展。但是，马克思主义者不能闭眼看不到私营经济具有两面性，即除了有利于发展生产力的积极一面外，还具有剥削性的消极一面。这后一面在初级阶段是容许的，但它应当受到社会的约束。对于剥削和追逐私利这一本质所带来的一系列社会后果，如劳资纠纷、两极分化等，马克思主义的政治经济学不可不察，不可不研究。

针对私营经济和私营企业主客观存在的两面性，除了引导它们在适当的行业合法经营、健康发展外，还要对其不合法、不健康经营的行为进行限制，对其经营的领域进行节制，如不允许控制重要命脉部门，不允许进入垄断部门，这些部门天然是高利润部门，而且关系国家和公众利益，应当由公有制经济来承担，不能让私人资本来发财，扩大贫富差距，推进两极分化。民主革命的伟大先驱者孙中山还有节制资本的口号呢，何况社会主义。

坚持公有经济为主体，不断壮大国有经济才能制止两极分化

"经济全球化与中国经济科学发展高峰论坛" 暨中国经济规律研究会第21届年会讲话

（2011年9月17日）

今天会议要讨论的主要议题之一是"加快转变对外经济发展方式"，我想就这个问题，谈点个人看法。

2008年世界金融危机爆发以来，世界经济格局发生了巨大变化，我国原有的对外经济发展方式已难以持续。在1992年以来的近20年中，中国经济增长主要靠投资和出口拉动，而消费在中国经济产出中的份额却在稳步地下降。很长时间以来，中国对外贸易维持超高速增长，并一直拥有巨额贸易顺差。由于国际金融和世界经济危机的持续和滞后影响使中国不可能再依靠快速的出口增长来拉动经济增长。在未来几年，中国出口的增长速度可能会大大下降，很有可能中国贸易顺差在中国GDP中的比重会明显降下来。这表明，我国原来的对外经济发展方式已经难以持续下去，我们必须寻找新的突破口。

经过改革开放30多年的发展，我国已经越来越融入世界经济体系。我国对外经济发展中的一些不足，如外贸依存度过高、外汇储备过多和国际产业转移导致的环境问题等弊端，也会转向内部对我国国民经济发展形成制约。这次国际金融危机发生后，我国对外出口急剧下降，国际贸易领域的争端和摩擦增多，沿海地区出现了企业订单减少、部分企业破产、失业增加等现象，在国际上也面临石油原材料等国际市场价格波动、汇率问题等压力，经济发展的持续性受到了挑战，就很能说明问题。

对外开放是我国一项长期国策，根本目的是促进和带动我国经济的发展。对外开放并不仅仅是合作，也有国际竞争。背后有国际资本的利益问题，有国家经济安全、国内劳动者的地位和切身利益问题，说到底是涉及我国的国家利益问题。这个问题处理得好，可以加快我国国内问题的解决；处理得不好，就会加重国内经济发展面临的困难，甚至会使改革开放的成果毁于一旦。从这个角度看，加快转变经济发展方式不能只着眼于国内，还必须将眼光看得更宽些、更远些，紧迫感更强一些，更加科学地推进对外开放。

当前，我们在转变经济发展方式和深入推进对外开放的过程中，必须做好三件事情：

一是要树立对外经济发展的国家利益观。对外经济发展的一个重要前提，就是要按邓小平同志的"三个有利于"标准来衡量，而不能不顾国内和地区条件，单纯强调招商引资和出口的规模，鼓吹越开放越好。也不能简单地认为扩大了开放的领域、规模，就是和国际接轨了。依我看，和国际接轨必须首先在国家利益、经济效益上接轨。怎么做好利益接轨？就是不能只看眼前利益，也要看长远利益；不能只看局部利益，也要看整体利益；不能只看资本利益，更要看劳动者的利益，不能损害劳动者的利益。当前现实中的确存在一些不好的现象，如：各地区竞相招商引资、低价出让土地，在出口产品和进口资源上国内企业间盲目竞争；不重视重要资源的国际定价权，低价出口资源；还有一些地区将招商引资作为政绩考核标准，不顾环境和人民群众身体健康，不重视保护职工权益，还出现了像富士康"十三连跳"那样的惨剧；甚至在关系到国计民生的重要领域也放弃控股权，等等。这些思维方式和工作方法，不利于我国从根本上增强综合国力和提高人民生活水平。

二是要制定正确的对外发展战略。建设中国特色社会主义，必须根据国情和世界经济形势的发展，积极提高对外开放的层次、水平和能力。在新的形势下进一步推进对外开放，单纯地实行封闭式的进口替代战略固然不可取，但完全的出口导向战略也是不可行的。我们这样一个人品众多、资源紧缺的社会主义大国，不能将经济发展的主动权完全交付国际市场，国际市场也没有能力解决我国的需求问题。最好的办法，还是坚持开放条件下的进口替代和出口导向相结合，立足于扩大内需，增强内部发展动力。

三是要增强我国对外经济可持续发展的能力。增强对外经济可持续发展的能力，关键是要坚持独立自主的开放政策，改变在国际分工中的不利地位，发展自主品牌和自主知识产权，提高国际竞争力，提高国际贸易规则制定的参与能力。在贸易规模增加的同时，努力改善贸易结构，提高贸易层次。

我国的经济体制是中国特色社会主义市场经济体制，转变对外经济发展方式，需要重视发挥这一体制的内在优势。现在国际上谈中国模式的很多，声音也很杂，究竟什么是中国模式？我个人认为中国特色社会主义模式的核心，就是容许资本主义因素和社会主义因素的存在，但同时坚持社会主义的主体地位和发展方向。这种模式不是照抄欧美自由市场经济模式，也不遵循新自由主义的"华盛顿共识"，这是我们在国际危机中的表现相对出色的主要原因。今后转变对外经济发展方式，我们还要挖掘这一模式的潜力。

依靠体制优势，主要是坚持特色社会主义模式中的社会主义因素。改革开放前我国没有卷入世界资本主义经济危机的旋涡，就是因为当时没有资本主义因素的存在，因此不受资本主义周期性经济危机的干扰。当前中国被卷进世界经济危机，原因并不仅仅是过深陷入外向型经济那么简单，关键还是在内部。

依靠体制优势，需要坚持公有制经济的主导地位，不能搞私有化、依附化。坚持公有制为主体多种所有制经济共同发展，坚持按劳分配为主体，更加重视社会公平。现在对外资企业的超国民待遇虽然取消了，但国内一些地区、一些人群中，还存在着"重外轻内"的倾向。主张将国有资产卖给外资，对外资企业盘剥、压榨中国工人的行为视而不见，甚至怕影响到招商引资和地方的GDP，而采取暧昧甚至纵容的态度。这不利于增强国家的调控能力，不利于掌握对外经济发展的主动权。

依靠体制优势，就是要充分利用社会主义制度中集中国家力量办大事，以计划导向来调控经济的能力。今后，我国在重视市场调节基础作用的同时，仍然要保持并加强计划调控能力；在积极地参与经济全球化过程的同时，仍然要对与国际市场接轨保持比较谨慎的态度。这次危机中，我国资本账户没有完全放开，银行运作尚未完全与外国接轨等因素，大大缓解了危机的冲击。今后，我国还要审慎地推进对外开放，及时地调整对外开放的领域和范围。调控手段上，经济手段可以用，行政手段也可以用，坚持走独立自主、合作共享的道路。

当然，转变对外经济发展方式，还要依靠社会各阶层的力量。只有劳动者的地位和发言权提高了，才能遏制外资企业对低成本劳动的滥用，将企业的注意力转移到提高技术、改进管理上来，对外经济发展才有持续性和可靠的基础。

面对复杂多变的世界经济新格局、新变化，加快转变对外经济发展方式，我国经济理论界承担着很大的历史重任。我认为，当前围绕对外经济发展方式转变，应当特别注意以下几方面的问题：

一是要坚持独立思考。研究对外经济发展问题要有国际视野，但更要有国内的立场。对世界经济格局的新变化，要联系我国的客观情况和实际利益来分析、判断，脑袋要长在自己的脖子上，不能人云亦云。比方说，在后危机时代，全球贸易层面"市场"已经日益变得稀缺，用市场换技术的老路能否还行得通？贸易保护主义会不会转化为产业保护主义？这些就值得认真研究。

二是要拓宽研究领域。对外经济发展包含的领域是全方位的，不仅涉及国际贸易、国际投资，也涉及全球产业转移和国际生产要素流动，还涉及金融安全、资源环境、各国专利保护制度和科技体制等一系列问题。特别是在货币金融争端和科技体制方面，我国现有的研究还不够，应对国际挑战的经验还不足。这些都要根据形势的发展，在推进开放过程中研究新的对策。

三是要面向未来开展前瞻性研究。要客观地看到，金融危机后发达国家对过度金融化、虚拟化的发展思路已进行了重新调整。现在发达国家有一种说法，叫"重新工业化"，实质上是重新重视实体经济。在这种情况下，中国显然不能再走承接全球产业和投资转移的老路了。研究我国未来对外经济发展的增长点和利益实现的问题，才能真正探寻出一条转变对外经济发展方式的新道路。

谢谢！

刘国光

经济论著全集

第

17

卷

新形势下深刻认识和主动发挥社会主义初级阶段基本经济制度优势*

——专访著名经济学家、中国社会科学院特邀顾问刘国光

（2011年）

近期本刊围绕杂志创刊20周年大型笔谈主题采访了中国著名经济学家、中国社会科学院原副院长、中国社会科学院特邀顾问刘国光教授，采访的主要内容如下。

《国外理论动态》（以下简称《动态》）： 当前世界经济危机愈演愈烈，我国经济也已经和将受到巨大的挑战，很多学者对于这次危机的原因以及中国该如何应对它提出了种种看法，我们想请您谈谈您对这些问题的主要看法。

刘国光： 由美国次贷危机引发的这次世界经济危机，是上世纪30年代大萧条以来最严重的。这次危机的直接原因在于新自由主义的自由放任政策——少数人借金融发大财，还利用美元剥削全世界；而其深层次原因还是资本主义基本矛盾的激化，即生产资料私人占有与生产社会化的矛盾，这是马克思早已阐明了的真理。这场危机告诉人们：没落阶段的资本主义（新自由主义）不是什么福音。

中国在这次世界经济危机中所受的冲击相对较小，复苏的速度相对较快。这与中国没有照抄欧美自由市场经济模式，没有遵

---

* 《国外理论动态》2011年第12期。

循新自由主义的"华盛顿共识",而实行的是中国特色的社会主义模式有关。当前世界资本主义经济危机仍在深化,正向社会危机、政治危机发展,世界将很可能迎来一个严重的动荡时期。如何应对这一重大挑战?这需要我们自觉地坚持和发挥我国社会主义初级阶段的基本经济制度的优势,依靠这一优势我们才能办好自己的事,立稳自己的脚跟,从而可以从容应对国际政治经济大风暴。但是国内很多人认识不到资本主义危机以及它可能对我们国家的冲击的严重性,因此对于新自由主义仍痴迷不舍,而不能深刻认识,也不能自觉主动地发挥我国社会主义初级阶段的基本经济制度的巨大优势。

《动态》:您认为中国应对世界资本主义危机的挑战需要主动自觉地发挥社会主义初级阶段基本经济制度的优势,您可否展开阐释一下这一重大问题?

刘国光:首先需要坚持和发挥社会主义初级阶段所有制制度的优势。

坚持社会主义初级阶段所有制制度,是维系社会主义市场经济的前提条件,既不搞私有化,也不能搞单一公有制。社会主义初级阶段的基本经济制度不但要求公有制经济占主体地位,而且要求国有经济起主导作用。国家应控制国民经济命脉,国有经济的控制力、影响力和竞争力要得到增强。在社会主义经济中,国有经济的作用不是像资本主义制度那样,只能从事私有企业不愿意经营的部门,补充私人企业和市场机制的不足,而是为了实现国民经济的持续、稳定、协调发展,巩固和完善社会主义制度。国有经济应主要集中于能源、交通、通信、金融、基础设施和支柱产业等关系国民经济命脉的重要行业和关键领域,在这些行业和领域有"绝对的控制力""较强的控制力""保持独资或绝对控股"或"有条件地相对控股"。

国有经济还有另一项任务,即保障社会正义和公平的经济基础。对那些对于政府调控经济不重要，但对于保障正义和公平非常重要的竞争性领域的国有资产，也应该视同"重要"和"关键"领域，力争搞好。所以，不但要保持国有经济在具有自然垄断性的关系经济命脉的部门和领域的控制力，而且同时要保障国有经济在竞争性领域的发展，发挥它们在稳定和增加就业、保障社会福利和提供公共服务方面的作用，增强国家转移支付和实行公平再分配的经济能力和实力。其实，中央对竞争性领域的国有经济一向坚持"有进有退"、发挥其竞争力的政策，而绝不是像一些新自由主义学者所喋喋不休地说教的那样主张"完全退出"竞争性领域。当然，竞争性领域应当对私营企业完全开放，尽量让它们相互竞争并与国企平等竞争。这些都要斩钉截铁地讲清楚。

私有化的主张者不仅要求国有经济完全退出竞争领域，还要求国有经济退出关系国民经济命脉的重要行业和关键领域。有人主张垄断行业的改革措施之一就是创造条件鼓励私有企业进入这些"垄断行业"，这正是私有化主张者梦寐以求的，因为这些垄断行业一般都是高额利润行业。应当明确，在有关国家安全和经济命脉的战略性部门及自然垄断产业，问题的关键不在于有没有控制和垄断，而是在于谁来控制和垄断。一般来说，这些特殊部门和行业，由公有制企业经营要比私有制企业能更好地体现国家的战略利益和社会公众利益。

私有经济在社会主义初级阶段的基本经济制度中有其地位，应当充分肯定包括私有经济在内的非公经济对促进我国生产力发展的积极作用，应创造条件使其得到发展。但是私有经济还具有剥削和追逐私利的消极的一面，后者将带来一系列社会后果如劳资纠纷、两极分化等，对此马克思主义的政治经济学不可不察，不可不研究。对私营经济和私营企业，除了引导它们在适当的行业合法经营、健康发展外，还要对其不合法、不健康经营的行为进行限制，对其经营的领域进行限制，如不允许控制经济命脉、不允许进入垄断部门，这些部门天然是高利润部门，而且关系国家和公众利益，应当由公有制经济来经营，不能让私人资本来发财，扩大贫富差距。民主革命的伟大先驱者孙中山还有节制资本的口号呢，何况社会主义。

当然，国有垄断企业也应该进行改革。特别是要革除利用行政权力进行的垄断，应恢复企业利润上缴国库制度，调整高管薪酬待遇，杜绝市场化改革以来国企利益部门化、私利化的弊端。另外，还要完善职工代表大会制度，使之成为真正代表劳动者权益的机构。

农村所有制要实现"否定之否定"，这集中体现在小平同志所讲的"两个飞跃"上。第一个飞跃是废除了人民公社，实行家庭联产承包责任制。家庭联产承包责任制促进了农村经济的大发展。现在应当着手实现第二个飞跃，即发展新的集体合作经济。集体合作经济也是公有制的实现方式。小平同志讲"两个飞跃"时就说："公有制为主体，农村不能例外。"这是又一个否定。但是，这是新阶段的新型经济，不是回到过去吃"大锅饭"的人民公社制度和生产队体制，而是要充分考虑保障农民和农户的财产权益，在此基础上建立新的集体合作经济，包括专业合作和社区合作。

新型集体合作经济已在我国大地上萌生起步，苗壮成长。如江苏的华西村、河南的南街村、山西的皇城村、山东的南山村等，还有苏南、浙江、广东一些农村最近兴起的社区股份合作企业。这些集体合作组织带动农民走共同富裕道路，为加快建设社会主义新农村做出了贡献。现在社会舆论、宣传部门对这些星星点点的火花重视程度还不够，某些媒体还在找碴挑剔，冷嘲热讽。如果社会舆论和政府决策能给予更多关心和支持，它们是可以为我国农村走社会主义道路开辟宽广前程的。

其次，要加强国家的宏观调控能力。

我国经济改革转变了政府的经济职能，减少政府对微观经济的干预，让市场在资源配置中起基础性作用。同时，政府对经济的宏观调控仍然是社会主义市场经济的组成部分，国家计划又是宏观调控的重要手段，这些都写在党的十四大文件之中。而我们有些人力倡把政府职能压缩到只是保障市场环境和维护市场秩序，要政府从一切经营性领域退出，从全部竞争性乃至垄断部门退出，并且竭力贬低和削弱国家计划在宏观调控中的作用，使之跟不上市场化的进程，这是造成近年来我国社会经济许多失衡问题的重要原因之一。党的十七大强调社会主义市场经济下也要加强国家计划在宏观调控中的导向作用，是十分必要的。

在这次世界经济大动荡中，我国政府对稳定经济所采取的种种重大措施，证明了社会主义市场经济是不能离开国家计划导向下的宏观协调的。国民经济的许多重要领域都不能完全交给市场这一"看不见的手"去管。教育、卫生、住宅、社会保障、收入分配等民生领域，交通运输、资源开发、环境保护、农村设施等基本建设领域，以及扩大内需和调整结构，乃至宏观总量平衡等问题，都不能完全交给自由市场去调节，而需要国家的协调和安排。计划与市场都是手段，都可以用，这是邓小平讲过的。没有国家的干预，没有国家计划导向下的宏观调控，社会公平问题、贫富两极分化问题、环境污染问题和经济失衡问题将愈演愈烈。所有立场没有问题的人，面对日益严重的问题，都不会再相信那种唯市场是崇、见计划就损、迷信市场自由放任万能的新自由主义神话了。

《动态》： 据您的理解，依靠这一制度的优势，中国经济和社会中当前迫切需要解决的问题是什么？

刘国光： 有了这两个前提，我们就可以很好地贯彻社会主义初级阶段的分配制度，从而解决我国经济和社会中迫切需要解决的扩大内需和缩小贫富差距两大难题和任务。

当前形势逼迫我们要尽快将外需型经济转变为内需型经济。一个像我国这样多人口的大国，2/3左右的外贸依存度和36％的出口依存度是十分不安全的，是不能持续的，这次危机已充分地证明了这一点。转向内需为主，是唯一的出路，也是大家一致的共识。

但是国内需求，包括投资需求和消费需求，又应该以哪个为主？这些年，事实上投资一直上升得快，消费上升得慢，固定资产投资率已从2000年的35.3％上升至2010年的48.6％，最终消费从62.3％下降到47.4％，其中居民消费从46.4％下降至2007年的35.4％。这种趋势也是不能长久持续的。

我们近几年扩大内需的资金的投向主要是铁路、公路、机场、电站、电网等基础设施，而与民生消费有关的项目虽然名目不少，但不占主要比例。这样就会不可避免地延续投资与消费比例失衡，从而带来进一步供给与需求的失衡。在扩大内需中，投资需求的扩大是比较容易的，许多地区都在追求"大干快上"。但是更需要我们操心的是消费需求的比例上不去。如果消费比例上不去，那内需问题的解决仍是困难的。

扩大最终消费需求，有许多角度、侧面、途径，如扩大就业和社保、减免税收、加强营销等都很重要。但是其中最重要的一个方面是改善国民收入的分配。

若干年来，国民收入初次分配中，劳动收入的比重在下降，资本收入的比重在上升。国家的财政收入中，有一部分转化为政府提供的公共服务的消费支出。但这部分服务的支出在GDP中的比重，这几年也是下降。在居民收入部分，贫富差距又扩大得很快，富人得到的部分太大。表现收入差距的基尼系数，已从改革开放前的0.25上升到2009年的0.47，大大超过国际警戒线。这尤其不利于居民最终消费需求的实现。因为富者的边际消费倾向低，贫者的消费倾向虽然高，但没有钱不能多消费，而低收入的贫者在居民中又占多数，这样就会把总的社会平均消费倾向拉下来，把最终的有效消费需求拉低。

造成贫富差距扩大的原因很多，许多学者指出，有城乡差距、地区不平衡、行业垄断、公共产品供应不均、财税再分配调节落后以及腐败等。所以在调整收入分配差距时，人们往往从财政税收、转移支付等再分配领域入手，如完善社会保障、改善低收入者的民生状况等，这些措施都是完全必要的。但是仅仅依靠财税再分配不能从根本上扭转贫富差距扩大的趋势。

决定收入差距扩大的最重要的影响要素，是人们财产占有上的差别，即所有制的差别。连西方经济学家萨缪尔森也承认："收入差别最主要是拥有财富多寡造成的，和财产差别相比，个人能力差别是微不足道的。"他还说："财产所有权是收入差别的第一位原因，往下依次是个人能力、教育、培训、机会和健康。"30年来我国贫富差距的扩大，除了上面所言的一系列原因外，跟所有制结构的变化，跟公降私升和化公为私的过程，跟私人资本财富积累暴富演进的过程，是不是有关？应当说，有很大的关系。如果不看到这一点，就忽略了造成贫富差距扩大的最主要原因。

在调整收入分配关系、缩小贫富差距时，人们往往从分配领域本身着手，特别是从财政税收、转移支付等再分配领域着手，完善社会保障公共福利，改善低收入者的民生状况。这些措施是完全必要的，需要加大力度继续做好。但是，仅仅从分配和再分配领域着手，还是远远不够的，不能从根本上扭转贫富收入差距扩大的问题。还需要从所有制结构上直面这一问题，需要从基本生产关系，从基本经济制度来解决这个问题，需要从强化公有制为主体、国有制经济为主导着手来解决这一问题。小平同志强调，"只要我国经济中公有制占主体地位，就可以避免两极分化"，他又说，"基本生产资料归国家所有，归集体所有，就是坚持归公有"，就"不会产生新资产阶级"。这是非常深刻的论断。它表明社会主义初级阶段容许私人产权的发展，容许按要素（主要是资本）分配，但这一切都要以公有制为主体和按劳分配为主体。只要保持公有制和按劳分配为主体，贫富差距就不会恶性发展到两极分化的程度，可以控制在合理的限度以内，最终向共同富裕的目标前进。否则，两极分化、社会分裂是不可避免的。

《动态》：围绕贫富差距问题，当前国内关于先富和后富的关系问题，以及当前是否需要强调共同富裕有很多争论，请问您对这些争论的看法是什么？

刘国光：在我国，从有大锅饭和平均主义倾向的分配制度，转向效率优先拉开差距的改革，现在明显早已取得成功。"让一部分人先富起来"，早已超期超额完成。按邓小平的预期，"让一部分人先富起来"的改革阶段，应在上世纪末本世纪初结束，转向"逐步实现共同富裕"的方向。由于客观原因和主观原因，已将此项转变推迟。看来要抓紧研究这个问题，从根本上端正分配问题的改革方向，以解决邓小平临终的谆谆教嘱："分配不公，会导致两极分化，到一定时候问题就会出来。""让一部分人先富起来"的政策已实行长达30年了，现在应该是强调共同富裕的时候了。实践证明，只讲"先富"，不讲"共富"，走的不是社会主义道路。在向共同富裕的目标迈进的问题上，重庆带了个好头，中央要总结重庆的经验，并采取措施推向全国。

《动态》：针对我国分配问题，有些新自由主义者将攻击点转向国企和国家财政收入上，认为中国的分配不公不是资本剥削的结果，而是国企和政府财政收入过高造成的，是"国富"阻碍了"民富"，请问您如何评价这样的看法？

刘国光：这样的宣传其实是为进一步私有化和掩盖贫富两极

分化制造舆论。

应该说，把"国富"与"民富"对立和并提，是缺乏科学依据的。"国富"和"民富"之间并非完全互相排斥，而是矛盾统一的关系。什么叫"国富"？亚当·斯密的《国富论》一书第五篇讲君主或国家的收入时，讨论了名目繁多的税负的利弊，说明君主（政府）的收入和国民的收入并非一直是矛盾的。交给国家的收入多了，并不意味着国民的收入就减少了。因为君主和国家需要必要的费用，以保护和增加国民财富。《国富论》用大量篇幅论证了国家的三项基本职能，即保护社会、保护社会里的每一个人、建设公共事业和公共福利设施。如果我们把国家和政府所代表的统治阶级利益和官员的挥霍浪费暂时存而不论，可以说，这大体上也是现代国家与国民之间财富与收入关系的写照。

目前我国宏观税负水平是不是过高，肯定的意见和否定的意见都有。现在以既包括纳入一般预算管理的公共财政收入，又包括政府基金收入、国有资本经营预算收入、社会保险基金收入等宽口径或全口径的政府收入来说，中国社会科学院财贸所按国际货币基金组织（IMF）的标准，计算了中国全口径政府收入占GDP之比，2007—2009年间约为31%，按IMF 2007年的计算，24个工业化国家实际宏观税负平均为45.3%，29个发展中国家实际平均税负为35.5%。同这些实际数字比较，我国平均宏观税负大大低于工业化发达国家的平均水平，与发展中国家相比也不过高。根据国际经验，随着生产力向发达水平发展，以及政府承担的社会民生、公共福利和收入再分配等任务越来越重，我国政府收入占GDP之比或所谓宏观税负水平，还有继续提升的必要和空间。

目前我国的宏观税负问题，主要并不在于政府收入占比的高低，而在于财政收支结构是否合理，是否能够通过政府财政收支的运作，一方面实现"国富"与"民富"的良性交融，一方面推动"民富"中的"先富"向"共富"的转化。目前我国国家财政收支结构上的主要问题之一，在于财政收入的负担偏向由中低收入者或劳动阶层来承担，而在财政支出的使用上，则用于社会民生和公共福利方面的开支偏低。

如果像一些人士所说，我国宏观税负过高，那也只是对中低收入的劳动阶层负担偏重，而他们应当得到的补偿或该分享的社会福利却显不足；以资本和财产所得为主的富裕阶层的财富收入，则大都游离于国家财政税收调节的国民收入再分配过程之外。这种逆向调节的机制，只能助长贫富差距的扩大，迫切需要扭转。在财政收入方面，要提高直接税收的比重，降低间接税收的比重；在直接税方面，要提高资本财产与非劳动所得的税负，考虑家庭负担，降低中低收入者的所得税负；要开征遗产税、赠予税等财产税种。在财政支出方面，要厉行节约，大力减少行政费用占比，增大社会民生、公共福利、再分配转移支付占比，等等。这些主张集中起来就是要国家财政重新担负起"调节收入分配、促进社会公平"这一方面的职责，问题在于决策决心和实施步骤，需要抓紧进行。

中国经济发展的实际进程表明，由于中国资本原始积累过程中财富来源路径的特殊性，中国富豪积累财富时间超短，而完成先富带后富、实现共同富裕的任务却遥遥无期。一些为财富、资本辩护的精英们常常以分配问题复杂为借口，预言需要等待很长很长的时间才能解决分配不公的问题，要大家忍耐再忍耐，这真是奇怪的逻辑！要知道，邓小平早就多次要求适时解决贫富差距扩大的问题，并警告说，两极分化趋势将导致改革失败的危险后果。

《动态》：面对世界经济危机的挑战，除了像您上面所阐述的那样搞好我国国内经济之外，在对外开放工作中需要注意哪些基本问题？

刘国光： 社会主义经济受到为满足人民需要而生产的目的和有计划按比例发展等规律的支配，本质上没有资本主义经济那样的矛盾，所以理论上不会发生周期性的生产过剩危机。上世纪30年代世界经济危机发生的时候，第一个社会主义国家苏联就是一个例子。那时候苏联与美国等资本主义国家的贸易交往不少，主要是以资源换取装备和技术，利用这个来进行五年计划的建设，蓬勃地发展经济，并没有受到当时世界经济危机很大的影响。这次世界经济危机一个不同于上次的景观，是社会主义的中国被卷进去了，受到危机的严重冲击。这种情况与前苏联在上次世界经济危机中遇到的情况全然不同。这又是什么原因呢？直接原因是，中国多年来实行出口导向型的经济发展战略，对外贸易依存度达到了GDP的70%以上，出口依存度接近GDP的40%，这致使我国经济的相当大部分与发达资本主义国家的经济紧密地联系在一起。发达国家发生了周期性危机，需求下降，中国经济就会受到极大的冲击和损害。但这只是造成我国经济困难的外部因素，我国多年来自己的内部因素才是根本原因。内部的因素，除了在经济发展方面受投资消费比例的扭曲、房市股市的周期波动等影响外，主要是在经济体制方面，生产资料私人占有比重的迅速上升和公有制的相对下降，市场化改革的突进和国家计划调控的相对削弱，等等，使得资本主义市场经济规律在中国经济中起作用的范围越来越大。这样，在资本主义发达国家主导的经济全球化过程中，中国就很自然地被资本主义世界的周期经济危机卷进去了。因此，只要我们坚持社会主义初级阶段的基本经济制度，搞好宏观调控，把资本主义社会经济规律的作用限制在一定范围内，就可以避免世界经济危机对我国产生重大影响，就能在资本主义周期性经济危机的浊流中高举社会主义的红旗不断前进。如果搞私有化、完全市场化，就不可能避免危机。继续搞好我国对外开放工作离不开我国国内巩固的社会主义基本经济制度这一前提条件。

有了这一前提，具体来说，对外开放工作中还必须注意如下问题。

1.防范国际经济风险。在积极参与经济全球化过程的同时，仍然要对与国际市场接轨保持比较谨慎的态度。这次危机中，我国资本账户没有完全放开、银行运作尚未完全与外国接轨等因素，大大缓解了危机的冲击。今后，我国还是要审慎地推进对外开放，及时调整对外开放的领域和范围。调控手段上，经济手段可以用，行政手段也可以用，坚持走独立自主、合作共享的道路。

2.要树立对外经济发展的国家利益观。对外经济发展的一个重要前提，就是要按邓小平的"三个有利于"标准来衡量，而不能不顾国内和地区条件，单纯强调招商引资和出口的规模，鼓吹越开放越好。对外开放不能只看眼前利益，也要看长远利益；不能只看局部利益，也要看整体利益；不能只看资本利益，更要看劳动者的利益，不能损害劳动者的利益。当前现实中的确存在一些不好的现象，如：各地区竞相招商引资、低价出让土地，在出口产品和进口资源上国内企业间盲目竞争；不重视重要资源的国际定价权，低价出口资源；还有一些地区将招商引资作为政绩考核标准，不顾环境和人民群众身体健康，不重视保护职工权益，近来还出现了富士康"十三连跳"的惨剧；存在着"重外轻内"的倾向，主张将国有资产卖给外资，甚至在关系到国计民生的重要领域也放弃控股权，等等。这些思维方式和工作方法，不利于我国从根本上增强综合国力和提高人民生活水平。

3.要制定正确的对外发展战略。单纯地实行封闭式的进口替代战略固然不可取，但完全的出口导向战略也是不可行的。我们这样一个人口众多、资源紧缺的大国，不能将经济发展的主动权完全交付国际市场，国际市场也没有能力解决我国的需求问题。

刘国光

经济论著全集

第
17
卷

最好的办法，还是坚持开放条件下的进口替代和出口导向相结合，立足于扩大内需，增强内部发展动力。

4.要增强我国对外经济可持续发展的能力。增强对外经济可持续发展的能力，关键是要坚持独立自主的开放政策，改变在国际分工中的不利地位，发展自主品牌和自主知识产权，提高国际竞争力，提高国际贸易规则制定的参与能力。在贸易规模增加的同时努力改善贸易结构，提高贸易层次。

5.关注和研究世界经济新格局、新变化，及时做出调整和改变。对外经济发展不仅涉及国际贸易、国际投资，也涉及全球产业转移和国际生产要素流动，还涉及金融安全、资源环境、各国专利保护制度和科技体制等一系列我们不是很熟悉的问题。特别是在货币金融争端和科技体制方面，我国现有的研究还不够，应对国际挑战的经验还不足。这些都要根据形势的发展，在推进开放过程中研究新的对策。另外，金融危机后，发达国家肯定会做出重要调整。现在发达国家有一种说法，叫"重新工业化"，实质上是重新重视实体经济。在这种情况下，中国显然不能再走承接全球产业和投资转移的老路了。鉴于外资、外贸在我国经济中的重大影响，这方面的战略研究刻不容缓。

国有企业是中国特色社会主义
共同理想的基石*

——《共同理想的基石——国有企业若干
重大问题评论》一书的"前言"
（2012年1月）

不久前召开的中国共产党第十七届六中全会，认真总结了我国文化改革发展的丰富实践和宝贵经验，提出了推动社会主义文化大发展大繁荣，进一步兴起社会主义文化建设新高潮的宏伟目标，这对夺取全面建设小康社会新胜利、开创中国特色社会主义事业的新局面、实现中华民族伟大复兴具有重大而深远的意义。

在这次全会上，最令人振奋的就是旗帜鲜明地提出了"坚定中国特色社会主义共同理想"，"用中国特色社会主义共同理想凝聚力量"的口号，并强调"中国特色社会主义是当代中国发展进步的根本方向，集中体现了最广大人民的根本利益和共同愿望"。

中国特色社会主义共同理想，是中国共产党人的共产主义理想在社会主义初级阶段的具体体现，而这个共同理想的经济基础，就是社会主义初级阶段基本经济制度。《中华人民共和国宪法》第7条规定："国有经济，即社会主义全民所有制经济，是国民经济中的主导力量。"中共十五届四中全会通过的《中共中

---

* 载刘国光主编《共同理想的基石——国有企业若干重大问题评论》，经济科学出版社2012年1月版。

央关于国有企业改革和发展若干重大问题的决定》指出："包括国有经济在内的公有制经济，是我国社会主义制度的经济基础，是国家引导、推动、调控经济和社会发展的基本力量，是实现广大人民群众根本利益和共同富裕的重要保证。"2007年党的十七大再次强调指出："要坚持和完善以公有制为主体、多种所有制经济共同发展的基本经济制度。"因此毫无疑问，没有公有制经济——主要是国有经济——就没有社会主义初级阶段的基本经济制度，也就谈不上中国特色社会主义的共同理想，国有经济是中国特色社会主义共同理想的基石。

如何理解这样一个基本判断呢？

第一，实现共同理想需要落实科学发展观，而国有企业是贯彻落实科学发展观的主力军。科学发展观是马克思主义关于发展的世界观和方法论的集中体现，是发展中国特色社会主义必须坚持和贯彻的重大战略思想。国有企业是国民经济的主导力量，截至2010年年底，全国国有企业资产总额已达100多万亿元人民币，无论是实现利润、上缴税金、维护经济社会的稳定、完成国家宏观调控的目标，还是推动经济可持续发展等，都是民企和外资所难以比拟的。这些年来，国有企业响应以胡锦涛同志为总书记的党中央的号召，积极贯彻落实科学发展观，不仅使国有企业自身得到了蓬勃发展，而且直接促进整个国民经济实现又好又快发展的重要目标的实现。在欧美先后陷入主权债务危机、金融危机的大背景下，中国经济一枝独秀，仍然保持强劲发展势头，这和国有企业在科学发展观的指导下，着力转变发展方式，提高发展的质量和效益分不开。简言之，没有国有企业，科学发展观就无法落到实处。

第二，实现共同理想需要自主创新，而国有企业拥有强大的自主创新能力，是建设创新型国家的主力军。提高自主创新能力，建设创新型国家，是国家发展战略的核心，是提高综合国力的关键。胡锦涛总书记在十七大报告中曾经指出，要把增强自主创新能力贯彻到现代化建设的各个方面。技术创新的主体是企业，而企业中的主体又是国有企业。改革开放以来的实践证明，国有企业是我国所有经济中自主创新能力最强、研发能力最雄厚的经济，是我国建设创新型国家的战略基地、核心和主导力量。

"十五"以来，我国载人飞船升空、动车机组研制、高寒地区青藏铁路的建设，计算机芯片设计技术、"银河麒麟"计算机服务器操作系统基础软件以及中高端数控中心质量的突破，都是国有经济或以国有经济为中心组织力量完成的。一些重大工程设施技术要求高，投资大，没有实力是不能完成的，像投资1800多亿元的长江三峡工程，投资300多亿元的南水北调工程，投资1400多亿元的西电东送工程，以及大飞机工程，长途光缆工程和令世界惊叹和艳美的高速铁路等，如果不是国有经济发挥骨干支柱作用，是难以想象的。此外，近年来，国家科技进步特等奖全部由中央企业获得。2005年至2008年，中央企业共获国家科技进步一等奖27项，二等奖202项，分别占该奖项的52％和27.4％。中央企业由此成为广袤与深邃的科技夜空中最耀眼的明星。在建设创新型国家中，国有企业始终做到了瞄准本行业世界科技的前沿，整合各方面的科技资源，以市场为导向，加大自主创新投入，以不断提高生产效率和科技在经济发展中的贡献率为目标，努力掌握核心技术的发展方向和研究开发的主导权，形成一大批具有自主知识产权的重大科研成果，打破国外技术垄断，中国在世界经济舞台能够拥有今天这样的地位，国有企业居功至伟。

第三，实现共同理想需要企业履行社会责任，而国有企业恰恰是自觉履行社会责任，服务社会主义和谐社会建设的主力军。社会和谐是中国特色社会主义的本质属性，科学发展和社会和谐是内在统一的。作为国民经济支柱的国有企业，在实现科学发展的同时，积极履行社会责任，是实现其经济目标与社会目标内在统一的题中应有之义，是国有企业服务中国特色社会主义的重要内容。近年来，国有企业按照民主法治、公平正义、诚信友爱、充满活力、安定有序、人与自然和谐相处的要求，在促进和谐社会建设方面做出了突出贡献，如国有石油石化企业在国内成品油与进口成品油价格倒挂较为严重的情况下，努力加强管理，降低成本，确保国内成品油的稳定供应；电力企业加快发展农电事业，全面推进"户户通电"工程，促进了社会主义新农村建设；电信企业实施"村村通"工程，在经济社会信息化建设中发挥了重要作用；国有能源企业率先落实节能减排政策，按照生态建设和提高资源利用效率的各项要求，推动能源利用方式的改变，引导全社会大力发展循环经济，在促进可再生能源的利用，形成保护环境，减少污染物排放的生态意识等方面，发挥了不可替代的作用。2011年11月8日，中国社会科学院发布的《企业社会责任蓝皮书》显示，国有企业的社会责任指数继续多年来的势头，遥遥领先于民营企业和外资企业。其中中央企业社会责任指数年度增幅最大，外资企业其次，而民营企业则有所退步。

第四，实现共同理想需要弘扬民族精神，国有企业是弘扬新时代民族精神的主力军。《易经》有言——天行健，君子以自强不息；地势坤，君子以厚德载物——集中体现了中华民族精神。几千年来，传承这种民族精神的主体是"龙的传人"，但在新中国成立后，中国共产党以及由她领导的各项社会主义事业，也在孜孜不倦地传承以及弘扬这种精神。国有企业正是"自强不息，厚德载物"这一伟大民族精神的传承与弘扬者。

新中国成立后，为了不再受帝国主义的欺凌，中国实施了以"两弹一星"为代表的一系列令世界震惊的伟大工程，这些伟大工程的重要承担者，就是国有企业。正是国有企业职工战天斗地的英雄气概，正是有了"宁可少活二十年，拼命也要拿下大油田"的"铁人精神"，中国的工业现代化、国防现代化与科学技术现代化才有了日新月异的进步，中国才能在帝国主义的包围中"独立自主，自力更生"地建设现代化国家。共产党领导下的工人阶级当家做主，激发了工人、知识分子的无穷创造力，培育了前所未有的"主人翁"意识。20世纪60年代，鞍山钢铁公司职工创造了鞍钢宪法，规定了参与、改革和融合的原则。这种对管理过程高水平的参与在各级员工当中培养了一种高度的主人翁责任感，创造了中国独特的企业文化——"爱厂如家"，职工爱厂如家的思想在国有企业中普遍存在。就是在这种文化背景下，以国有企业为龙头，"比学赶帮超"的社会主义劳动竞赛，在全社会范围内涌现了一批又一批的劳动模范和技术能手，由此创造了人类历史、社会主义建设史、中华民族文明史的灿烂辉煌。

改革开放后，国有企业的优良传统得到继承和发扬，"铁人精神"和"爱厂如家"等企业文化和改革开放时代形成的创新精神，汇聚成了新的民族精神。在今天这个物欲横流、铜臭泛滥、道德底线不断被穿越的时代，中华民族更需要传承、发扬"自强不息，厚德载物"的优秀精神。而国有企业的文化建设与社会主义精神文明建设具有内在一致性，具有与民族精神传承的一致性，必将谱写出新的光辉篇章。

第五，实现共同理想需要维护国家利益，国有企业是捍卫国家利益的主力军。今天，经济全球化令世界市场渐趋一体化。作为世界市场的主要主体——跨国公司，大多来自发达国家。在跨国公司的母国，公司必须接受政府的监管，接受大众及舆论的监督，接受企业内员工的制约。但是，在仍然处于无政府的国际社会，在整个世界都在竭力向跨国公司献媚、向资本低头的情形下，东道国政府、大众舆论对跨国公司的权力的监督非常薄弱。而且跨国公司规避监管的手法巧妙而多样，由此近乎为所欲为，在越来越多的行业占据优势甚至是垄断地位。在一些弱小国家，跨国公司甚至呼风唤雨，左右国家政局。

在中国，越来越多的行业也开始为跨国公司直接或间接主导甚至垄断，民营企业在资金、技术、管理、营销等诸多方面无法与这些跨国企业相抗衡，越来越多的民营企业成为跨国公司的附庸，成为跨国公司国际分工链条上的一环，没有丝毫的谈判与议价能力。但值得庆幸的是，正是由于国有企业的存在，使得中国的经济主权，在总体上依然掌握在中国人自己的手中。实践证明，凡是国有企业居于主导地位的行业，经济安全就有保障；凡是国有企业被改制、被私有化的行业，经济安全状况就堪忧。

国有企业的利益与大众利益、国家利益是一致的。国有企业急国家所急，想国家所想，在国家需要的时候，有条件要上，没有条件创造条件也要上。在抗震救灾的一线，在航空航天的一线，在自主创新的一线，在走出去为国家获取资源、拓展市场的一线，在一切高风险、低回报的一线，在其他性质的企业瞻前顾后、踟蹰不前的一线，都能看到国有企业的身影。没有国有企业，国家利益就无法得到有效保障。

最后，实现共同理想需要调动各方面的积极性，促进多种所有制的共同发展，而国有企业则是多种所有制共同发展的重要保障。国有企业多数为国民经济中的骨干企业，处于国民经济的关键领域，国有企业的主导作用对于支撑国民经济的持续发展，对于引导和带动民营经济有着关键的作用。同时也是保障非公有制经济沿着社会主义方向前进，形成各种所有制相互促进的重要条件。

总之，由于国有企业在各个领域里具有无可替代的重要作用，国有企业当仁不让成了中国特色社会主义的共同理想的基石。新中国成立60多年来，特别是改革开放30多年来，国有企业怀着对中华民族伟大复兴、对人类未来负责的使命感，扎扎实实地履行了自己的职责，为中国特色社会主义共同理想的实现，奠定了坚实的基础。展望未来，我们有理由相信，国有企业仍将会抓住历史机遇，通过突出以人为本，加强员工队伍建设，深化内部改革，增强企业活力，扩大对外开放，利用好国际国内两个市场、两种资源，形成具有国际竞争力的大企业集团等方式，更好地承担起中国特色社会主义共同理想大厦基石的历史重任！

不坚持社会主义方向的
改革同样死路一条*

（2012年3月24日、2012年4月12日）

　　2012年2月初，许多媒体登载一条消息，引述邓小平同志20年前"南方谈话"中的一个断句，"不改革开放就是死路一条"，激起了社会人士的广泛注意，"大家备感振奋"；同时也引发了民间和网络议论纷纷。

　　三十多年的改革开放，我国国力增进，无疑获得巨大成就。当前，随着改革的深化，一些深层次的矛盾浮现出来，日益突出。确实，只有继续坚持改革开放，才能化解风险，中国才有出路，才有前途。

　　改革有不同的方向。改革是按社会主义方向走，还是按资本主义方向走，大有讲究。

　　改革之初，强调"改革是社会主义制度的自我完善"，同时强调"坚持四项基本原则"与"坚持改革开放"是同等重要的两个"基本点"，所以大家都很高兴，很拥护改革。

　　到现在，讲改革开放的时候，很少提"社会主义制度的自我完善"了，坚持"四项基本原则"也不提或者淡化了，有时一

---

* 本文内容要点为作者2012年3月24日在北京钓鱼台国宾馆召开的中国宏观经济学会常备理事会2012年第一次会议上和2012年4月12日在武汉大学召开的"中国经济规律研究会"第22届年会上做过的发言，原载《经济学动态》2012年第7期。

笔带过，不当一回事。所以，不少同志对现在的"改革"有些疑虑。

因此，重新强调"不改革开放就是死路一条"，看来很有必要。不过当前流行的"如果不改革就是死路一条"的说法，是不够精确，不够全面的。改革有不同的方向，改革到底是按社会主义方向还是按资本主义方向，这个问题还是要讲清楚。戈尔巴乔夫也曾坚持改革，他把苏联改到什么地方去了？原苏共中央意识形态部部长亚·谢·卡普托说："随便把改革历史梳理一下就会发现，戈尔巴乔夫的改革，一开始就是实施加速发展战略，接着是科技进步，然后是更多的民主，就是民主社会主义，最后就是消灭社会主义。"俄中友协主席米·列·季塔连科说，"戈尔巴乔夫的改革名义上是改革，实际上是一项破坏苏联，瓦解苏联的计划"。邓小平更指出，"有一些人打着拥护改革开放的旗帜，想把中国引导到资本主义，他是要改变我们社会的性质"。所以，不能简单地说"不改革就是死路一条"。准确地说，不坚持社会主义方向的改革，才是死路一条；坚持资本主义方向的改革，也是死路一条。

所以，不要简单地重复"不改革就是死路一条"。这个提法容易把改革引导到错误的方向。查一查邓小平1992年"南方谈话"关于"死路一条"的全面表述，原来并不是简单的"不改革开放就是死路一条"，而是先讲了极其重要的前提条件，其全句是：

要坚持党的十一届三中全会以来的路线、方针、政策，关键是坚持"一个中心、两个基本点"。不坚持社会主义，不改革开放，不发展经济，不改善人民生活，只能是死路一条。

我们不应该口头上片面地引用邓小平讲话中的个别语句，而要全面地坚持邓小平讲话精神。在涉及改革开放的话题时，不讲或者淡化四项基本原则，不讲或者淡化、歪曲社会主义，而只讲

"不改革开放只能是死路一条"，那就是有意识地或者无意识地把改革开放引向资本主义邪路。

我希望十八大报告的写作班子能把这个精神讲清楚，不要再含含糊糊，给别有用心的人有钻空子的余地。

这个问题太重要了，关系到我们社会主义国家的前途和十几亿人民的命运。

不错，我们的改革从一开始就是市场取向改革。但是，从一开始我们也认定这场改革是社会主义制度的自我完善。党的十四大明确提出改革目标是建立社会主义市场经济，而不是资本主义市场经济。什么是社会主义不同于资本主义的本质特征和根本原则，邓小平也讲得很清楚。他说，"社会主义与资本主义不同的特点就是共同富裕，不搞两极分化"①，"社会主义最大的优越性就是共同富裕。这是体现社会主义本质的一个东西"②。为实现这个不同于资本主义的本质特征，就要公有制经济占主要地位，"只要我国经济中公有制占主体地位，就可以避免两极分化"③，最终实现共同富裕。由此可知，邓小平为什么多次把公有制为主体和共同富裕、不搞两极分化当作社会主义的"两个根本原则"来反复强调。初步统计，他至少五次讲过：社会主义有两个根本原则，一个是公有制为主体，一个是共同富裕，不搞两极分化。④邓小平关于社会主义的两个根本原则和这两个根本原则之间的关系（即前引"只要我国经济中公有制占主要地位，就可以避免两极分化"）的论述，是邓小平独创的，是中国特色社会主义理论的精髓，同时也符合马克思主义和毛泽东思想。十八

不坚持社会主义方向的改革同样死路一条

---

① 《邓小平文选》第三卷，人民出版社1993年版，第123页。

② 《邓小平年谱（1975—1997）》下，中央文献出版社2004年版，第1234页。

③ 《邓小平文选》第三卷，人民出版社1993年版，第149页。

④ 《邓小平年谱（1975—1997）》下，中央文献出版社2004年版，第1033、1069、1075、1078、1091页。

大报告就应当按照这两个根本原则来判别改革方向是社会主义的还是资本主义的，据此决定改革方向的取舍。

按照邓小平提出的社会主义第一个根本原则，十八大报告在讲改革开放时，除了重申并强调坚持四项基本原则，还应重申并强调《宪法》规定的以公有经济为主体、以国有经济为主导的社会主义基本经济制度不能动摇；目前公有制经济在全国经营性资产总额中的比重远低于临界点，已经无优势可言，国家经济命脉中国有经济的主导作用和控制力也已明显削弱的情势下，尤其要切实制止一切违反《宪法》的政策法令的推行，抵制和削减这类违宪言论主张的影响。如一批老共产党员和正直学者指出，国务院《非公36条》鼓励私人资本进入国民经济命脉关键领域，是违反《宪法》的，全国人大应该撤销此文件，或者修改《宪法》，就是值得认真考虑的意见。又如，世界银行佐利克的报告，要求中国大规模缩减国有企业，据该报告英文版透露，国企在工业产值中的比重，应由2010年的27％，压减到2030年的10％左右。实际上世行报告是国内极少数自由化官僚精英的主意，借助国际资本的力量，来压制国内反对私有化的浪潮。2012年3月17日国务院发展中心在北京钓鱼台召开高层论坛，就有特邀"著名学者"说，"我必须拥护世行的报告提出的一些建议，事实上国有企业已经成为未来中国进一步成长的一个最主要障碍之一，未来希望五年到十年内，应该将国有企业比重降到10％左右"，比世行报告还要积极，提前十至十五年实现世行的目标。中外资产阶级右派精英为中国设计的私有化方案，国有企业在国民经济中的比重，比某些当代资本主义国家的国有垄断资本曾经达到的比重还要低得多。我们在20世纪80年代考察过法国的国企，当时法国国有企业在全国经济中占的比重是，营业额21％，增加值28％，工业中营业额占42％。由此比较，这些所谓的中外专家，想要把中国变颜色变到什么地步！中国政府的某些官员还把他们奉为上宾，开门揖盗。我想中国共产党作为真正马克思主义的中国政党，十八大一定会对此类事情做出适当的清理。

按照邓小平社会主义第二个根本原则，十八大报告应针对时弊，分析过去三十多年里，我们改革的大部分时间把以经济建设为中心的重点，放在做大蛋糕上，即GDP增长上，没有来得及放到分好蛋糕上，以至于贫富差距不断扩大，两极分化趋势明显；在未来一个时期内，我们要克服这个缺陷，把分好蛋糕放在更加重要的地位，也就是说把以经济建设为中心的着重点放在分好蛋糕上，即放在民生和分配上。为了显示中国共产党为中国人民共同富裕，不搞两极分化的真诚决心，十八大报告宜重笔墨阐述邓小平关于共同富裕和不搞两极分化的多次论述，尤其是不要回避邓小平一再提出的"如果我们的政策导致两极分化，我们就失败了"的告诫。要支持在共同富裕方面推行和获得群众拥护的地方成功探索，使之得到发扬推广，不因人废言废事。在理论上，十八大报告还应超越已有的从收入和福利的分配和再分配着手，解决共同富裕问题的地方成功探索，依据前述邓小平关于两个根本原则之间的关系的论述，指出要扭转两极分化趋势和实现共同富裕，就必须不仅在收入和福利的分配和再分配上采取有效措施，而且还要从所有制结构和财产关系的调整和回归到以公有经济为主体的社会主义基本经济制度上来，才能根本解决问题。

不坚持社会主义方向的改革同样死路一条

当前改革要正确认识和解决好
三个关键性问题*

（2012年）

关于经济运行机制：在继续坚持市场改革的同时，要重新强调国家宏观计划调控的作用

改革开放以来，经济运行机制逐步由计划经济转向市场经济，推动了我国经济生动活泼地向前发展。在全部商品流通总额中，目前市场调节部分已占到90%以上。几年前有人估计，我国市场经济在整体上完成程度已达到70%左右。可以说，社会主义市场经济已经初步建立。但是，目前社会主义市场经济还不够充分、不够完善，还有一些不到位的地方，如资源要素市场、资本金融市场等，都还需要进一步发展。此外，还有因经验不足、犯了市场幼稚病，从而导致过度市场化的地方，如在教育、医疗、住宅等不该市场化的领域也搞市场化，以至于发展到对市场迷信的地步，带来不良后果。①

市场经济初步建立之后，市场的积极方面和消极方面都充分展现出来。市场经济在发挥激烈竞争、优化资源配置、促进经

---

* 此文摘自《人民论坛》2012年第3期载《不坚持社会主义方向的改革同样死路一条》一文；转载于《中国经济体制改革的方向问题》，社会科学文献出版社2015年版。

济效率等优越性的同时，其自身固有的缺陷，经过三十几年的演变，也逐步显露出来。特别是在总量综合平衡、环境资源保护以及社会公平分配上引发的问题，在我国不是市场经济本身能够解决的。因此，三十几年的结果，一方面经济发展取得很大成绩；另一方面社会经济出现新的矛盾，资源环境、分配民生等矛盾越积越多。这与国家宏观计划调控跟不上市场化的进程有一定的关系。

本来我们所要建立的市场经济，就是国家宏观调控下的市场经济，这一根本点在1992年就明确地写入了党的十四大文件。这些年来，国家对经济的宏观调控水平在不断进步，我们在短期经济波动的控制上，先后取得了治理通货膨胀和治理通货紧缩两方面的一定经验。但是，国家计划对短期和长期宏观经济发展的导向作用明显减弱，这影响到宏观调控的实效，造成国民经济发展许多方面失衡。

现在是到了继续坚持市场取向改革的同时加强宏观计划调控的作用，强调国家计划在宏观调控中的指导作用的时候了。针对国家宏观计划调控跟不上市场经济发展形势的状况，党的十七大就已经提出："发挥国家发展规划、计划、产业政策在宏观调控中的导向作用，综合运用财政、货币政策，提高宏观调控水平。"十八大报告应该进一步强调发挥国家计划在宏观调控市场经济中的导向作用，现在有十分重要的现实意义。

强调国家计划在宏观调控中的导向作用，并不是如某些人所讲的那样"要回到传统计划经济模式"。国家计划在宏观调控中的导向作用，不同于过去"传统计划经济"，而是计划与市场在更高层次上的新的结合。其主要表现：一是现在的计划不是既管宏观又管微观、无所不包的计划，而是只管宏观层面，微观的事情主要由市场调节。二是现在资源配置的基础性手段是市场，计划是弥补市场缺陷与不足的必要手段。三是现在的计划主要不再是行政指令性的，而是指导性、战略性、预测性的计划，同时又要有必要的约束和问责的功能。国家计划导向下的宏观调控，是中国特色社会主义市场经济的应有之义，不能把"计划性"排除在社会主义市场经济含义之外。

关于所有制结构：在坚持多种所有制共同发展的同时，要重新强调"公有制为主体"

从十四大、十五大、十六大、十七大一直到现在，党的文件一贯坚持公有制为主体、多种所有制经济共同发展的基本经济制度，没有一个文件不以公有制为主体。强调"坚持和完善公有制为主体，多种所有制经济共同发展的基本经济制度"，这当然不是一句空话，不是停留在文字上，而是要坚决贯彻落实的。

现在要坚持"两个毫不动摇"，即毫不动摇地坚持公有制为主体，毫不动摇地发展多种所有制形式，不能只强调发展非公有制经济，不能只强调一个毫不动摇。

有人说公有制效率低，是官僚经济，是权贵经济，不是国家的财富，而是少数人的财富。笔者在一篇文章中谈到这个问题，公有制并非注定效率低。20世纪60年代我国的"鞍钢宪法"，有很好的经验，日本等国有企业管理都吸收它的经验，这是众所周知的事情。资本主义国家也有国有企业管得好的，并不是一概效率低。

改革开放以来，国有经济内部管理也有问题。某些企业管理不善，将国有资产变为少数企业高管人员的个人财富变为私有财产；就算没有MBO，一些国有企业的领导层也在腐化变质，有的企业领导自定薪酬，几十万、几百万年薪的高工资，而普通职工月薪只有几百元、几千元。这些都不是公有制固有的属性。人家攻击我们国有经济已经不是公有制，并非完全虚指，也指出了一些问题。但是，这些弊病在过去"计划经济"时期并不存在，是在市场化的改革以后才发生的，这也值得我们深思。

国有企业本身应进一步改革，既不能变回到过去"大锅饭"的旧体制，也不能维持现在被扭曲的形象，要在社会主义条件下解决目前存在的行政性垄断和腐败问题，解决企业内部的激励机制问题；要使得国有企业既真正体现社会公平，同时又有激励机制。这种探索，西方国家不是没有先例。西方国家也有国有企业，也有国家公务员，看看二者的收入比例，差距不会像我们现在拉得那么大。国有企业的领导与国家机关工作人员一样，都是国家的公职人员，不能完全按照私有经济的法则办事。所以，国有企业管理腐败一定要治理。

重新强调"公有制为主体"，并非恢复过去"大一统"的公有制经济，也不是恢复旧模式的国有经济，而是在保障公有制为主体的前提下，坚持"两个毫不动摇"，毫不动摇地引导非公有制经济的发展，毫不动摇地保护国有经济的主导地位，并按社会主义市场经济原则深化国有经济改革。

关于分配关系：要从"让一部分人先富起来"转向"更加重视社会公平"

从分配上的平均主义到拉开收入差距，允许一部分人通过勤劳先富起来是完全正确的。但是，如果收入差距拉得太大，以致贫富分化造成难以逾越的鸿沟，出现两极分化，就不对了。现在要让先富带后富，缩小贫富差距，走共同富裕的道路。

在改革开放后的一段时期内，强调效率优先、兼顾公平，有其正面的积极作用，可以促进效率，促进生产，促进经济发展。但是，过了这个阶段，贫富差距扩大，不能实现先富带动后富，不能实现共同富裕，不能实现公平的目标，这个时候，就必须强调效率与公平二者同时并重，而且更加重视和强调社会公平。

淡化"优先、兼顾"提法，强调"更加重视社会公平"，不是要回到过去，不是回到过去的"大锅饭"，不是回到过去的平均主义，而是在更高层次上的提高。按照马克思主义观点，所有制决定分配。但是，人们常忽略了这个观点。在分析我国贫富差距扩大的原因时，举了很多缘由，如城乡差别扩大、地区不平衡、行业垄断、腐败、公共产品供应不均、再分配调节落后等，不一而足。这些缘由都能成立，但不是最主要的。造成收入分配不公的最根本原因被忽略了。

财产占有上的差别，是收入差别的最大的影响因素。连西方资产阶级经济学家萨缪尔森都承认，"收入差别最主要的是拥有财富多寡造成的，和财产差别相比，个人能力的差别是微不足道的"，他又说，"财产所有权是收入差别的第一位原因，往下依次是个人能力、教育、培训、机会和健康"。三十多年来我国贫富差距的扩大，除了上述一系列原因外，跟所有制结构变化，跟"公"降"私"升和化公为私的过程显然有关。这种关系，被某些学者在分析收入差距原因时，有意无意地忽略掉了。

在调整收入分配差距关系、缩小贫富差距时，要多方入手。人们往往从分配关系入手，特别是从财政税收、转移支付等再分配领域入手，完善社会保障，改善低收入者的民生状况。这些措施都是完全必要的，我们现在也开始这样做了。但是，仅从分配和再分配领域着手是远远不够的，不能从根本上扭转贫富差距扩大的问题。还需要从所有制结构，从财产制度上直面这一问题，从根本上阻止贫富差距扩大、两极分化的趋势。这就是邓小平所说的，"只要我国经济中公有制占主体地位，就可以避免两极分化"。

所以，所有制发展上要坚持"两个毫不动摇"，要坚持公有制为主体，毫不动摇地发展公、私两种经济，不能只片面强调一个毫不动摇；要延缓"公"降"私"升速度和程度，阻止化公为私的所有制结构转换过程，坚决制止目前借反垄断来瓜分国有企业的浪潮，才能最终避免两极分化的前途。

总之，无论是所有制结构、运行机制还是分配制度，都要坚持正确的发展观。倒退没有出路，也不会有回头路。不坚持市场取向的改革，中国没有出路；市场化走过了头，也没有出路。完全市场化，不要国家宏观计划调控；完全私有化，不要公有制为主体；完全的两极分化，不要社会公平；这不是我们社会主义的本质要求。这是小平同志讲的。因此，改革开放必须走向更高阶段，不按这样的道路走，改革开放就会失败，按这样的道路走，改革开放的道路会光明灿烂。

中国社会主义市场经济的特色 *

——纪念经济体制改革目标提出20周年

（2012年9月）

1992年党的十四大首次提出建立社会主义市场经济体制的改革目标，这是我国改革开放历史上的大事，具有里程碑意义。至今，社会主义市场经济在我国已经实行20年了。回顾和梳理我国社会主义市场经济目标模式的提出和发展脉络，具有重要的学术价值和现实意义。为纪念经济体制改革目标提出20周年，本报对参加了党的十四大中央文件起草工作的中国社会科学院学部委员、著名经济学家刘国光进行了专访。

"社会主义市场经济"目标模式的提出

《中国社会科学报》：20年前"社会主义市场经济"是如何创造性提出来的？

刘国光：社会主义市场经济的目标模式，是经过14年改革开放的探索而提出来的。1978年我们开始改革开放，注重市场调节，走了一大段路。1984年，党的十二届三中全会提出社会主义经济是"在公有制基础上的有计划的商品经济"，是迈向社会主义市场经济理论的重要一步。1987年，党的十三大指出，"社

---

* 本文系《中国社会科学报》记者张文齐专访纪要，原载《中国社会科学报》2012年9月12日。

会主义有计划的商品经济体制应该是计划与市场内在统一的体制"，还指出，"国家调节市场，市场引导企业"，把国家、市场与企业三者关系的重点放在市场方面。1992年年初，邓小平同志在南方考察时清楚地指出，计划和市场不是划分社会制度的标志，而是社会主义和资本主义可以利用的手段，并重申"社会主义也可以搞市场经济"。

党的十四大召开之前，起草小组对经济体制改革目标归纳了三种提法：（1）计划与市场相结合的社会主义商品经济；（2）社会主义有计划的市场经济；（3）社会主义市场经济。其中第（1）种提法是十二届三中全会和十三大表述的综合和发展，第（2）种和第（3）种提法是新提出来的。党的十四大报告中用的是第（3）种简明扼要的说法。实际上，第（2）种说法和第（3）种说法是等同的。时任中共中央总书记的江泽民同志1992年6月9日在中共中央党校的讲话中谈到社会主义市场经济与计划的关系，指出，"社会主义经济从一开始就是有计划的。在人们的脑子里和认识上，一直是很清楚的，不会因为提法中不出现'有计划'三个字，就发生了是不是取消了计划性的疑问"[1]。

这样，十四大改革目标的精神就很完整了："社会主义市场经济"实质上就是"有计划的市场经济"。当时之所以在改革目标的表述上没有用"有计划"三个字，主要是由于，当时传统计划经济的影响还相当严重，而市场经济的概念尚未深入人心。为了提高市场在人们心中的地位，推动市场经济概念为社会公众所接受，才没有用"有计划"三个字，但加上了"社会主义"这个极有分量的定语，而"社会主义从一开始就是有计划的"。

---

[1]　中共中央文献研究室：《改革开放三十年重要文献选编》上，中央文献出版社2008年版，第647页。

关于计划和市场的定位问题

《中国社会科学报》：至今，我们的市场化发育到了什么程度？我们对市场的认识到了什么深度？

刘国光：前几年，有人估计，从总体上说，中国市场经济在整体上已达70%左右，可以说，社会主义市场经济已经初步建立。当然，目前市场还有一些不到位的地方，比如资源要素市场、资本金融市场等，需要进一步发展到位；也有因为经验不成熟而发生的过度市场化的地方，如教育、医疗、住宅等领域。市场化不足和市场化过度的问题都需要继续调整完善，但已不属于传统计划经济向市场经济转换的主流。至今，市场的积极作用和消极作用已经比较充分地显露出来。市场的优越性主要表现在激励竞争、优化资源配置等方面。而在总量平衡、环境资源保护、社会公平分配等方面，市场有其固有的缺陷，这些问题不是市场能够自行解决的，这与市场经济本身的缺陷和国家宏观计划调控跟不上市场化的进程有很大的关系。

现在市场经济体制在我国已经实行20年，计划离我们渐行渐远。由于历史原因，我们曾经过于相信计划经济。时过境迁，有些人从一个极端走到另一个极端，从迷信计划变为迷信市场，出现盲目崇拜市场经济的市场原教旨主义观点，犯了市场幼稚病，认为市场可以解决一切问题，认为现在出现的问题是由于市场化改革没有搞彻底。有人认为，我国市场化发育不够，国家干预过多；我国现在搞市场化改革，计划不值一提。更有人提出中国要效仿欧美自由市场模式，主张完全自由化。这些人不断叫卖奥地利资产阶级经济学家哈耶克反社会主义、反计划的观点。其实，计划和市场各有利弊。要尊重市场，而不要迷信市场；不要迷信计划，但不能忽视计划。

刘国光

经济论著全集

第
17
卷

简单来说，计划的长处就是能在全社会的范围内集中必要的财力、物力、人力，办几件大事，还可以调节收入，保持社会公正。市场的长处就是能够通过竞争，促进技术和管理的进步，实现产需衔接。但是，计划和市场都不是万能的。有这么几件大事不能交给市场去管：一是经济总量的平衡；二是大的经济结构的及时调整；三是竞争导致垄断问题；四是生态环境问题；五是社会公平问题。这些问题都得由国家的宏观计划调控来干预。但是，计划工作也是人做的，人不免有局限性，有许多不易克服的矛盾，比如主观与客观的矛盾：一是由于主观认识落后于客观发展的局限性；二是由于客观信息不对称和搜集、传递、处理上的局限性；三是利益关系的局限性，即计划机构人员观察问题的立场、角度受各种社会势力和利害关系的约束；等等。这些局限性都可能使宏观计划管理工作偏离客观情势和客观规律，造成失误。所以，要不断提高认识水平和觉悟水平，改进我们的宏观计划管理工作，使之符合客观规律和情势的要求。

总之，我们要实行市场取向的改革，但不能迷信市场；要坚持宏观计划调控，但不能迷信计划。我一再提出的这些观念，是符合小平同志1992年谈话关于计划和市场都可以用的思想，而且是顺应前述十四大关于改革目标模式的精神实质的。

计划与市场在更高层次上的结合

《中国社会科学报》：如何实现计划和市场在更高层次上的结合呢？

刘国光：马克思主义认为，在共同的社会生产中，国民经济要实行有计划按比例的发展。"有计划按比例的发展"就是"持续稳定协调的发展"，它不等于传统的行政指令性的计划经济。三十年来，我们革除传统计划经济的弊病，适应初级阶段的国情，进行市场取向的体制改革，在20年前开始建立社会主义市场经济体制，但是不能丢下公有制下有计划按比例的经济规律。加强国家计划对宏观调控的导向地位，就是为了践行这条规律。

党的十七大提出，"发挥国家规划、计划、产业政策在宏观调控中的导向作用，综合运用财政、货币政策，提高宏观调控水平"，强调国家计划在宏观调控中的导向作用，有人认为这是恢复到过去的"传统计划经济"，这是一种误解。而实际上，这是计划与市场在改革的更高层次上的结合。第一，现在的国家计划不是既管宏观又管微观、无所不包的计划，而是主要管宏观，微观的事情主要由市场去管。第二，现在资源配置的基础性手段是市场，计划是弥补市场缺陷的不足的必要手段。第三，现在的计划不再是行政性的，而是指导性的、战略性的、预测性的计划，同时必须有导向作用和必要的约束、问责功能。就是说，也要有一定的指令内容，不是编制了以后就放在一边不闻不问了。

从目前来看，在经济工作的某些领域，有些地方的规划缺少约束性、问责性的指标任务；有些地方规划与中央规划脱节；规划本身多是政策汇编性的。在思想意识中，有些人的计划观念淡化了。这些问题需要解决。

刘国光

经济论著全集

第

17

卷

把分好"蛋糕"摆在更加重要的地位*

（2012年10月）

　　改革进入深水区，是时下对中国经济体制改革的一种状态描述。多元复合转型的挑战，要求我们具备整体思维、科学把握的治理能力。中国这个东方国度其实并不缺少经世济国的智慧，在当下，我们缺少的是正确改革的勇气。2012年秋，《董事会》杂志记者与著名经济学家刘国光教授进行了对话。刘老曾是十二大、十三大、十四大代表，是十四大、十五大、十六大报告起草工作的参与者，对于改革开放的历程最为了解。采访中他明确指出，改革从一开始就是市场取向改革，但也是社会主义制度的自我完善。坚持公有制为主体的基本经济制度，以及共同富裕的改革方向，不能再含含糊糊。

　　《董事会》：现在关于启动新一轮改革的呼声很高，不少人希望借此释放新一轮的制度红利，为经济社会的可持续发展增添新的驱动力。但是，在改革方向、政策举措等核心问题上，仍有不同的看法。您认为，现在最迫切、最需要解决的问题是什么？

　　刘国光：我们的改革从一开始就是市场取向改革。但是，从一开始我们也认定这场改革是社会主义制度的自我完善。党的十四大明确提出改革目标是建立社会主义市场经济，而不是资本主义市场经济。要社会主义的改革开放，要社会主义的市场经济，就不能不把改革开放的方向放在社会主义方面，这里面有两

条原则：第一条，坚持公有制为主体的基本经济制度；第二条是共同富裕。这些都是有实实在在内容的，并不是一句空话。

《董事会》：提出这种观点的依据是什么？

刘国光：社会主义不同于资本主义的本质特征和根本原则，邓小平讲得很清楚。他说，"社会主义与资本主义不同的特点，就是共同富裕，不搞两级分化"，"社会主义最大的优越性就是共同富裕。这是体现社会主义本质的一个东西"。为实现这个不同于资本主义的本质特征，公有制经济就要占据主要地位，"只要我国经济中公有制占主要地位，就可以避免两极分化"，最终实现共同富裕。

邓小平多次把公有制为主体和共同富裕、不搞两极分化当作社会主义区别于资本主义的本质特征和"两个根本原则"来反复强调。初步统计，他至少讲过五次（见《邓小平年谱》第1033、1069、1075、1078、1091页）。比如他讲："社会主义与资本主义不同的特点，就是共同富裕，不搞两极分化"（《邓小平文选》第三卷第123页），"社会主义最大的优越性就是共同富裕。这是体现社会主义本质的一个东西。"（《邓小平年谱》第1324页）为实现这个不同于资本主义的本质特征，就要公有制经济占主要地位，"只要我国经济中公有制占主要地位，就可以避免两极分化"（《邓小平文选》第三卷第149页），最终实现共同富裕。邓小平关于社会主义的两个根本原则及其相互之间关系的论述，是邓小平独创，是中国特色社会主义理论的精髓，符合马克思主义。

十八大报告同样要按照这两个根本原则判别社会主义还是资本主义，判别和把握改革的方向。

《董事会》：目前，有少数领域如能源、烟草等还是国有经济"一统天下"，除此之外基本上可以说已经告别了不平等竞争。然而关于消除垄断、准入障碍的呼声仍不绝于耳。在这样的情况下，强调公有制为主体有什么特别的意义？

刘国光：在目前公有制经济在全国经营性资产总额中的比重远低于临界点，国家经济命脉中国有经济的主导作用和控制力也已明显削弱的情势下，尤其要切实制止一切违反宪法的政策法令的推行，抵制和削减这类违宪言论主张的影响。国有经济为主导的社会主义基本经济制度不能动摇！

正如一位正直的学者所指出的那样，在宪法所规定的国家基本经济制度未废除的前提下，由行政部门推行国企私有化，鼓励私人资本进入国民经济命脉关键领域，"不仅违反共和国的根本大法，而且意味着国体根本之变"。

《董事会》：您指的是早前曾闹得沸沸扬扬的那个世行报告么？

刘国光：世界银行佐利克的报告，要求中国大规模缩减国有企业。据英文版的该报告建议，国企在工业产值中的比重，应由2010年的27%，压减到2030年的10%左右。实际上，世行报告是国内极少数自由化官僚精英的主意，借助国际资本的力量，来压制国内反对私有化的浪潮。

3月17日在北京钓鱼台召开高层论坛，就有某个"著名学者"跳出来高叫"我必须拥护世行的报告提出的一些建议，事实上国有企业已经成为未来中国进一步成长的一个最主要障碍之一，未来希望5年到10年内，应将国有企业比重降到10%左右"，比世行报告的目标还要提前10年至15年实现，比世行报告还要积极！

中外资产阶级右派精英为中国设计的私有化方案，国有企业在国民经济中的比重，比80年代一些主要资本主义国家的国有垄断资本的比重还要低得多。我们当时考察过法国国有企业，它在全国经济中所占的比重，营业额是21%，增加值是28%，工业中营业额占42%。由此看来，这些所谓的中外专家，想要把中国变成什么颜色！中国共产党作为真正的马克思主义政党，对此类现象必然要做出恰当的回击。

《董事会》：您刚才指出，改革开放的重点一个是公有制为主体，另一个是共同富裕。对于后者，就涉及"做蛋糕""分蛋糕"的问题了。

刘国光：按照十一届三中全会制定的一个中心两个基本点的基本路线，我们现在乃至今后相当长一段时间还要以经济建设为中心。这是必须要坚持的大方向。但是，以经济建设为中心有两个方面：一个是把蛋糕做大，另一个是将蛋糕分好。不是只做大蛋糕就万事大吉，而不管蛋糕怎么分法。过去三十多年里，我们改革的大部分时间把以经济建设为中心的重点放在做大蛋糕上，放在GDP增长上，没有来得及放到分好蛋糕上，以至于贫富差距不断扩大，两极分化趋势明显；在未来一个时期内，我们要克服这个缺陷，把分好蛋糕放在更加重要的地位，也就是说把以经济建设为中心的着力点放在分好蛋糕上，即放在民生和分配上。

什么是社会主义？是一部分人占有国民财富，还是大家占有国民财富？过去把蛋糕做大放到第一位是情有可原的，但现在仍是这样，就应该设法改变了。现在经济增速退下来了，但GDP增速在7%~8%以上仍是高速增长，在世界上也算高的。尽管如此，很多人似乎已经坐不住了，着急得不得了，这说明我们思想意识上还是唯GDP，把蛋糕做大放在了第一位。我认为，眼下重点不是做大蛋糕、让少数人分蛋糕；而应该把蛋糕分好，把共富的问题放在第一位，同时要做大蛋糕。否则，经济发展的结果就是只有少数人得利，而不是多数人得利。

《董事会》：宏观经济潜在增长率下降之后，蛋糕分得好、分得及时，对于扩大内需、对于可持续发展都很有好处。

刘国光：目前我们的经济在滑坡，给经济增长方式转变带来了压力。几年前我就提出高速增长的经济应该转为中速，有个

6%~8%就很好了，发达国家的速度也没有那么高；中速不是低速，只有保持中速才能保证发展方式的转变，这其中也包含了分好蛋糕的问题。

推动经济可持续增长，需要内需与外需的平衡，内需必须要扩大，怎么扩大？真正需要扩大的是穷人的消费。富人的消费无所谓扩大不扩大，钱再多就那么些消费。分好蛋糕才能扩大内需，扩大内需才能调整结构，调整结构才能转变发展方式。所以，扩大内需也是发展方式转变的问题，前提是分好蛋糕。

经济问题是统一的，核心问题还是公有制和共同富裕。

《董事会》：分好蛋糕是一项系统工程，用时兴的话讲，需要顶层设计。您怎么看？

刘国光：叫不叫顶层设计都没有关系，用过去的说法就是统一设计、统一计划、统一指挥、综合平衡。顶层设计的核心思想就是统筹兼顾。各方面都要统筹兼顾，这是我党的一贯政策。

《董事会》：就公有制为主体和共同富裕，您对十八大有何期许和建言？

刘国光：谈不上什么建言，不过都是些经验之谈。为了彰显中国共产党为中国人民共同富裕、不搞两极分化的决心，还是要落实和执行邓小平关于共同富裕和不搞两极分化的重要指示，尤其是不要回避邓小平一再提出的"如果我们的政策导致两级分化，我们就失败了"的告诫。要支持在共同富裕方面推行和获得群众拥护的地方成功探索，使之得到发扬推广。应超越已有的从收入和福利的分配再分配着手、解决共同富裕问题的地方成功探索，依据前述邓小平关于两个根本原则之间的关系的论述，指出要扭转两极分化趋势和实现共同富裕，就必须不仅在收入和福利的分配再分配上采取有效措施，而且还要从所有制结构和财产关系的调整上，回归到以公有经济为主体的社会主义基本经济制度上来，才能根本解决问题。

重视发展集体经济

——在中国经济社会发展智库第六届
高层论坛上的致辞
（2012年）

集体经济是社会主义公有制经济的重要组成部分。改革开放以来，我国城乡集体所有制经济有了很大的发展。论坛选择这个主题，笔者认为非常好，也有重要意义，所以笔者就这方面的问题谈点个人感想。

1.邓小平同志一贯重视发展集体经济

小平同志反复强调："一个公有制占主体，一个共同富裕，这是我们所必须坚持的社会主义的根本原则。"在领导中国农村改革和农业经济建设中，他始终坚持这两条根本原则。小平多次讲到，我们的现代化前面要加上"社会主义"四个字，是社会主义现代化。并强调指出："我国农业现代化，不能照抄西方国家或苏联一类国家的办法，要走出一条在社会主义制度下合乎中国情况的道路。"①

改革开放之初，小平同志在充分肯定家庭联产承包责任制的同时，也明确指出，从长期来看，还是搞集约化，还是搞集体经济。他说："农村政策放宽以后，一些适宜搞包产到户的地方搞了包产到户，效果很好，变化很快。……有的同志担心，这样搞会不会影响集体经济。我看这种担心是不必要的。我们总的方向

---

　① 《邓小平文选》第二卷，人民出版社1994年版，第362页。

是发展集体经济。实行包产到户的地方，经济的主体现在也还是生产队。……只要生产发展了，农村的社会分工和商品经济发展了，低水平的集体化就会发展到高水平的集体化，集体经济不巩固的也会巩固起来"。①

经过长期思考，小平同志提出了著名的"两个飞跃"的思想。1990年他指出："中国社会主义农业的改革和发展，从长远的观点看，要有两个飞跃。第一个飞跃，是废除人民公社，实行家庭联产承包为主的责任制。这是一个很大的前进，要长期坚持不变。第二个飞跃，是适应科学种田和生产社会化的需要，发展适度规模经营，发展集体经济。这是又一个很大的前进，当然这是很长的过程。"②当时李先念表示完全赞成这个思想，说这是一个大思想。

到了1992年7月审阅十四大报告稿时，邓小平再一次谈到了这一思想。他说："关于农业问题，现在还是实行家庭联产承包为主的责任制。我以前提出过，在一定条件下，走集体化、集约化的道路是必要的。但是不要勉强，不要一股风。如果农民现在还没有提出这个问题，就不要着急。条件成熟了，农民自愿，也不要去阻碍。北京郊区搞适度规模经营，就是集体化、集约化。从长远的观点看，科学技术发展了，管理能力增强了，又会产生一个飞跃。我讲过，农业的改革和发展会有两个飞跃，第一个飞跃是废除人民公社，实行家庭联产承包为主的责任制，第二个飞跃就是发展集体经济。社会主义经济以公有制为主体，农业也一样，最终要以公有制为主体。公有制不仅有国有企业那样的全民所有制，农村集体所有制也属于公有制范畴。现在公有制在农村第一产业方面也占优势，乡镇企业就是集体所有制。农村经济最

① 《邓小平文选》第二卷，人民出版社1994年版，第315页。
② 《邓小平年谱（1975—1997）》下，中央文献出版社2004年版，第1310—1311页。

终还是要实现集体化、集约化。有的地区农民已经提出集约化问题了。这个问题这次不提也可以，还是巩固承包制，但是以后总会提出来的。"①

农业集体化、集约化，需要随着条件的成熟并根据农民的意愿逐步推进，不能急躁冒进，重复过去人们公社化的错误。就像小平同志在1983年总结经验时所说："根据我们的实践经验，太快不行。我们过去的失误都是由于走得太快。就拿农村政策来说，过去由初级社到高级社就是太快了点。其后，又由高级社进到人民公社，现在看来不是一个成功的试验。"②太快了不行，但是条件具备了，就应该适时地实现。

长期以来，社会各界对于小平同志"两个飞跃"思想尤其是对"第二个飞跃"重视不够，研究宣传不广，落实也不力。我们必须要看到，小平同志关于我国农村改革和发展的"两个飞跃"思想是站在历史的高度观察农村改革与农业发展得出的结论，经过实践检验证明是符合我国农业发展规律的。因此笔者认为，我们要坚持"两个飞跃"的思想，抓住时机适时实现"第二个飞跃"。现在已经到了实现"第二个飞跃"的时候了。

2.理直气壮地回应贬损集体经济的错误思潮

当前普遍存在着贬损农村集体经济的种种观点，有三股否定集体经济的思潮值得注意。

一是否定财产不量化到个人的集体经济的思潮。有舆论认为，像南街村、刘庄等全国有数千家农村集体经济没有搞承包制、没有把财产量化到个人的集体经济模式，只是一定历史时期的政治产物，必须彻底否定。这种思潮具有相当的普遍性，也是许多人不敢正大光明地发展集体经济和倡导"两次飞跃论"的重

---

① 《邓小平年谱（1975—1997）》下，中央文献出版社2004年版，第1349—1350页。

② 《邓小平思想年谱》，中央文献出版社1998年版，第266页。

要原因。

对于传统集体经济模式，需要历史地、辩证地看。这种模式的出现，具有一定的历史合理性，在历史上也发挥了一定的积极作用。同时，应该看到，这种集体经济模式，经过改革后，已经焕发出新的生命力了，不少农村已经充分证明了这一点。

二是土地私有化思潮。一些舆论认为，土地不私有化，农民就没有真正的财产，也无法实现抵押金融化，农民收入和一般老百姓收入就难以增长更多，普通人的财产性收入就会很少甚至没有，使中国经济难以朝消费驱动型发展。所以主张在目前土地承包的基础上，让土地真正地私有化，把20世纪50年代从农民手里集体化来的土地还给他们。这种主张是站不住脚的，也是有害的。中国和外国的历史一再证明土地私有化并不能让农民富起来，只能引起土地兼并和贫富分化。如果土地私有化，就彻底否定了农村集体经济，也与改革开放的初衷是相悖的。

三是集体经济低效论和产权不清晰论。这种看法，是一些企图把中国改革引向私有化方向的人士，大肆宣传"公有经济低效论"这个不能成立的伪命题的必然结论。集体经济产权改革成功的实践已经粉碎了这种思潮。

面对贬损集体经济的这些错误观点，理论界要敢于站在马克思主义的角度为集体经济正名，理直气壮地宣传集体经济的优越性，反对集体经济被妖魔化。

3.发展集体经济的政策性建议

当前集体经济的发展和完善仍然存在不少困难和阻力，在体制、政策、法律和战略指导等方面面临着一系列重大问题，亟待解决。笔者以为其中核心的问题，还是江泽民同志曾经指出的以符合"三有利"原则为准，寻找能够极大地促进生产力发展的集体经济实现形式问题。当然，集体经济涉及城乡、工、农、生产、供销、金融、消费、住宅等多种领域，其表现形式可以多种多样。一切反映社会化生产规模的经营方式和组织形式都可以大胆利用。

为此，提出以下几条建议：

（1）高度重视集体经济发展

集体经济作为我国社会主义基本经济制度的重要组成部分，相对于个体、私营等非公有经济来说，集体经济可以更好地体现社会主义共同致富的原则，可以更广泛地直接吸收社会分散资金，可以较有利于缓解就业压力，可以更有效地增加社会积累和国家税收。总之，集体经济在社会主义市场经济中有着十分重要的作用，我们必须大力支持、鼓励和帮助城乡各种形式集体经济的发展。

（2）加强对集体经济改革与发展的指导和监管

建议有关部门起草发展农村集体经济的文件，核心是如何实现小平同志的第二次飞跃思想。全国成立集体经济领导小组，成员单位由中组部、农业部、中华全国手工合作总社、中华全国供销合作社等单位组成。建议国家统计局、农业部调查全国坚持集体经济发展道路的村庄的具体情况。

（3）加强集体经济理论研究

改革开放以来，鉴于国有经济的关键地位和非公有制经济在我国从计划经济向建立市场经济体制时期的开拓作用，大家的注意力向这两头关注是可以理解的。但是中间一块合作经济或集体经济，它既不是国有又不是非公有，对这一块经济的研究和讨论似乎相对不够。这与改革开放以来我国城乡各种形式的集体经济兴起并将进一步发展这一形势要求不相适应，也与人们对集体经济、合作经济在我国社会主义市场经济中的重要地位认识不足是有关的。理论界应该更加重视合作、集体经济的研究，改变过去所有制结构研究中两头大中间小的"哑铃型"状态。

（4）鼓励探索多种形式的集体经济和合作经济

鼓励各地探索多种形式的社区的和专业的集体经济和合作经济。特别是对劳动者以劳动联合和承包土地联合为主的合作制和在此基础上实行资本联合的股份合作制，尤其要提倡和鼓励。

重视发展集体经济

随笔代序：市场经济与社会主义*

（2013年）

　　编完《社会主义市场经济理论问题》文集之际，看到一篇文章："抛弃'唯市场经济论'"①。这篇文章指出，极力鼓吹全面实现市场经济的某些人士，依据强加于邓小平头上的伪市场经济理论，在中国推行实际上以削弱公有制经济为目的，全面实现私有化的市场经济。该文作者用邓小平关于市场经济"最集中、最明确的两处论述"为例，做了分析。第一处是："社会主义为什么不可以搞市场经济？社会主义也可以搞市场经济。"第二处是："计划经济不等于社会主义，资本主义也有计划；市场经济不等于资本主义，社会主义也有市场。计划和市场都是经济手段。"从这两处分析，都"得不出社会主义一定要搞市场经济的结论"。"既然计划和市场都是经济手段，而手段不是体制，所谓'建立市场经济体制'是违背邓小平原意的。"

　　该文作者认为，从邓小平上引两处集中论述市场经济的经济话语中，分析不出"社会主义一定要搞市场经济的结论"，似乎可以自圆其说。但是，他又说建立市场经济体制是违背邓小平的原意，则与事实不符。据《邓小平年谱》载，中共十四大前夕，1992年6月12日，邓小平"同江泽民谈话，赞成使用'社会主义

---

*　刘国光著：《社会主义市场经济理论问题》，中国社会科学出版社2013年版。

①　《思想理论动态参阅》2012年第40期。

市场经济体制'这个提法"，并说，"如果大家都同意，十四大就以这个为主题。"①10月19日，"看了中共十四大闭幕的有关报道后说：真是群情振奋！下午和出席十四大的全体代表会面，对江泽民说：这次大会开得很好"。②这些情况表明，建立市场经济体制并非违背邓小平的原意，而是在他积极支持下由十四大制定通过的。

这里要注意一个不可忽视的要点。即在邓小平所赞成的和十四大提出的"市场经济体制"前面，有一个极重要的定语："社会主义"。上述文章的作者也认定，按照小平同志社会主义也可以搞搞市场经济来理解，首要的前提也是"社会主义"，其次才是"市场经济"，其目的是发展和完善社会主义，而不是削弱"社会主义"。③这个理解是正确的，本文作者赞同这一见解。

作为中国经济体制改革的目标，市场经济的前面要不要加上"社会主义"几个字，这不是一个小问题。它关系到我们要建立的市场经济的性质，关系到我们经济体制改革的方向。"十四大提出建立社会主义市场经济体制的改革目标以后，有些人老是提出这样的问题：你们搞市场经济好啊，可是为什么还要在前面加上'社会主义'几个字？他们认为'社会主义'几个字是多余的，总是感到有点不顺眼，不舒服。"这句话是1994年12月当时一位中央领导人在天津考察工作时讲的，可是到现在，他指出的现象，还在不断地反复。有些人认定，市场经济就是普世的市场经济，没有什么资本主义市场经济和社会主义市场经济之分。中国只要有"市场化改革"就行了，反对市场改革的社会主义方

随笔代序：市场经济与社会主义

---

① 《邓小平年谱（1975—1997）》下，中央文献出版社2014年版，第1347—1348页。

② 同上书，第1355页。

③ 《思想理论动态参阅》2012年第10期，第26页。

向。还是那次天津讲话正确地指出，"我们搞的是社会主义市场经济，'社会主义'这几个字是不能没有的，这并非多余，并非画蛇添足，而恰恰相反，这是画龙点睛。所谓点睛，就是点明我们市场经济的性质"①。

有些人反对讲姓"社"姓"资"，是打着邓小平的旗号，说什么思想解放就是要从姓"社"姓"资"的思想束缚中解放出来，歪曲了邓小平讲话的原意。邓小平不是不讲姓"社"姓"资"，他只是在提出计划、市场问题时，讲到"资本主义也有计划，社会主义也有市场，都是手段"，意思是在这个问题上，不要纠缠姓"社"姓"资"。仅此而已，哪里是一般地讲不要讲姓"社"姓"资"？在提到"要害是姓'资'还是姓'社'"之后，他接着还特别强调判断改革开放是非的标准，应该主要看是否有利于发展社会主义社会的生产力和是否有利于增强社会主义国家的综合国力等。在这些原则问题上，邓小平分明是讲姓"社"姓"资"的。他一再强调（据查至少讲过五次）要坚持社会主义的两个根本原则，即公有制为主体和共同富裕不搞两极分化，他怎么会一般地反对区别姓"社"姓"资"呢？邓小平还尖锐地指出过："有一些人打着拥护改革开放的旗号，想把中国引导到资本主义，他是要改变我们社会的性质。"那些反对在"市场经济"前面加上"社会主义"，反对讲姓"社"姓"资"的人士，不正好可以列入邓小平这个讲话所指"一些人"的队伍中去么？

以上的随笔，并不是这本文集题外之语。这本文集选择的文章，围绕的主题，就是要阐明中国经济体制改革中"社会主义"与"市场经济"的关系，即借用市场经济的手段，来完善和发展中国社会主义经济制度。

① 江泽民：《论社会主义市场经济》，中央文献出版社2006年版，第202—203页。

本专题文集选择的文章，都是20世纪90年代以来的作品。最早的两篇写于中共十四大前（1991年、1992年），当时"社会主义市场经济体制"尚未正式提出，或者正在酝酿提出；两篇文章分别以《社会主义商品经济理论问题》和《社会主义市场经济理论的几个问题》为题，具有全书"导论"的味道。这两篇以后的文章，除了第三篇《实现由计划经济向社会主义市场经济的历史转轨》一文以外，其他全部都是2000年以后的作品。此时社会主义市场经济体制经过了若干年的试行和发展，其获得的巨大成就与积累的众多问题，已经到了可以初步总结的地步。在对社会主义商品市场理论的确立和社会主义市场经济体制的缘起进行回顾之后，本文集第三篇展开了对社会主义市场经济是"社会主义"与"市场经济"的有机统一这一主题的分析，明确我国市场取向政策的目的是社会主义经济制度的自我完善，而不是演化转变为资本主义。接着在以下诸篇，分解社会主义市场经济（区别于资本主义市场经济）的三个基本特征，逐一分析说明。这三个基本特征是：

第一，在所有制结构上，社会主义市场经济是以公有制经济为主体，多种所有制经济共同发展的社会主义基本经济制度为其制度基础的。

第二，在经济运行机制上，社会主义市场经济是有计划的，即在国家宏观计划调控下，发挥市场在资源配置中的基础性作用。

第三，在追求目标上，社会主义市场经济力求效率与公平并重，更加重视社会公平，最终实现共同富裕。

十分明显，多年来理论界在这三个方面的纷争，与在"市场经济"和"社会主义"要不要结合统一起来这一根本问题上的纷争，是同样激烈的。同"社会主义市场经济"的上述正好相反，从反对方向来的意见也是三条：第一，反对以公有制经济为主体，主张私有化；第二，反对国家宏观计划调控和政府对经济的监督管理，主张完全的自由化；第三，反对共同富裕，主张两极分化。当然，这是就其实质倾向而言。可想而知，没有人敢于公开提出反对共同富裕，宣扬两极分化的主张。但是确有某种既得利益集团势力及其在政界的代理人和学界的代言人，变相宣扬他们抵制共同富裕和推行两极分化的理论和政策。

针锋相对的理论纷争，当然有理论是非问题，需要辨别清楚。但是更大程度上这是当今中国社会不同利益集团势力的对决。反对市场经济与社会主义相结合、主张私有化、自由化和两极分化的声音，虽然有雄厚的财富和权力的实力背景，但毕竟只代表极少数人的利益。而主张"市场经济"必须与"社会主义"相结合，以公有制为主体，以国家宏观计划调控为指导和以共同富裕为目标的声音，则代表了工农大众和知识分子群体的期望。中国经济改革的前景，不取决于争论双方一时的胜负，最终将取决于广大人民群众的意志。

本书的最后部分附录了九篇文章；其中前五篇反映了改革开放初期（十四大以前）作者对计划与市场关系的理解。后四篇近几年写的文章涉及的问题较为广泛，与本文集主体部分讨论的问题，有密切关系，但不好列入各篇分类标题所属范围。谨附录于此，供研究参考。

"十八大"后再谈中国经济
体制改革的方向*

——警惕以"市场化为名"
推行"私有化之实"的倾向
（2013年4月20日）

　　中共十八大后，我国经济改革的方向和重点是什么？中共十八大报告为中国经济改革已经指明了方向，就是要不断完善已经初步建立起来的社会主义市场经济体制。我们的改革目标很明确，就是要建立社会主义市场经济体制，而不是资本主义市场经济体制；要建立以公有制为主体的市场经济体制，而不是以私有制为主体的市场经济体制；要建立有国家宏观调控和计划导向的市场经济体制，而不是自由放任的市场经济体制；要建立确保广大人民群众共享改革发展成果的市场经济体制，而不是为了方便少数人攫取巨额财富的市场经济体制。以上这些内容和精神，实际上，在改革开放以来党的文件和历届领导的讲话中得到了体现，也为广大理论工作者、实际工作者所认可和接受。但最近，有一种错误的观点对我们的改革目标进行了歪曲。如果对此种错误的观点不进行警惕和批判，就可能对我国下一步的改革走向产生不利的影响，对社会主义市场经济体制的完善会产生极大的危害。

＊　此文是2013年4月20日在福州师范大学召开的经济理论研究会第23届年
　　会上的讲话稿，发表于《中华魂》2013年第6期。

这种观点的核心思想和主要论据的出发点是：中国现时仍然是一种"半统制、半市场"的体制，政府和国有经济仍然牢牢统制国民经济的运行和一切"制高点"，市场在资源配置中发挥基础作用的目标远没有实现；改革开放所取得的成就都要归功于市场化的进展，改革开放中所出现的问题主要是由于政府干预过度、市场化不够；收入两极分化等社会矛盾的根源最主要的是由于政府权力过大、贪污腐败过于严重。据此，他们主张，下一步改革要从以下方面着手进行：一是破除国有经济对一些重要产业的垄断；二是减少政府对市场的过度干预。"市场化"是解决中国经济问题、社会矛盾的唯一灵丹妙药，是实现中华民族伟大复兴的唯一"法宝"。

实际上，这种观点并不是什么新东西，它就是前段时间大家批判的新自由主义、市场原教旨主义。持这种错误观点的人士，把中国现在实行的有国家宏观调控和计划导向的社会主义市场经济看成是"半统制、半市场"的混合经济，这完全是扭曲事实，混淆是非。现在，包括一些发达国家在内的约有97个国家已经承认中国市场经济国家地位，即使那些没有承认的国家也主要是基于政治考虑。据国内外许多专家学者测算，中国的市场化程度已经相当高。北京师范大学经济与资源管理研究院的"中国市场化进程"课题组撰写的《2010中国市场经济发展报告》显示，2008年我国市场化程度已达76.4%[1]，生产要素市场化程度已达到87.5%[2]，产品市场化程度已达到95.7%[3]。这样看来，总体上讲，中国现今市场化达到的程度，已远非是"半市场"，而是在

---

[1] 李晓西、曾学文：《2010中国市场经济发展报告》，北京师范大学出版社2010年版，第337页。

[2] 李晓西、曾学文：《2010中国市场经济发展报告》，北京师范大学出版社2010年版，第321页。

[3] 李晓西、曾学文：《2010中国市场经济发展报告》，北京师范大学出版社2010年版，第340页。

国民经济中早已过了"大半"，体现出市场在资源配置中的基础性作用。至于他们所说的政府统制，实指国家的计划导向与宏观调控，也绝不是什么"半统制"，而是涵盖了经济运行必要的范围。所有这些也正是社会主义市场经济题中之义。

持上述错误观点的人还认为，国有经济仍然牢牢掌握国民经济的"一切"制高点，近些年存在大规模"国进民退"，这是颠倒黑白的。2010年公有制经济与私有制经济（包括外资和内资）在GDP中所占比重为27%：73%，而2006年为37%：63%[1]。国有经济在工业经济中的比重，1998年为28.2%，2011年为7.9%。从上述数据可以看出，我国国有经济在国民经济中的比重不断下降，宏观上并不存在所谓的"国进民退"；微观上国有经济"有进有退"，但更多的是"国退民进"，一些案例中的所谓"国进民退"，多半属于资源优化重组，并非没有道理。事实是，根本不存在"国进民退"，更多的是"国退民进"。

持这种错误观点的人还认为，改革开放以来所产生的经济问题、社会矛盾的根源就在于政府干预过多，收入两极分化主要是由于政府权力过大、贪污腐败太过严重造成的。严重的贪污腐化确实是我国政治经济社会机体里的一大癌症，必须如十八大后宣布的不论老虎苍蝇都要从严惩治。而他们渲染行政官员贪污腐化的根本目的，则是以此掩盖过度市场化和过度私有化才是导致我国收入两极分化程度严重等社会问题的真正根源。他们栽赃政府的逻辑是，权力必然产生腐败，政府干预过多必然导致官员收入过高、百姓收入过低，因此要解决两极分化就是让政府放权、一切由市场来解决。这样的逻辑明显是错误的。政府权力大小与贪污腐化有关，但不是直接因果关系。改革开放前，我国实行高度集中的计划经济，政府的权力比现在大得多，但腐败并不严重；

---

① 何干强：《论公有制在社会主义基本经济制度中的最低限度》，《马克思主义研究》2012年第10期。

所有制结构偏颇于一大二公，导致收入分配平均主义倾向的弊病，却没有出现收入两极分化趋势。现在政府对经济必要的管制与干预大大少于过去计划经济时期，腐败反而变本加厉，可见腐败的产生另有根源，明显与过度市场化所带来的社会道德风尚恶化有关，当然也不应忽视体制改革中不完善不成熟之处，也为腐败的涌流提供了缝隙，应当通过完善改革来严加堵塞。贫富差距的扩大和两极分化趋势的形成，实际上，主要源于初次分配。初次分配中影响最大的核心问题是劳动与资本的关系。按照马克思主义观点，所有制决定了分配制，财产关系决定分配关系。财产占有上的差别，才是收入差别最大的影响因素。改革开放三十多年来我国贫富差距扩大的最根本原因，是所有制结构上和财产关系中的"公"降"私"升和化公为私，财富积累集中于少数私人。

持前述错误观点的人主张，十八大后，改革要从以下两方面着手进行：一是破除国有经济对一些重要产业的垄断；二是减少政府对市场的过度干预。目标就是通过市场化、法治化、民主化的改革，建立包容性的经济体制和政治体制，实现从威权发展模式到民主发展模式的转型。说到底，他们心目中改革的理想目标模式和顶层设计，似乎就是欧美的自由市场经济模式或社会市场经济模式；他们倡导的进一步市场化，似乎就是全面实行私有化；他们推崇的服务于垄断资本的所谓"有限政府""中性政府"，似乎就是资本主义国家的政府；他们主张取消公有制的主体地位和打破国有经济的主导和垄断地位，似乎就是要让私有经济主导中国经济；他们宣扬抽象的"好的"市场经济，似乎就是资本主义市场经济。他们的主张一点也不令人奇怪，因为在他们思想深处已刊发文章，认为法国大革命、巴黎公社、十月革命所宣传的思想给世界带来的只能是大灾难和大倒退。我们党和政府一定要认清这种错误观点的实质，一定要警惕这种错误观点的危害，一定要防止"西化""分化""资本主义化"的思潮干扰我们的改革大业。

下一步我们的经济改革的方向是什么？要回答这一问题，必须对当今的中国有一个清醒的认识和判断。今天的中国和三十多年前改革初期的中国有着明显的不同，国家的经济形势、社会矛盾、面临的国际环境都已发生巨大变化。依照十八大精神，2000年中国已建立起社会主义市场经济体制，并完善十多年，下一步改革的任务就是继续完善它，也就是说我们既不能回到传统计划经济体制，也不能把它变成资本主义市场经济体制。经过三十多年的改革开放，我国市场化程度已不比有些西方国家低，不足之处需要完善，过头之处需要裁减，不宜简单地宣扬"进一步市场化"，否则，可能会带来由于过度市场化而引发种种灾难的后果；我国的所有制结构已发生深刻变化，国有经济的战线已大幅度收缩，如果继续对所剩不多的大中型国有企业进行私有股份化改革或改制，我国社会主义初级阶段以公有制为主体的基本经济制度将更难以维持；我国除广播、出版等极少数行业没有对外资大规模开放外，绝大多数行业已开放，如果继续盲目扩大开放领域或没有限制的开放，则可能给我国带来经济安全和文化安全的问题；我国的财富和收入分配不均的状况已相当严重，基尼系数大大超出国际警戒线，如果再不采取有效措施遏制收入两极分化不断扩大的趋势，则极有可能引发社会动荡，最终实现不了共同富裕的理想。

今后，我们还要搞社会主义市场取向的改革和完善，但不搞过度市场化；我们还要搞国有企业管理的改革创新，但不能搞私有股份化；我们欢迎外资、利用外资，但要对外资有所限制、不能被外资控制；我们支持竞争、反对垄断，但不能以反垄断为名、限制国有经济的发展；我们拥护政府让利于民，发挥私营经济的活力，但并不是支持政府让利于少数富人、少数大资本所有者，继续扩大贫富差距；我们赞成市场在资源配置中起基础性作用，但并不是说要削弱国家的经济调控和计划导向的能力。

十八大后，我认为经济改革应该从以下三个方面着手进行工作：一是做优、做强、做大国有经济和集体经济，发挥国有经济的主导作用和公有经济的主体作用；二是转变政府职能，提高国家的宏观经济调控和计划导向能力；三是着力改善民生问题，逐步解决财富和收入两极分化问题。

十八大报告强调，我们要毫不动摇地巩固和发展公有制经济，推行公有制多种实现形式，推动国有资本更多投向关系国家安全和国民经济命脉的重要行业和关键领域，不断增强国有经济活力、控制力、影响力。在这里笔者想指出的是，在社会主义经济中，国有经济不是仅像在资本主义制度下那样，主要从事私有企业不愿意经营的部门，补充私人企业和市场机制的不足，而是为了实现国民经济的持续稳定协调发展，为了巩固和完善社会主义经济政治文化制度。因此，国有经济应在能源、交通、通信、金融等关系国民经济命脉的重要行业和关键领域有"绝对的控制力"或"较强的控制力"。我国作为一个社会主义大国，国有经济的数量底线，不能以资本主义国家私有化的"国际经验"为依据。确定国有经济的比重，理应包括保障、实现和发展社会公平和社会稳定的内容，所以国家对国有经济控制力的范围要比资本主义国家大得多。

我国建立的是社会主义市场经济体制，我国的宏观经济调控能力应比一般市场经济国家强，手段也要更多一些。我们社会主义国家宏观调控下的市场经济怎样区别于资本主义国家呢？除了基本经济制度的区别外，就在于我们还有计划性这个特点，还有国家计划的指导。少数市场经济国家，如日本、韩国、法国，都曾设有企划厅之类的机构，编有零星或部门的预测性计划。英、美等多数市场经济国家只有财政政策、货币政策等手段，没有采取较有效的计划手段来调控经济。但我们是以公有制经济为主体的社会主义发展中大国，要实行跨越式发展，有必要也有可能在宏观调控中运用计划手段，指导国民经济有计划按比例发展。这符合马克思主义有计划按比例发展的真理，也是社会主义市场经济的优越性所在。

我们党提出到2020年要全面建成小康社会。要在剩下的七年的时间里，达到这一目标，我们必须加紧改善民生问题，抓紧解决财富和收入两极分化问题。要解决贫富两极分化问题，不能仅仅从分配领域本身着手。仅仅通过完善社会保障公共福利制度，调整财政税收、转移支付等政策，是难以从根本上解决这一问题的。我们需要从所有制结构，从财产制度上直面这一问题，需要从基本生产关系，从基本经济制度来接触这个问题；需要从强化公有制为主体地位来解决这个问题。同时，我们也要改革财富和收入分配制度，坚持按劳分配为主，限制按资分配，努力实现居民收入增长和经济发展同步、劳动报酬增长和劳动生产率提高同步，提高居民收入在国民收入分配中的比重，提高劳动报酬在初次分配中的比重。这样，我们才能扭转贫富差距扩大的趋势，最终实现共同富裕。

今后很长时间内，中国经济改革的方向仍然是建立完善的社会主义市场经济体制。我们搞社会主义市场经济自然需要市场体系，需要培育多元化的市场竞争主体，需要建立一个公平竞争和法治的市场环境，但我们反对过度市场化，反对以市场化为名进行私有化，反对通过弱化、分化、肢解国有经济来实现竞争主体的私有化和多元化，反对建立一个不讲计划、没有国家强有力宏观调控的资本主义式的自由竞争的市场经济。

警惕以错误观点歪曲
我国经济改革方向*

（2013年）

把我国现在实行的有国家宏观调控和计划导向的社会主义市场经济看成是"半统制、半市场"的混合经济，这完全是扭曲事实，混淆是非。截至目前，包括一些发达国家在内有近百个国家已经承认中国市场经济国家地位。据国内外许多专家学者测算，中国的市场化程度已经相当高。北京师范大学经济与资源管理研究院的"中国市场化进程"课题组撰写的《2010中国市场经济发展报告》显示，2008年我国市场化程度已达76.4％，生产要素市场化程度已达87.5％，产品市场化程度已达95.7％。总体上看，我国现今市场化达到的程度，已远非是"半市场"，而是早已过了"大半"，体现出市场在资源配置中的基础性作用。至于一些人所说的"政府统制"，实指国家的计划导向与宏观调控，但这绝不是"半统制"，而是社会主义市场经济题中应有之义。

国有经济仍然牢牢掌握国民经济的"一切"制高点，近些年存在大规模"国进民退"，这是颠倒黑白。2010年公有制经济与私有制经济（包括外资和内资）在GDP中所占比重为27％∶73％，而2006年为37％∶63％。可见，我国国有经济在国民经济中的比重不断下降，宏观上并不存在所谓的

　*　载于《党建研究内参》2013年第7期。

"国进民退"；微观上国有经济"有进有退"，但更多的是
"国退民进"，一些案例中的所谓"国进民退"，多半属于
资源优化重组。

　　改革开放以来所产生的经济问题、社会矛盾的根源在于政府
干预过多，收入两极分化主要是由于政府权力过大、贪污腐败太
过严重造成的，这明显是错误的。这种观点认为，权力必然产生
腐败，政府干预过多必然导致官员收入过高、百姓收入过低，因
此，要解决两极分化就是让政府放权、一切由市场来解决。这样
的逻辑明显是错误的。政府权力大小与贪污腐化没有直接因果关
系。腐败的根源，主要与过度市场化所带来的社会道德风尚恶化
有关，当然也不应忽视体制改革中不完善、不成熟之处。如此渲
染党政官员贪污腐化的根本目的，则是以此掩盖过度市场化和过
度私有化才是导致我国收入两极分化程度严重等社会问题的真正
根源。而贫富差距的扩大和两极分化趋势的形成，实际上主要源
于初次分配。初次分配中影响最大的核心问题是劳动与资本的关
系。按照马克思主义观点，所有制决定分配制，财产关系决定分
配关系。财产占有上的差别，才是收入差别最大的影响因素。我
国贫富差距扩大的最根本原因，是所有制结构上和财产关系中的
"公"降"私"升和化公为私，财富积累集中于少数私人。

　　持上述错误观点的人主张进一步市场化。他们认为，改革要
从以下两方面着手进行：一是破除国有经济对一些重要产业的垄
断；二是减少政府对市场的过度干预。目标就是通过进一步市场
化、法治化、民主化的改革，建立所谓包容性的经济体制和政治
体制。事实上，他们认为改革的理想目标模式和顶层设计，似乎
就是欧美的自由市场经济模式或社会市场经济模式；他们倡导的
进一步市场化，似乎就是全面实行私有化；他们推崇的所谓"有
限政府""中性政府"，似乎就是资本主义国家的政府；他们主
张的取消公有制主体地位和打破国有经济的主导和垄断地位，似

乎就是要让私有经济主导中国经济；他们宣扬抽象的"好的"市场经济，似乎就是资本主义市场经济。我们一定要认清这些错误观点的实质，警惕这些错误观点的危害，防止"西化""分化""资本主义化"的思潮干扰我们的改革大业。

对"社会透视——马克思主义视角" 青年学术沙龙的寄语*

（2013年）

今天是中国共产党建党92周年的纪念日，在这样一个有意义的日子里，"社会透视—马克思主义视角"青年学术沙龙举办主题为"中国梦，什么梦"的首次学术活动，这表明中国社科院的青年学者有着敏锐的政治意识、强烈的社会责任感和坚定的马克思主义立场。我首先对这一学术沙龙的成立表示衷心的祝贺，但由于身体原因，我不能亲自到现场和青年学者们进行交流，我想以这种录像的方式同大家谈谈经济学研究中的立场问题。

研究社会经济问题要不要有正确的立场呢？现在，在中国由于多元化思潮的侵蚀与泛滥，研究社会经济问题要有正确的立场、观点和方法的说法，不太时兴了。但我总认为，马克思主义的立场，劳动人民的立场，大多数人民利益的立场，关注社会弱势群体的立场，是正直学者应秉持的基本原则，是不能丢弃的。马克思主义的基本观点和方法也是要坚持的。当然，研究具体社会经济问题的观点、方法，可以借鉴西方相关理论中的合理成分，为我所用。

马克思主义理论具有鲜明的阶级性，它代表无产阶级的利益，坚持马克思主义立场，就是要始终代表最广大人民的根本利益。谁是最广大人民呢？中国社会主义初级阶段的广大人民，除

---
* 中国社会科学院马克思主义研究院马克思主义青年工作组等单位，2013年7月1日，举办的以"中国梦，什么梦"为主题的"青年学术沙龙"。

了广大劳动人民群众，还包括部分剥削阶级。应当说，马克思主义和共产党不能代表剥削阶级的利益，只能在一定历史条件下，如民主革命时期、社会主义初级阶段，关怀和照顾一部分剥削阶级（民族资产阶级、合法私营企业主阶层）的正当利益，以团结他们为革命和建设而努力。但不能无条件地、毫不动摇地、毫无限制地支持剥削阶级。绝对不能为迁就或成全他们的利益而损害劳动人民的利益。当前，我国贫富差距的扩大，两极分化趋势的形成，就是这种损害的表现。这是同马克思主义的立场和共产党的宗旨格格不入的。中国的马克思主义学者尤其是青年马克思主义学者，一定要贯彻这个立场，处处不能忘了这个立场。

借此机会，我也想给青年学者们提几点建议和希望。

一、学术研究中要有问题意识。学术研究不是空谈，不是文字游戏，不是书斋中的奇思妙想。学术研究就是要发现问题、研究问题、解决问题。改革开放以来，我们国家虽然取得了辉煌的成就，但很多现实问题、理论问题仍然存在，需要大家进行研究，提出好的解决办法。

二、希望青年学者多深入生活、深入实践、深入群众，多搞调查研究。毛主席讲过："没有调查就没有发言权。"只有经过调查研究，我们的研究成果才有分量，才有针对性，才能解决问题，才不会误国误民。

三、希望社科院的青年学者能勇于、敢于、善于担当社会责任。中国社科院是我国哲学社会科学研究的最高殿堂，是党和国家的思想库、智囊团，是马克思主义的坚强阵地。我们的青年一定要勇于和一些错误思潮作斗争，敢于对社会的弊病进行批判，善于为国家的发展提供良策。

最后，祝愿青年学者们能用马克思主义这一社会透视镜，找准社会问题，提出治国兴邦之策，使我们的国家富强、民族复兴、人民幸福的"中国梦"早日实现！

谢谢大家！

九十感恩*

（2013年11月26日）

今天各位朋友在这里聚会，研讨完善社会主义市场经济体制问题，庆贺我九十岁生日。我很感谢诸位的光临。

我本不想以牵动众人的开会形式来过自己的平凡的生日，更不敢惊动一些高龄的老同志。但是学会同志积极筹办，意在借此弘扬马克思主义经济理论，我也不便拂他们的好意。

下面我做一个简短的发言，请大家指教！人到九十，现在已不算稀奇，但总还是一道惊心的坎。我这一生没有什么大出息。自知不怎么聪明，自负还算守本分，勤奋以治学，平实以做人。做了一点有益于社会的事情，也是在现代的"天、地、君、亲、师"的培育、熏陶、教诲和朋友们的帮助下取得的结果。我这里说的现代的"天""地""君"，是指马克思主义宇宙观和世界观、科学社会主义、真正的共产党；至于"亲""师"和"友"，就不用解释了。我对他们给我的恩惠，怀着深深的感念之情。

九十年来，有近七十年都是与经济学打交道。"文革"以前，我的研究领域主要是在社会主义再生产理论和国民经济综合平衡方面。"文革"以后，主要研究经济体制模式转换和经济发展模式转换方面的问题。这两个方面问题的研究，都得到当时

---

* 《完善社会主义市场经济体制暨刘国光经济思想研讨会文集》，中国社会科学出版社2014年版。

学界的关注。进入21世纪，八十岁以后，我已告老，出于职业习惯，老而不休。2003年的"八十心迹"，特别是2005年的"对经济学教学和研究中一些问题的看法"等几篇偶然写出的文章，把我带进一个新的是非争论的境地。这场争论反映了意识形态战线一个角落的硝烟，我就不深讲了。

这十年来，我脑力渐衰，勉强陆续写了一些东西，大多集中在讨论"市场经济"和"社会主义"的关系问题，现已由中国社会科学出版社选编专辑出版。我的总的理念其实也很平常：在社会主义初级阶段，我们需要继续完善市场经济的改革，但这个市场经济改革的方向必须是社会主义的，而不是资本主义的。这个问题关系到我国改革的前途命运，也是现今经济领域里意识形态斗争的焦点。环绕这个问题的针锋相对的纷争，当然有理论是非问题，但是在更大程度上，这是当今中国社会不同利益阶层势力的对决。反对"市场经济"与"社会主义"相结合，主张私有化、自由化和两极分化的声音，虽然有雄厚的财富和权力的实力背景，但毕竟只代表少数人的利益。而主张"市场经济"必须与"社会主义"相结合，以公有制为主体，以国家宏观计划调控为导向，和以共同富裕为目标的声音，则代表了工农大众和知识分子群体的希望。中国经济改革的前景，不取决于争论双方一时的胜负，最终将取决于广大人民群众的意志。所以，我虽然年满九十，来日不多，但对此仍满怀信心和激情。

再次感谢大家对我的祝愿！

（2013年11月26日在"庆贺刘国光九十华诞暨完善社会主义市场经济体制研讨会"上的答谢致词）

孙冶方经济科学基金会成立30周年纪念会暨第15届孙冶方经济科学奖颁奖大会上的发言*

（2013年12月8日）

今天在这里召开孙冶方经济科学基金会成立30周年纪念会暨第15届孙冶方经济科学奖颁奖大会，我以基金会发起人之一和基金会最老同志之一的身份，向大家表示衷心的祝贺。

首先，我祝贺孙冶方基金会在党和国家有关领导的亲切关怀和在经济学同仁和社会各界的大力支持下，对推动我国经济科学的繁荣和发展所发挥的积极作用和取得的硕果。

其次，我对历届孙冶方经济科学奖获奖者，祝贺他们经济研究的优秀成果奉献社会，加入中国优秀经济学者的荣誉队伍，当然有些得主本来就是知名学者，现在更上一层楼，更加提高了学术档次。

值此庆贺孙冶方经济学基金会成立三十周年之际，作为当年称作"孙冶方一伙人"或"八大金刚"当中，现在仅存的一个学生，敝人虽然年过九十，也想利用这个机会，表达我终生怀着对先师孙冶方先生深深的感念之情。在我的印象中，孙冶方先生是一位执着追求真理，从不向权威低头的人；永远跟着时代前进，不断修正和完善自己的学术观点的大学问家。但是万变不离其宗的是，孙冶方先生始终是一位坚定的马克思主义者，一位真正的

---

* 2013年12月8日于钓鱼台国宾馆。

共产党人。我想这也应当是我们基金会在经济学界提倡的精神和树立的形象和榜样。

所以，我希望基金会能够促进造就的，应当不仅是单纯的"大经济学家"，而且是马克思主义的"大经济学家"。正如我在几年前（2008年）我们基金会召开的孙冶方一百周年诞辰纪念会上讲过，现在多元化的改革开放时代，学派林立，相互对立，不相往来。在有些经济学的聚会上，看不到主流经济学人物的影子，而在另一些聚会上，真正马克思主义经济学者却凤毛麟角。我希望孙冶方基金会能够为经济学各派（主要是强调马克思主义的经济学派和不强调马克思主义的或非马克思主义的学派）提供交流互动的场所平台，同时突出马克思主义政治经济学的主旋律地位。我这个意见好像同现在的主流逆向而行，但是符合党的意识形态工作的方针，更符合先师孙冶方先生的精神。

能不能做到这一点呢？我相信只要领导重视，一定能做到！

谢谢大家！

从经济领域中意识形态斗争
谈到改革方向及其他[*]

(2013年12月)

经济领域的意识形态斗争，关系到改革向何处去的问题，须引起高度重视。必须以马克思主义的经济理论观点理解社会主义市场经济中市场与政府的关系。社会主义市场经济在市场价值规律起作用的同时，还受"有计划按比例发展规律"的支配；可按照资源配置的微观层次和宏观层次来划分市场与政府的功能。有了对社会主义市场经济中政府与市场关系的正确理解，我们就能掌握好中国改革航船的舵盘，坚持既是"市场经济"的又是"社会主义"的改革方向，驶向实现中国梦的美好未来。

一

从经济建设与意识形态工作的辩证关系谈起。习近平同志在全国宣传思想工作会议上指出："经济建设是党的中心工作，意识形态工作是党的一项极端重要的工作。"①这句话高屋建瓴地阐释了经济建设与意识形态工作的辩证关系。简言之，经济建设

---

* 主稿是作者2013年12月22日在"中国经济社会发展智库第七届高层论坛"上的发言，此后以不同组合或节要形式，先后刊载于《中国社会科学院研究报告》2014年1月18日；《中国社会科学报》2014年7月16日；上海《社会科学报》2014年6月5日；等等。

① 习近平：《胸怀大局把握大势着眼大事 努力把宣传思想工作做得更好》，《人民日报》2013年8月21日。

工作为意识形态工作创造物质基础，只有经济建设这个中心工作做好了，意识形态工作才会有坚实的物质基础；反过来，意识形态工作做好了，可以为经济建设这个中心工作保驾护航，保证经济建设持续、快速、健康发展。

按照历史唯物主义基本原理，经济基础决定上层建筑，上层建筑是指建立在一定社会经济基础上的社会意识形态以及与它相适应的政治、法律制度和设施，而上层建筑也会反作用于经济基础。当然，这也包括意识形态会反作用于经济基础。

在阶级社会里，包括在社会主义初级阶段，意识形态具有鲜明的阶级性。资本主义经济基础决定资本主义的意识形态，社会主义经济基础决定社会主义的意识形态。代表先进的阶级利益的意识形态对社会的经济发展起促进作用，代表反动阶级利益的意识形态对社会的经济发展起阻碍作用。毛泽东同志曾指出："凡是要推翻一个政权，总要先造成舆论，总要先做意识形态方面的工作，革命的阶级是这样，反革命的阶级也会是这样。"[1]龚自珍说过："灭人之国，必先去其史。"[2]苏联的解体就是鲜明的事例。当今一些丑化革命领袖、否定改革开放前三十年、抹黑公有制经济和国有企业的言论，其终极意图在于颠覆共产党的领导，改变社会主义经济制度，是十分明显的。对此我们应当提高警惕，深刻认识到意识形态工作的重要性、长期性、复杂性，巩固马克思主义在意识形态领域的指导地位。

经济建设与意识形态工作不都是两种平行的事情，某些意识形态与经济工作有着密切的交叉关系。意识形态深入经济工作之中，经济工作本身也蕴含着意识形态因素，如经济建设的指导思

---

① 《建国以来毛泽东文稿》（第10册），中央文献出版社1996年版，第194页。

② 龚自珍：《古史钩沉论》，《龚自珍全集》，上海人民出版社1975年版，第23页。

想本身就属于意识形态的范畴。

当前，在意识形态领域流行的错误思潮中，西方宪政民主、普世价值、历史虚无主义、公民社会等，属于政治、文化、社会领域，与经济领域的关系不是直接的。而新自由主义则属于经济领域中的思潮，在各种思潮中居于很重要的地位。新自由主义经济理论的核心观点，如"经济人"假设、追逐私利的人性论、私有制永恒论、市场教旨主义、政府职能最小化（"守夜人"）等，在我国经济界、理论界广泛传播，对我国经济改革和经济发展施加相当大的影响。可以说，当前我国经济领域存在着中国特色社会主义和新自由主义思想的斗争，这个斗争是经济领域中的意识形态斗争。这个斗争直接关系到经济建设的成败得失和中国特色社会主义的前途命运，关系到改革向何处去的问题，即是走完全自由化的市场经济道路，还是走中国特色社会主义市场经济道路？对此，党的十八届三中全会明确做出了回答："坚定不移高举中国特色社会主义伟大旗帜，既不走封闭僵化的老路，也不走改旗易帜的邪路。"

二

现在海内外对中国政治经济形势有一种流行的说法，叫"经右政左"，即经济上更加趋于自由化、市场化，放开更多管制领域；同时政治上更加趋于权威化，高举马克思列宁主义、毛泽东思想的旗帜，收紧对意识形态的控制。似乎我国在经济领域上偏右，而在政治和意识形态领域偏左。好像左右双方对此都有议论，角度不同，好恶各异。

姑且不论"经右政左"说法的是非，从理论上讲，这是一对矛盾的概念。按照历史唯物主义的基本原理，政治、意识形态等上层建筑是由经济基础决定的。如果上层建筑与经济基础的方向一致，就可以巩固经济基础；如果经济基础与上层建筑偏离，那么就会使经济基础发生变异，原来的上层建筑也会有坍塌之虞。

有人分析，"经右政左"的风险，可能会导致社会分裂，所以这种局面难以长久持续。社会主义经济如果长期受到西方新自由主义经济思想的侵蚀，使自由化、私有化倾向不断上升，计划化、公有制经济为主体的倾向不断弱化，社会主义经济基础最终就要变质，变成与社会主义意识形态和上层建筑不相容的东西。而随着私有经济的发展，资产阶级力量壮大，其思想影响也扩大，迟早他们会提出分权甚至掌权的要求，那时即使在政治思想上坚持科学社会主义，做多大的努力，恐怕终究都难以为继。这是经济基础决定上层建筑所决定的，不以人的意志为转移的。对此我们一定要有清醒的认识，千万不能大意。

改革开放以来，我们逐步建立社会主义市场经济体制。按照党的十八届三中全会的说法，政治上"必须高举中国特色社会主义伟大旗帜，以马克思列宁主义、毛泽东思想、邓小平理论、'三个代表'重要思想、科学发展观为指导"[①]，而在经济上"坚持社会主义市场经济改革方向"[②]。这就是说，政治上既要高举马克思列宁主义、毛泽东思想，也要高举邓小平理论、"三个代表"思想、科学发展观；经济上既要"市场经济"，又要"社会主义"。如果把政治上和经济上的两边关系都摆正了，这就与所谓的"经右政左"的说法划清了界限。

三

下面笔者想就"坚持社会主义市场经济方向"问题，再谈一点认识。

---

① 《中共中央关于全面深化改革若干重大问题的决定》，《人民日报》
2013年11月16日。
② 《中共中央关于全面深化改革若干重大问题的决定》，《人民日报》
2013年11月16日。

刘国光

经济论著全集

第
17
卷

社会主义市场经济的改革方向，本身就是经济和政治的统一。我们的改革是要建立"社会主义市场经济"，不是单纯的市场经济，而是"社会主义+或×市场经济"。"社会主义市场经济"是一个完整的概念，是不容割裂的有机统一体。党的十四大报告第一次提出社会主义市场经济的改革目标时，就明确在"市场经济"一词的前面加上一个前置词"社会主义"，还有一个前提条件，就是"在国家宏观调控下"，让市场在资源配置中发挥重要作用。党的十八届三中全会准确地定位了市场作用和政府作用的关系。最近，习近平总书记在中央政治局第十五次集体学习时强调，"使市场在资源配置中起决定性作用和更好发挥政府作用，二者是有机统一的，不是互相否定的"。在资源配置中市场作用和政府作用都要有，不能任意削弱任何一个方面，这个是根本性的问题。

资源配置有宏观、微观不同层次，还有许多不同领域的资源配置。在资源配置的微观层次，即多种资源在各个市场主体（企业、机构、家庭、个人）之间的配置，市场价值规律可以通过供求变动和竞争机制促进效率，发挥非常重要的作用，也可以说是"决定性"的作用。但是在资源配置的宏观层次，如供需总量的综合平衡、部门地区的比例结构、自然资源和环境保护、社会资源的公平分配等方面，以及涉及国家社会安全、民生福利（住房、教育、医疗）等领域的资源配置，就不能都依靠市场来调节，更不用说"决定"了。市场机制在这些宏观层次和重要领域存在很多缺陷和不足，需要国家干预、政府管理、计划调节来矫正、约束和补充市场的行为，用"看得见的手"来弥补"看不见的手"的缺陷。

过去邓小平同志在提出社会主义也可以搞市场经济的时候，从来没有否定计划，一再说计划和市场都是手段，都可以用。党的十四大报告特别明确指出"国家计划是宏观调控的重要手段之一"。党的十四大召开前，当时总书记在中央党校省部级干部进修班上的讲话中说选择社会主义市场经济的改革目标时就提醒我们："社会主义经济从一开始就是有计划的，这在人们的脑子里和认识上一直是清楚的，不会因为提法中不出现'有计划'三个字，就发生是不是取消了计划性的疑问。"①以上所述表明了社会主义市场经济是有计划的市场经济，肯定了在社会主义市场体制中，计划和市场两种资源配置的手段都要用。但是以后，由于受新自由主义经济思想的影响，逐渐出现了重视市场、淡化计划的倾向。有人认为，我们现在搞市场化改革，"计划"不值得一提。"'十一五'计划"改称"'十一五'规划"，一字之差，就大作文章，欢呼离计划经济更远了，离市场经济更近了，"计划"好像成了一个禁区。但是，党的十七大报告还提出"发挥国家发展规划、计划、产业政策在宏观调控中的导向作用"。十八届三中全会通过的《中共中央关于全面深化改革若干重大问题的决定》（本文以下简称《决定》），在"使市场在资源配置中起决定性作用"的后面，紧随着跟上"更好发挥政府的作用"。虽然没有提"国家计划的导向"的字眼，但保留了"健全以国家发展战略和规划为导向、以财政政策和货币政策为主要手段的宏观调控体系"，其实也表达了"计划导向"的意思，只是回避了"计划"二字。这是颇值得玩味的。笔者认为，只要切实做到如《决定》所言"宏观调控体系"要"以国家发展战略和规划为导向"，那也没有多大关系。

值得注意的是，习近平总书记在《关于〈中共中央关于全面深化改革若干重大问题的决定〉的说明》中指出："市场在资

---

　　① 《江泽民文选》第一卷，人民出版社2006年版，第202页。

源配置中起决定性作用，并不是起全部作用。"①可见，市场的"决定性作用"是有限制的。根据这个精神，《决定》在写出市场的"决定性作用"的同时，也强调了政府和国家计划的作用。就是说政府和国家计划要在资源配置中起"导向性作用"。这样，市场与政府、市场与计划在资源配置中的"双重调节作用"的思想就凸显出来了。"双重调节作用"是程恩富同志最近对《决定》中有关市场与政府关系问题的一个提法②，颇有道理。

那么，在资源配置的调节中，市场和政府或计划，怎么分工？依笔者看，可按照资源配置的微观层次和宏观层次，划分市场与政府或计划的功能。市场在资源配置中起决定性作用，应该限制在微观层次。而政府职能如行政审批的缩减，也主要在微观领域。至于宏观层次上以及微观经济活动中对宏观产生重大影响的资源配置问题，政府要加强计划调控和管理，不能让市场这只"看不见的手"盲目操纵，自发"决定"。当然，对市场提供服务、实施监管、做"守夜人"的责任，政府还是责无旁贷的。

四

这样来理解社会主义市场经济中"政府"与"市场"或"计划"与"市场"的关系，符合马克思主义经济学原理，更加有利于坚持既是"市场经济"的，又是"社会主义"的改革方向。

党的十八届三中全会《决定》说得不错："市场决定资源配置是市场经济的一般规律"，这也就是市场价值规律。但是社会主义经济决定资源配置的就不是市场价值规律，而是有计划按比例发展规律。马克思主义认为，在共同的社会生产即以公有制

---

① 习近平：《关于〈中共中央关于全面深化改革若干重大问题的决定〉的说明》，《〈中共中央关于全面深化改革若干重大问题的决定〉辅导读本》，人民出版社2013年版，第71页。

② 程恩富：《习近平的十大经济战略思想》，《人民论坛》2013年第12期（上）。

为基础的社会生产中，国民经济要实行有计划按比例的发展。马克思说过："时间的节约，以及劳动时间在不同的生产部门之间有计划的分配，在共同生产的基础上仍然是首要的经济规律。这甚至在更加高得多的程度上成为规律。"[1]这说明，劳动时间按比例在各生产部门之间的分配，和劳动时间在利用中的节约，是集体化经济的第一经济规律。"劳动时间"包括活劳动时间和物化劳动时间，意味着人力资源和物质资源。其意思就是有计划按比例地分配和节约资源，是社会化生产要遵循的首要经济规律。有计划按比例发展就是人们自觉安排的持续、稳定、协调发展，它不等同于传统的行政指令性的计划经济，更不是某些人贬称的"命令经济"。"有计划"主要是指导性、战略性、预测性的计划，用以从宏观上导向国家资源的配置和国民经济的发展，当然，也包括某些必要的指令性指标，并不排除国家计划的问责功能。改革后，我们革除传统计划经济的弊病，适应初级阶段的国情，建立了社会主义市场经济体制，尊重市场价值规律，但是不能丢掉公有制下有计划按比例的经济规律。

在社会主义初级阶段，社会主义经济容纳市场经济，成为社会主义的市场经济，而不是什么纯粹的市场经济，或者其他性质的市场经济。这样的社会主义市场经济就不能只受一个市场价值规律的支配，而必须在市场价值规律起作用的同时，受"有计划按比例发展规律"的支配。所以，十八届三中全会《决定》所说的"市场决定资源配置是市场经济的一般规律"，单就市场经济来说，是绝对正确的；下面接着说"健全社会主义市场经济体制必须遵循这条规律"，也是对的，但是说得不够完整。因为社会主义市场经济要遵守的不仅是市场价值规律，这不是社会主义市场经济唯一的规律。社会主义市场经济还要首先遵守有计划按

① 《政治经济学批判1857—1858年手稿》，《马克思恩格斯文集》第8卷，人民出版社2009年版，第67页。

比例发展规律。这就是为什么在社会主义市场经济中，计划和市场、政府和市场、自觉的调节和自发的调节、"看得见的手"和"看不见的手"都要在资源配置中发挥重要作用的理论根据。

习近平同志说得好，"在市场作用和政府作用的问题上，要讲辩证法、两点论，'看不见的手'和'看得见的手'都要用好，努力形成市场作用和政府作用有机统一、相互补充、相互协调、相互促进的格局，推动经济社会持续健康发展"。

我们必须以马克思主义的经济理论观点，而不能以哈耶克之流的自由主义经济观点来理解社会主义市场经济中市场与政府、市场与计划的关系，这样我们就能掌握好中国改革航船的舵盘，驶向实现中国梦的美好未来。

从经济领域中意识形态斗争谈到改革方向及其他

关于混合所有制改革的一些看法*

（2014年4月29日）

十八届三中全会突出用混合所有制的办法进行国企改革，但混合所有制不是新事物，新中国成立初期我们就有公私合营，这其实就是混合所有制的一种方式。那是以公营经济渗进私有经济，逐步将私有经济改造成国有经济，是一种向社会主义过渡的所有制形式，时间很短，很快便完成改造。这次的混合所有制形式上类似以前的"公私合营"，实质上完全不同。它是倒过来，让私有经济参与国有经济的改革，那么是否意味着也倒过来，逐步把国有经济改变为私有经济，成为向资本主义过渡的一种短暂的所有制形式呢？笔者觉得不是这样的。党的方针意不在此，混合所有制经济是社会主义初级阶段基本经济制度的重要实现形式之一，不是短时间的，初级阶段要向社会主义高级阶段过渡，时间很长，所以混合所有制经济不应当是向私有制经济过渡的一种短暂的所有制形式。社会主义初级阶段的基本经济制度是以公有制为主体，多种所有制经济共同发展，公有经济和私有经济都是重要组成部分，必须坚持"两个毫不动摇"，无论在宏观国民经济层面，还是微观混合经济实体方面，我们都要公进私进，国进民进，不能只是国退民进。混合所有制要国有控股，国有经济占主导地位，要守住公有制为主体以及国有资本控股的底线。

发展混合所有制经济的目的是什么？习近平同志说国企在

* 《光明日报》记者周晓菲采访录音整理，2014年4月29日。

深化改革中不仅不能削弱，而且要加强，十八届三中全会的文件也说，"混合所有制经济要有利于放大国有资本的功能，实现国有资本的保值增值"。我们不能随着混合所有制经济的发展，使国有经济越来越萎缩，非公有经济越来越扩张，国有经济不但不能放大功能，而且混合到最后反而把国有资产都混没有了。这是国资委研究中心主任楚序平在"2013上海国资高峰论坛"上的讲话中，针对有人有这样的想法而提出的，这种想法与我国改革发展混合所有制经济的目标背道而驰。持这种把混合所有制看成是国退民进、公退私进、国有企业私有化形式的主张，的确大有人在。发改委某副主任在达沃斯世界经济会议上讲，政府大力提倡混合所有制经济，意味着地方政府可以将国有企业私有化，将国有企业卖来的资金还债，这与十八届三中全会精神风马牛不相及。

关于混合所有制改革的一些看法

在发展混合所有制经济中，有些人只注意外资或私资进入国企的单边关系，夏小林最近写了一篇文章提到，任何企业都有独大问题，为什么只强调国有股要减持，强调要让私有资本参进控股？有民营企业的大佬甚至公开宣称，若不能取得控股权，将不参与国企改革，其对国企改革的野心昭然若揭。凡此种种，都不符合十八届三中全会关于国资、私资、外资等交叉持股、互相融合等混合所有制改革的精神。

十八届三中全会文件起草时征求意见，笔者对原稿中经济部分第六点"积极发展混合所有制经济"这一段以及"合理减持现有国有股份"内容的表述提出意见：目前国有经济在国民经济中占比已经大大缩减的情况下（已经缩减到20％），如果继续对所剩不多的大中型国企进行国有股减持和私有股参进私有股份化改制，世界银行甚至提出到2020年、2030年要把国企股份比例降低到10％，或者实行"黄金股"，那么我国公有制为主体的基本经济制度将更加难以维持，社会主义市场经济将摇摇欲坠，就会变成资本主义市场经济。

　　笔者又对原稿中第八点提到的"鼓励非公有制经济参与国企改革，鼓励发展非公有制经济控股混合所有制企业"的表述，提了意见：当然可以这样鼓励，反过来也可以鼓励公有制经济参与非公有制改革，公有制经济控股混合所有制企业。原稿的表述使人认为混合所有制企业似乎只能是私有控股，到底哪个控股好要看具体情况而定。还要加上一个意思，如果国有控股转变为私有控股，那么混合所有企业整体的性质也就起了变化。以上两条意见，至今仍可以研究参考。

　　经过二十多年的发展，我国混合所有制改革起步已经多年，不少国企的股权结构已经多元化，上市公司当然如此，在中央地方国有控股上市公司内部，已经占据压倒性的优势。据楚序平的材料统计，在这些上市公司之间，非国有股权比例已经平均超过53%。在这个基础上，进一步尽可能降低国有股权比例，将其缩减到20%以下，或者政府持有1%的"黄金股"，甚至放弃"黄金股"的极端水平，连同地方出售大批中小型企业，将涉及巨额国有资产以及相应的巨额利润重新组合到私人手中，促使中国财富结构和收入结构进一步向中外私人资本富豪大倾斜，而国家财政收入减少，社会福利保障也相应减少。国家所掌握的财富、社会福利的财富，民生、社会建设的财富减少，富豪财富增加，这就是所谓的"马太效应"，后果极其严重。夏小林在《2014年国企与改革——兼评被污名化的"国资一股独大"》一文中分析了国有股私有化带来的恶果，应当受到重视。①所以，国企改革和发展混合所有制经济，一定要坚持社会主义的方向，坚持社会主义基本经济制度的根本原则，防止财富和收入分配通过所有制结构的变化向两极分化进一步推演。笔者曾在一篇文章中也提到所

---

① 夏小林文章在《管理学刊》2014年第3期发表。

有制结构与分配关系①。所以要围绕习近平同志所讲的"不仅不能削弱国企，而且要加强"改革，不能让其锐变为民营、外企进入国企的单边关系，以至于如习近平所警告一些人在"一片改革声中把国有资产变成谋取暴利的机会"，重演过去国企改革的悲剧。中央已经意识到这一点，部门和地方执行政策就很难说，有的方面思想上根本意识不到。可采取的措施很多，比如《环球时报》刊载昆仑岩的文章《决不能让疯狂卖国企重演》中举了一些办法，如混合经济可以合资合股，增资增股，而不是变相出卖国企，减持国股，等等，可以参考。有利于巩固社会主义基本经济制度的好的国企改革意见多得很，希望国企改革的决策和执行部门择优吸收。

（此文是根据"光明日报"记者周晓菲采访作者时，顺便提出的一个问题的录音整理，录音时间在2014年4月29日。此稿未收进记者编写的作者信息，这里是初次发表。）

关于混合所有制改革的一些看法

---

① 刘国光：《关于分配与所有制关系若干问题的思考》，《中国社会科学内刊》2007年第6期。

资本主义危机重重，社会主义全球化的趋势不可阻挡*

——2014年10月13日"第五届世界社会主义论坛"讲话

（2014年10月13日）

近些年来，以资本主义发达国家为主导的全球化格局虽然没有得到根本改变，但世界金融危机以来，国际关系正在进行大变革、大调整，世界多极化在加速发展。世界社会主义迎接种种挑战，从总体低潮到不断探索创新，展现了理论与实践的强大生命力。展望未来，我们愈加坚信，社会主义全球化是人类的必然归宿。

一、马克思主义科学揭示了全球化的发展规律，世界历史的大势不可阻挡

马克思主义科学揭示了人类社会历史发展的规律，指出人类社会最终将发展到共产主义社会。全球化作为人类社会发展的大趋势，与社会主义具有内在的一致性，它的发展方向必然是社会主义的全球化。马克思依据近代资本主义的历史现实，运用唯物史观的基本观点、方法，在批判继承黑格尔世界历史观的基础

318　　　* 周淼同志负责起草，刘国光修改定稿。

上，重塑了世界历史概念，创立了具有丰富内涵的"世界历史"理论，形成了马克思主义的全球化思想。马克思、恩格斯曾经在《德意志意识形态》中指出，共产主义是以生产力的普遍发展和与此相关的世界交往的普遍发展为前提的。他们还指出："各个相互影响的活动范围在这个发展进程中越是扩大，各民族的原始封闭状态由于日益完善的生产方式、交往以及因交往而自然形成的不同民族之间的分工消灭得越是彻底，历史也就越是成为世界历史。"马克思、恩格斯认为，资本主义创造了空前发达的生产力，在"历史向世界历史转变"的过程中起到了重大的历史推动作用，从而为世界社会主义的发展奠定了基础。当今经济全球化的发展使各国的经济发展越来越离不开世界市场和世界经济的发展，世界经济形势的变化在越来越大的程度上影响各国经济形势的变化。经济全球化还影响到不同国家的社会生活，各国的社会制度、政治体制、意识形态、生活方式和政治需求等虽然具有民族国家的特点，但相互影响在日益加深。当今世界经济全球化的发展现状也使我们愈发坚信马克思主义的科学性和真理性，愈发坚信社会主义全球化是人类历史发展的必然归宿。

二、当前的资本主义危机重重，国际局势正在发生深刻变化

经济全球化一方面使生产力获得了快速发展，在一定程度和一定范围内相对缓解了资本主义的基本矛盾，但也在全球范围内日益激化和扩展着当代资本主义的固有矛盾。"全球化"带来的"全球资本主义"意味着全球性的危机不可避免。经济全球化条件下，资本主义基本矛盾在经济上进一步发展为资本主义国家及跨国公司内部生产的组织性与全球经济无政府状态的矛盾，资本主义生产的无限扩大趋势同劳动人民有支付能力的需求相对缩小

之间的矛盾的全球化扩展。2008年以来的世界金融和经济危机正是资本主义基本矛盾在全球化条件下运动的必然结果。国际金融和经济危机也激化了资本主义的种种矛盾，当前最突出的表现就是世界上贫富两极分化日益严重，国际上局部地区局势动荡不安。

首先是世界范围内的贫富两极分化问题日益严重，这证明了资本主义制度的失败。近来法国学者托马斯·皮凯蒂的新书《21世纪资本论》在西方引发经济学界和思想理论界的强烈震动。皮凯蒂在《21世纪资本论》的主要观点就是市场经济发展的结果是增加而非减少贫富差距，他在书中用大量翔实的数据证明了20世纪七八十年代以来主要资本主义国家财富和收入分配不平等程度的日益加深。巨大的贫富差距和极不平等的社会现实，必然会造成被压迫、被剥削者的不满、反抗和斗争。全球性的贫富分化现象极为严重，这也是造成一些地区如中东北非地区局势动荡的重要原因之一。美国是全球资本主义的堡垒，美国国内的贫富两极分化趋势也日益严重，也引发了诸如"占领华尔街"运动等社会危机。其次是美国为维护霸权，在全世界不断挑起事端，严重影响着世界的和平与稳定。但这也阻挡不了美国霸权衰落、世界多极化发展的大趋势，国际局势正在发生着深刻的变化。

三、社会主义在不断前进，社会主义前景光明

苏东剧变以来，世界社会主义运动进入低潮，步入调整期。以中国为代表的社会主义国家，坚持社会主义道路，坚持马克思主义与本国实际相结合，努力探索和建设具有本国特色的社会主义，取得了巨大成就，增强了社会主义的生命力和吸引力。特别是中国共产党自建党90年来，带领中国人民经过不懈努力，历经社会主义革命和建设，以及30多年改革开放，终于开辟了中国特

色社会主义道路，在这条道路上，我国经济社会发展取得了举世瞩目的成就和进步，与此同时，还有效地抵御了世界性经济危机的不良影响，基本上维持了国民经济稳定而又有序的发展。

当前深入发展的国际金融和经济危机本质上同历次资本主义经济危机一样，是生产过剩的周期性危机。社会主义经济体受到为满足人民需要而生产的目的和有计划、按比例发展等规律的支配，本质上没有资本主义经济那样的矛盾，所以理论上不会发生周期性的生产过剩危机。目前中国经济建设适应社会主义初段阶段的要求，实行了允许非公有制经济和市场经济发展的道路，相应地引起了某些资本主义因素的存在和发展，形成了中国特色社会主义市场经济模式。同时中国加速对外开放，逐渐主动地融入经济全球化的潮流。这一方面为中国经济的迅速发展创造了条件，另一方面使中国经济逐步地卷入资本主义发达国家主导的市场经济的轨道，受到资本主义市场经济规律作用的影响越来越大。中国实体经济遇到的困难，性质其实与世界各国基本是一样的，就是产能过剩和需求不足。其原因是在现阶段由于某些资本主义经济因素的发展，允许实行鼓励按资本和其他非劳动要素分配的政策，出现了贫富差距过大的趋势。中国虽然卷入了这次世界经济危机，受到严重的损失，但相对说来，还是比较轻的。这与中国实行的中国特色社会主义模式有关，简单说来，中国容许市场化、私有化的发展，不是很彻底，还有一些保留。又比如在建立社会主义市场经济体制的同时，加强宏观调控，特别是保持了国家计划调控的余地。

总之，中国的经济并没有照抄欧美自由市场经济模式，没有遵循新自由主义的"华盛顿共识"，这是我们在这次危机中表现相对出色的主要原因。所以今后只要我们继续以我为主参加公正的经济全球化过程，自主掌握对外开放的广度和深度，才能摆脱资本主义世界经济周期的陷阱。必须坚持中国特色社会主义道

资本主义危机重重，社会主义全球化的趋势不可阻挡

路，反对把中国特色社会主义歪曲为中国特色的资本主义。我们必须坚持公有制为主体多种所有制经济共同发展，强化公有制的地位，同时发展公私多种经济成分，但要节制资本，削弱私有化趋势，坚持按劳分配为主，更加重视社会公平，逐步实现共同富裕，才能最终地阻止贫富差距继续扩大，导致产生有效需求不足、产能过剩等资本主义的固有弊病。我们必须坚持在国家宏观计划导向下，实行市场取向的改革，健全社会主义市场调控体制；用社会主义的基本原则来反对资本主义的私有化、市场化、自由化，把资本主义社会经济规律的作用限制在一定范围。只有这样，我们才能在资本主义周期性经济危机的浊流中，高举社会主义的红旗不断前进。

中国特色社会主义发展模式在应对金融危机中所表现出来的独特优势越来越引起世人的重视，其自身的影响力也在不断扩展。邓小平曾经指出，我们要用发展生产力和科学技术的实践，用精神文明、物质文明建设的实践，证明社会主义制度优于资本主义制度，让发达资本主义国家人民认识到，社会主义确实比资本主义好。邓小平还说，到中华人民共和国成立100周年的时候，中国将达到中等发达国家水平，国民生产总值位居世界前列。更重要的是向人类表明，社会主义是必由之路，社会主义优于资本主义。因此，中国道路的不断发展，用实践证明了社会主义的优越性，对广大的发展中国家来说，中国特色社会主义的发展模式的出现为他们提供了一条不同于西方发达国家所倡导的发展道路，值得他们进一步思考和借鉴。

当前，我们虽然面临着各种国内和国外的挑战，我国的发展仍处于可以大有作为的重要战略机遇期，我们只有坚持社会主义的基本政治经济制度，才能把握机遇，沉着应对挑战，确保到2020年实现全面建设小康社会，为社会主义事业开辟更加光明的未来。

政府和市场关系的核心
是资源配置问题[*]

（2015年）

[摘要]政府和市场是两种基本的资源配置手段，在社会主义市场经济中两者有机结合、相辅相成。在两者关系中，最核心的是资源配置问题。总的来说，资源配置有宏观、微观不同层次。在微观层次，市场价值规律可以通过供求变动和竞争机制促进效率，发挥非常重要的作用。但在宏观层次，不能都依靠市场来调节，需要国家干预、政府管理、计划调节来矫正、约束和补充市场的行为，用"看得见的手"来弥补"看不见的手"的缺陷。

[关键词]政府；市场；资源配置

党的十八届三中全会通过的《中共中央关于全面深化改革若干重大问题的决定》（以下简称《决定》）指出："经济体制改革是全面深化改革的重点，核心问题是处理好政府和市场的关系，使市场在资源配置中起决定性作用和更好发挥政府作用。"[①]政府和市场是两种基本的资源配置手段，在社会主义市场经济中两者有机结合、相辅相成。政府和市场的关系也是多种多样的，如市场管理关系、宏观调控关系、财政税收关系等，其

---

* 原载《毛泽东邓小平理论研究》2015年第11期。本文成稿过程中张新宁博士投入了大量的工作。

① 《中共中央关于全面深化改革若干重大问题的决定》，《人民日报》2013年11月16日。

中最核心的是资源配置问题。

一

　　资源是指一国或一定地区内拥有的物力、财力、人力等各种物质要素的总称。分为自然资源和社会资源两大类。前者如阳光、空气、水、土地、森林、草原、动物、矿藏等；后者包括人力资源、信息资源以及经过劳动加工创造的各种物质财富。马克思在《资本论》中说："劳动和土地，是财富两个原始的形成要素。"[①]马克思的定义，既指出了自然资源的客观存在，又把人（包括劳动力和技术）的因素视为财富的另一不可或缺的来源。劳动时间包括活劳动时间和物化劳动时间，都是资源的抽象。活劳动意味着人力资源，物化劳动意味着物质资源。可见，资源的来源及组成，不仅是自然资源，而且包括人类劳动的社会、经济、技术等因素，包括人力、人才、智力（信息、知识）等资源。据此，所谓资源指的是一切可被人类开发和利用的物质、能量和信息的总称，它广泛地存在于自然界和人类社会中，是一种自然存在物或能够给人类带来财富的财富。或者说，资源就是指自然界和人类社会中一种可以用以创造物质财富和精神财富的具有一定量的积累的客观存在形态，如土地资源、矿产资源、森林资源、海洋资源、石油资源、人力资源、信息资源等。

　　资源配置本来是西方经济学中的概念，认为资源配置是经济社会为达到最优或最适度的境界而对其资源（包括生产要素和产品）在各部门或个体之间或者各种用途之间的配置。许多西方经济学教科书都开宗明义地将资源配置作为其学科的研究对象，研究的目的是优化资源配置，以达到收益最大化。在西方经济学家看来，在一个特定时间，资源的数量和质量会发生变化。但它们是有限的，是具有稀缺性的。稀缺性是西方经济学中的一个重要

① 《马克思恩格斯选集》第四卷，人民出版社1995年版。

概念。法国经济学家瓦尔拉斯把经济物品定义为一切具有稀缺性的物品，英国经济学家罗宾斯用人的多种目的和实现目的的资料和手段的稀缺来定义经济学。相对于人类社会的无穷欲望而言，经济物品或生产这些物品所需要的资源就是不足的，这就是经济物品或生产这些物品所需要的资源的稀缺性。这种稀缺的相对性存在于人类社会的一切时期，因而经济学就被认为是解决这种稀缺资源的优化配置和利用的一门科学。

在西方经济学中，资源优化配置是通过市场均衡来实现的。市场上需求和供给之间的变动都要通过价格和数量来反映，这里存在着一种通过价格反映供求变动来进行资源分配的制度——均衡价格。均衡价格理论是从供给与需求相平衡来论证价格决定，从而实现资源配置的理论。资源配置正是通过供给与需求价格的变动来实现的，供给与需求平衡，资源得到合理配置。

在西方经济学理论中，市场机制对资源配置起着主要作用，市场经济通过一系列的价格和市场活动，无意识地协调着人们的经济活动。市场机制充分发挥作用的前提是"完全竞争"的存在。市场机制只有在完全竞争的驱动下，通过价格制度才能促使资源的投入产出达到一种有效的配置。强调市场机制在资源配置中的功能与作用，是古典经济学的一条主线。即使如此，以亚当·斯密为代表的古典经济学体系中，他们还分析了"看不见的手"发挥作用所需要的社会法律制度，认为政府在构建市场经济的制度基础和弥补市场失灵方面具有不可忽视的作用。①在这里应当指出，政府的作用不能仅仅局限于此，最重要的是经济职能。政府在经济建设中担负着重要的职能，主要是进行经济调节、市场监管、社会管理和公共服务，以促进社会经济发展，提高生产力水平和人民生活水平。

政府和市场关系的核心是资源配置问题

---

① ［英］亚当·斯密：《国民财富的性质与原因的研究》下，郭大力、王亚男译，商务印书馆1999年版。

马克思没有直接对资源配置做出具体的定义，但从他的著作来看，他所理解的资源配置，最基本的含义是按一定比例分配社会总劳动量。马克思在《致路·库格曼（1868年7月11日）》中指出："小孩子同样知道，要想得到和各种不同的需要量相适应的产品量，就要付出各种不同的和一定量的社会总劳动量。这种按一定比例分配社会劳动的必要性，决不可能被社会生产的一定形式所取消，而可能改变的只是它的表现方式，这是不言而喻的。自然规律是根本不能取消的。在不同的历史条件下能够发生变化的，只是这些规律借以实现的形式。"马克思在这里所说的社会总劳动，不仅指活劳动，而且还包括物化劳动，即通过活劳动加工的自然资源。马克思认为："劳动并不是它所生产的使用价值即物质财富的唯一源泉。"[①]从马克思主义经济学的完整体系看，社会总劳动量是社会在一定时期内所能支配的物化劳动和活劳动的总和与抽象，因而社会总劳动的分配也包括物化劳动的分配思想。

值得注意的是，马克思所说的社会在一定时期可以用来分配的总劳动量，是暗含着"稀缺性"的，因为既然是要"按一定比例分配社会劳动"，并且依据"根本不能取消"的"自然规律"，本身就表明社会总劳动量是"稀缺"的。正因为如此，马克思多次强调"社会劳动时间可分别用在各个特殊生产领域的份额的这个数量界限"，并且认为这个数量界限决定着社会"不仅在每个商品上只使用必要的劳动时间，而且在社会总劳动时间中，也只把必要的比例量使用在不同类的商品上"。[②]同时，马克思也多次论述资源"稀缺"的含义，他说："一种东西要成为交换对象，具有交换价值，就必须是每个人不通过交换就不能得到的，必须不是以这种最初的形式即作为共同财富的形式而出现

---

① 《马克思恩格斯全集》第二十三卷，人民出版社1972年版。

② 《马克思恩格斯文集》第七卷，人民出版社2009年版。

刘国光
经济论著全集

第
17
卷

的。稀有性就这一点来说是交换价值的要素。"①就是说，凡是以商品形式出现在市场上的资源都是稀缺资源，资源产品化和商品化程度反映了资源的稀缺程度。

西方经济学中的资源配置理论强调资源的稀缺性，资源的优化配置是通过市场均衡来实现的。但是，西方经济学理论只停留在社会生产的一般层次上，即只是从物质资料生产和社会化商品生产的层次上研究资源配置问题。而马克思主义经济学的资源配置理论则以社会生产方式变更的历史观为基础，认为按一定比例分配社会总劳动资源的必要性，不可能被社会生产的一定方式所取消，随着不同历史条件下社会生产方式的转变，而改变其借以实现的形式。这就为不同社会经济关系下的不同资源配置实现形式，奠定了理论前提，体现了资源配置方式研究和社会生产方式研究的统一。

二

资源配置的关键，是把有限的资源配置到社会需要的众多领域、部门、企业、产品和劳务生产上去，而且使资源得到有效配置，达到消费者、企业和社会利益的最好、最大的满足，这也是社会经济运行的核心问题。在社会化商品经济社会中，资源配置可以有两种基本手段，即市场和计划，相应地也就有两条经济规律在发挥作用。两种手段的配置，取决于所有制关系。在一般以私有制为主体的市场经济条件下，市场在资源配置中起决定性作用，实质上是以价值规律为主的各种经济规律共同作用来配置，具体通过市场机制的功能来实现。即使如此，西方学者也未完全否认政府包括资源配置在内的经济职能。他们勾画了自由放任

---

① 《马克思恩格斯全集》第四十六卷上，人民出版社1979年版。

的制度边界，指出政府要做守夜人并对市场进行必要的监管，容许财税收支对经济的调节，兴建必要的公共工程等。在以公有制为主体的社会主义市场经济条件下，除了价值规律在资源配置中发挥作用外，有计划按比例分配的规律也要发挥作用。在这种情况下，政府包括资源配置在内的经济职能的重要性更是无可置疑了。

对于价值规律，马克思指出："商品的价值规律决定社会在它所支配的全部劳动时间中能够用多少时间去生产每一种特殊商品。"[1]这表明，在商品经济条件下按一定比例分配社会总劳动的"自然规律"是以价值规律为实现形式的。价值规律通过对价格运动的支配，造成了商品生产者在每一产业部门内部的竞争和在各个产业部门之间的竞争。只有通过"商品价格的波动"，商品按照"社会必要劳动时间"决定的价值进行交换才能成为现实。[2]价值规律还从两个方面对社会总劳动的配置起调节作用，一是调节着个别企业内部的资源配置方向，二是调节着整个社会内部的资源配置比例。由此可见，价值规律对社会资源配置的调节作用同时具有双重功能，既不仅决定了社会总劳动时间在各个产业部门之间的分配比例，使各产业部门用于每一类商品生产上的劳动总量不超过必要的限度，而且也规定了决定单个商品价值量的社会必要劳动时间的量的界限，是由哪一类（最好、中等或最差）的生产条件来左右。[3]价格机制是价值规律实现其作用的内在机制，价格的变动引起供给和需求、生产和消费的变动，从而引起社会资源流向发生变化，实现对资源的合理配置。

在社会主义建设初期，关于是否利用价值规律为经济建设服

---

① 《马克思恩格斯文集》第五卷，人民出版社2009年版。
② 《马克思恩格斯全集》第二十一卷，人民出版社1975年版。
③ 宋宁：《论马克思的资源配置理论框架》，《经济研究参考》1993年第1期。

刘国光
经济论著全集

第
17
卷

务的问题，是经济学界争论最大、时间最长的问题。在社会主义初级阶段，只要存在商品生产和商品交换，就不可能否定价值规律的作用。在20世纪60年代，毛泽东在《读苏联〈政治经济学教科书〉的谈话》中反复研究社会主义条件下的商品生产和价值规律的作用，对轻视和消灭商品经济的倾向进行了批评，强调"商品生产不能与资本主义混为一谈"，认为生产资料也是商品，价值法则"是一个伟大的学校，只有利用它，才有可能教会我们的几千万干部和几万万人民，才有可能建设我们的社会主义和共产主义"。①毛泽东强调："现在要利用商品生产、商品交换和价值法则，作为有用的工具，为社会主义服务。"②这就突破了传统意义上的认识误区。

对于有计划按比例分配的规律，可以按两个层次来说明：一是按比例分配，二是有计划分配。前面所讲马克思在提出按一定比例分配社会劳动的必要性，是就社会化生产一般来说的，而不问社会生产的形式如何。但马克思提出劳动时间的有计划分配，却是针对"共同的社会生产"即以公有制为基础的生产方式来说的。马克思说："时间的节约，以及劳动时间在不同的生产部门之间有计划的分配，在共同生产的基础上仍然是首要的经济规律。这甚至在更加高得多的程度上成为规律。"③"按比例"与"有计划"不是一个层次。"按比例"适合于"社会生产一般"，而"有计划"则仅适合于"共同生产"即"以公有制为基础的社会生产"。如果社会生产是以私有制为基础，能够以自发的价值规律来实现按比例分配社会资源，无须也不可能有计划地分配社会劳动；如果社会生产是以公有制为基础，则有计划的分配不仅成为可能，也成为社会的必要。

---

① 《毛泽东文集》第八卷，人民出版社1999年版。

② 《毛泽东文集》第七卷，人民出版社1999年版。

③ 《马克思恩格斯文集》第八卷，人民出版社2009年版。

现在的社会主义初级阶段是公有制和私有制两种所有制并存的历史阶段，所以两种资源配置规律（市场价值规律和有计划按比例分配规律）并存，都要发挥作用。两种规律的优缺点，都需要辩证地看待。

价值规律对资源配置发挥作用，在一定时期、一定程度上能够达到资源的优化配置，能够自发地调节社会劳动在各生产部门之间的分配，适应供求关系的变化，刺激商品生产者技术的改进和劳动生产率的提高，促使商品生产者在竞争中优胜劣汰。但是，价值规律也具有自发性、盲目性和滞后性的缺点，它对经济总量的平衡、宏观经济结构的调整、生态平衡和环境保护等的调节显得无能为力，它的自发作用容易造成经济失衡和出现盲目性从而导致资源的浪费，它还会引起贫富差距的扩大和出现两极分化等现象，从而导致经济周期性波动、经济停滞乃至经济危机。在以私有制为主体的资本主义市场经济中，资产阶级企图通过不触动所有制关系的宏观调控、生产关系的某些局部调整来减缓波动或经济危机，但没有合理运用有计划按比例分配的规律，这就不能从根本上消除经济危机。

有计划按比例分配规律，能够合理地分配社会劳动，使社会劳动分配比例适应社会对商品需求的比例；能够促进国民经济各部门、社会生产各环节、各个地区之间经济协调发展；能够与价值规律互相形成一种合力，共同对有效地节约社会资源发挥作用，促进社会劳动的有效利用和社会资源的节约；能够促进经济健康增长，增加就业，稳定物价，保持国际收支平衡。但是，如果有计划按比例分配规律运用不当，主观的计划调控行为与客观按比例要求不适应，就容易产生统得过死、瞎指挥和官僚主义，还有可能造成经济缺乏活力，降低经济运行效率等。这是过去苏联和中国实行的传统计划经济曾发生的缺陷。在以公有制为主体的社会主义市场经济中，政府必须且能够借助公有制经济通过正确运用有计划按比例分配的规律，采取强有力的宏观计划调控手段，从根本上消除经济危机，熨平、矫正价值规律调节的自发性、盲目性、滞后性，防止传统计划经济体制曾经有过的缺陷，从而保证国民经济的健康发展。这是社会主义市场经济的优越性。换句话说，凯恩斯解决不了的问题，马克思能够解决。

在社会主义市场经济体制下，这两个规律综合运用得当，能够发挥出各自的优点，避免各自的缺点，这样就能够促进国民经济持续、快速、健康发展。市场价值规律和有计划按比例分配规律之间的关系，现实上表现为市场自发运行和政府自觉调控之间的关系。

有计划按比例发展就是人们自觉安排的持续、稳定、协调发展，它不等同于传统的行政指令性的计划经济，更不是某些人士贬称的"命令经济"。"有计划"不等于行政命令，主要是通过指导性、战略性、预测性的计划，用以从宏观上引导国家资源的配置和国民经济的发展，当然，也包括某些必要的指令性指标，并不排除国家计划的问责功能。改革开放后，我们革除传统计划经济的弊病，适应初级阶段的国情，建立了社会主义市场经济体制，尊重市场价值规律，但是不能丢掉公有制下有计划按比例的经济规律。在社会主义初级阶段，社会主义经济容纳市场经济，成为社会主义的市场经济，而不是什么纯粹的市场经济，或者其他性质的市场经济。这样的社会主义市场经济就不能只受一个市场价值规律的支配，而必须在市场价值规律起作用的同时，受"有计划按比例发展规律"的支配。所以，《决定》所说的"市场决定资源配置是市场经济的一般规律"，单就市场经济来说，是绝对正确的；下面接着说"健全社会主义市场经济体制必须遵循这条规律"，也是对的，但是说得不够完整。因为社会主义市场经济要遵守的不仅是市场价值规律，这不是社会主义市场经济唯一的规律。以公有制为基础的社会主义市场经济还要首先遵守

政府和市场关系的核心是资源配置问题

有计划按比例发展规律。这就是为什么在社会主义市场经济中，计划和市场、政府和市场、自觉的调节和自发的调节、"看得见的手"和"看不见的手"都要在资源配置中发挥重要作用的理论根据。正如习近平所说："使市场在资源配置中起决定性作用和更好发挥政府作用，二者是有机统一的，不是相互否定的，不能把二者割裂开来、对立起来，既不能用市场在资源配置中的决定性作用取代甚至否定政府作用，也不能用更好发挥政府作用取代甚至否定使市场在资源配置中起决定性作用。"①

三

习近平强调："在市场作用和政府作用的问题上，要讲辩证法、两点论，'看不见的手'和'看得见的手'都要用好，努力形成市场作用和政府作用有机统一、相互补充、相互协调、相互促进的格局，推动经济社会持续健康发展。"市场作用这只看不见的手和政府作用这只看得见的手都要用好，核心的问题是在资源配置上两者都要用好。在资源配置上，市场这只手主要是通过价值规律的运行和价格机制的运作来实现的；而政府作用这只手则主要通过有计划按比例规律的运行和宏观计划调控机制的运作来实现。既然在资源配置中是双重调节作用，而不是单纯的"市场决定"，那么，在资源配置的调节中，市场这只手和政府或计划这只手，怎么分工？我们认为，按照资源配置的微观层次和宏观层次，划分市场与政府或计划的功能，大体上是可以的。

在宏观层次，为保持经济总量的基本平衡，抑制通货膨胀，促进经济结构的优化，实现国民经济持续、快速、健康发展，政府应当发挥主要作用，使经济活动遵循价值规律和有计划按比例

① 习近平在中共中央政治局第十五次集体学习时强调正确发挥市场作用和政府作用推动经济社会持续健康发展，《人民日报》2014年5月28日。

分配规律的要求，适应供求关系的变化，促进生产和需求的及时协调，从而达到资源的优化配置。政府发挥作用的主要手段是以计划为导向的宏观调控，而宏观计划调控的主要目标为经济持续稳定增长、比例协调、充分就业、价格水平基本稳定和国际收支基本平衡。离开了政府的宏观计划调控，国民经济持续、协调、健康发展的宏观目标是不可能实现的。

在微观层次，参与市场交易活动的主体，有企业、家庭（含劳动者个人）、机构（含政府、社会组织），其中最主要的是居于市场交易中心的企业。作为市场主体的企业，以独立的商品生产者和经营者的身份，面对市场，围绕市场，依托市场，调配购入各种生产要素，组织生产，供应各种产品服务，在市场竞争的"舞台"上纵横驰骋。在此场合，资源配置似应由市场起决定性作用，政府只应起辅助监管作用。但是，微观经济活动中对宏观产生重大影响（如供需总量平衡、部门地区比例、自然资源和环境保护、社会资源的公平分配以及涉及国家安全、民生福利等）的资源配置问题，政府要加强计划调控和管理，不能让市场这只"看不见的手"盲目操纵，自发"决定"。此时，政府的辅助作用便会转化为决定性作用，运用行政、法制、经济等手段进行调节，以最终实现资源的优化配置。

微观经济活动主体企业的分类，参照中共中央、国务院于2015年9月印发的《关于深化国有企业改革的指导意见》，我国企业也可以大致分为商业类和公益类两类企业。[①]商业类企业具有营利性质，又可分为竞争性的企业和垄断性的企业。竞争性的企业参与市场竞争，市场在这些企业的交易行为和资源配置中起决定性作用，要减少政府对其经济活动的直接干预，把政府不该管的事交给市场，让市场在所有能够发挥作用的领域都充分发挥

政府和市场关系的核心是资源配置问题

---

① 中共中央国务院印发《关于深化国有企业改革的指导意见》，《人民日报》2015年09月14日。

作用，推动资源配置实现效益最大化。

在市场经济条件下，竞争必然导向垄断，而企业的垄断性行为，必然涉及社会公众利益甚至国家的战略利益，不能不由政府出面进行管理和调节。这里要顺便指出，我国某些学者不仅要求国有经济完全退出竞争领域，他们还要求国有经济退出关系国民经济命脉的重要行业和关键领域。他们经常把国有经济在这些领域的优势地位冠以"垄断行业""垄断企业"，不分青红皂白地攻击国有企业利用政府行政权力进行垄断。应当明确，在有关国家安全和经济命脉的战略性部门及自然垄断产业，问题的关键不在于有没有垄断，而在于谁来控制。一般来说，这些特殊部门和行业，由公有制企业经营要比由私有制企业经营能更好地体现国家的战略利益和社会公众利益。当然也不排除在某些场合吸收私人资本参股，实行混合经营。

公益类的企业，具有非营利性质，如水利、环境和公共设施管理业，居民服务和其他服务业，教育，卫生、社会保障和社会福利业，文化、体育和娱乐业等，属于非营利性行业，不以盈利为目的，这类企业也要实行独立的经济核算，为发展公益事业保本增值，但有些也要依靠国家或社会补贴，不能完全按照市场竞争的原则来经营，也就不能完全依靠市场起决定作用了。这些行业和整个宏观层次的资源配置，主要依靠政府的调控，而市场起辅助作用。要发挥国家发展规划、计划、产业政策的导向作用，综合运用法律手段和经济手段，加强科学规划、政策指导和信息发布，并通过技术、环境、能耗标准及科技创新等手段规范市场准入。这就有利于解决习近平同志所说的"教育、就业、社会保障、医疗、住房、生态环境、食品药品安全、安全生产、社会治安、执法司法等关系群众切身利益的问题较多"①的问题。

---

① 习近平：《关于〈中共中央关于全面深化改革若干重大问题的决定〉的说明》，《人民日报》2013年11月16日。

刘国光

经济论著全集

第
17
卷

总的来说，资源配置有宏观、微观不同层次，还有许多不同类别企业的资源配置。在资源配置的微观层次，即多种资源在各个市场主体（企业、机构、家庭、个人）之间的配置，市场价值规律可以通过供求变动和竞争机制促进效率，发挥非常重要的作用，也可以说是"决定性"的作用。但是在资源配置的宏观层次，如供求总量的综合平衡、部门地区的比例结构、自然资源和环境的保护、社会资源（财产、收入）的公平分配等方面，以及涉及国家社会安全、民生福利（住房、教育、医疗）等公益性领域的资源配置，就不能都依靠市场来调节，更不用说"决定"了。市场机制在这些宏观层次和重要领域存在很多缺陷和不足，需要国家干预、政府管理、计划调节来矫正、约束和补充市场的行为，用"看得见的手"来弥补"看不见的手"的缺陷。

政府和市场关系的核心是资源配置问题

关于马克思主义政治经济学的两个问题

——复马克思主义理论研究与建设工程办公室调研访谈的函

（2016年4月12日）

马克思主义理论研究和建设工程办公室：

　　阅马克思主义理论研究和建设工程办公室发来关于开展马克思主义政治经济学调研访谈的函。很抱歉，我因近年脑体并衰，难以对访谈内容的要求，进行系统的思考和阐述己见。不过我对政治经济学问题，过去确曾有过一些观点，看来现在还有一点用处，特别是如何正视和克服马克思主义政治经济学边缘化倾向等问题。最近看到西南财经大学赵磊写的《刘国光之忧》一文，重提了我在2005年写的《对经济学教学和研究中一些问题的看法》一文中提出的这个问题，当时我曾以此文向中央反映，得到主管意识形态的常委领导的肯定和重视。但是，由于众所周知和众所不知的原因，这个问题迄今没有得到解决，反而越来越严重。赵磊文章中描述了马经教学与研究的现实中令人担心的状况，并提出赞成我当年提出的一些纠正措施建议。现在，我将赵磊写的文章和我写的文章一并附上，给你们参考；最好请你们连同此函一并送呈能解决问题的中央领导看看，有无可采用之处。

　　关于"访谈内容"提纲中所提"如何认识中国特色社会主义政治经济学与马克思主义政治经济学的关系"，我也曾有些思考，但现在脑子浑浊整理不出来。姑且用一句话来表达，即：中国特色社会主义政治经济学应该就是中国当代马克思主义政治经济学。当然这里的应该就是这四个字要有一个前提，即：要以马克思主义政治经济学为"源"，以中国特色社会主义政治经济学为"流"；要在继承和坚持马克思主义政治经济学的基本立场（以劳动人民为主体的人民立场）和基本观点（科学社会主义的基本原理）的基础上，结合当代中国（和世界）的实际，构建和发展中国特色社会主义政治经济学。背离了马克思主义政治经济学的基本立场和基本观点，就不能称之为中国特色社会主义政治经济学，而只能是别的什么主义的政治经济学了。君不见，不是有人把"中国特色社会主义"荒谬地解读和构解为"中国特色的资本主义"吗?

另附上我2010年拙作《关于社会主义政治经济学的若干问题》，这是我对马克思主义理论研究和建设工程办公室组织编写的《马克思主义政治经济学概论》（教材）所提评审意见的正面阐述，供参考。

附件一：《刘国光之忧》（赵磊2016年）

附件二：《对经济学教学和研究中一些问题的看法》[1]（刘国光2005年）

附件三：《关于社会主义政治经济学的若干问题》[2]（刘国光2010年）

---

[1] 《刘国光经济论著全集》第16卷，知识产权出版社2017年版，第55页。

[2] 《刘国光经济论著全集》第17卷，知识产权出版社2017年版，第139页

刘国光之忧

赵　磊[①]

2005年，著名马克思主义经济学家刘国光先生提出了这样的忧虑："有人认为西方经济学是我国经济改革和发展的指导思想，一些经济学家也公然主张西方经济学应该作为我国的主流经济学，来代替马克思主义经济学的指导地位。西方资产阶级意识形态在经济研究工作和经济决策工作中都有渗透。对这个现象我感到忧虑。"[②]

10年过去了，"刘国光之忧"不仅没有得到丝毫舒缓，反而越来越成为压在中共心中沉甸甸的块垒。习近平同志为什么要强调坚持和发展马克思主义政治经济学？这里面包含有丰富的信息和深刻的道理。

中国共产党人必须清醒地认识到，马克思主义政治经济学并不仅仅是一门科学或知识体系，她还是中国共产党意识形态的核心构成内容。也就是说，一旦马克思主义政治经济学不再为中共的意识形态所信仰和接纳，那么，中国共产党必将走向亡党的结局，这绝非戏言。若中共亡党，中国从此陷入四分五裂的乱局，将是一个几近必然性的大概率事件，这也绝非妄言。面对亡党亡国的危险，中共能熟视无睹吗？

很悲催，马克思主义政治经济学已经被严重边缘化，这是众

---

① 西南财经大学《财经科学》编辑部。
② 刘国光：《对经济学教学和研究中一些问题的看法》，载《经济研究》2005年第10期。

所周知的事情。最近，中央有关部门调研组来到我校，调研马克思主义政治经济学教学和科研情况。作为教师代表，我参加了座谈。座谈会下来后，我一直在思考两个问题：第一，高层是否了解政治经济学已被边缘化的严重程度？第二，如何有效地改变政治经济学被边缘化的现状？

政治经济学已经被边缘化到了何种程度，只要看看高校的学科建设、课程设置，以及科研导向的有关规定和制度设计，就清楚了。这里，我讲五个真实事例。

（1）讲授政治经济学的教师，自己都不相信马克思主义政治经济学。在马克思主义已被边缘化、妖魔化的语境下，能给马克思主义政治经济学开设一点点有限的课程，那就皇恩浩荡，要谢天谢地了。我校政治经济学专业有位教授就告诉我，她讲授《资本论》讲得很是压抑。听课的学生告诉她，您这里讲《资本论》如何如何科学，而同一个专业的老师却在隔壁课堂上卯足劲地大批《资本论》如何如何荒谬。唉！都是政治经济学专业的教师，您让我们情何以堪啊？结果搞得学生无所适从。政治经济学专业的教师不信马克思主义政治经济学，这就是当下中国已然盛开的奇葩。教师自己没有政治经济学的理论自信，遑论讲授这门课程了。

（2）政治经济学专业的研究生，根本不知道劳动价值论为何物。几天前我所在的《财经科学》编辑部招聘专职编辑，有两位政治经济学专业的研究生前来面试。面试的老师出了一个问答题："什么是劳动价值论？"这两位研究生吞吞吐吐了好一阵，回答："劳动价值论就是具体劳动创造价值"。我几乎崩溃。这就是政治经济学专业研究生的真实现状！政治经济学专业研究生不知道劳动价值论为何物，就如同数学专业的研究生不知道"圆周率"为何物。你可以批判劳动价值论，也可以不相信劳动价值论。但是，连政治经济学专业的研究生都不知道劳动价值论是什么的语境下，说"马克思主义被边缘化是学术竞争的结果"，这不是扯淡吗？

（3）为了自己不被边缘化，只有边缘化马克思主义政治经济学。什么叫递交"投名状"？这就是也。在边缘化马克思主义政治经济学的制度设计下，为了评职称、拿课题、完成考核任务，为了不被同行歧视，更为了在主流学界获得一席安身立命之地，很多政治经济学专业的教师，尤其是青年教师，不得不自废武功，自觉不自觉地与马克思主义政治经济学划清界限，毅然决然地抛弃辩证唯物主义和历史唯物主义的分析方法，茫然地换上了西方经济学研究范式的马甲，甚至盲目地跟着讨伐马克思主义政治经济学的队伍，越走越远。这是高校经济学院目前带有普遍性的现象。

（4）"政治意识"缺乏必要的信仰支撑，"政治方向"仅仅是服从行政命令的结果。在一次社科类学术期刊贯彻习近平视察新闻单位讲话精神座谈会上，我惊奇地发现，很多主编并不是基于理想信念来讲"政治意识"的必要性，而是基于风向和利益来讲"政治意识"的必要性。东风来了吹东风，西风来了吹西风。这样的"政治意识"靠得住吗？对于"四个意识"（政治意识、大局意识、核心意识、看齐意识），嘴上或许附和，内心是否抵触？态度或许诚恳，思想是否麻木？当然，现在要求人人都具有马克思主义信念是不现实的。问题是，作为中共意识形态重要阵地的社科学术期刊，为什么掌门人普遍缺乏自觉的"政治意识"和"看齐意识"？恕我直言，重要原因就在于：在马克思主义政治经济学被边缘化的语境下，"政治意识"完全缺乏必要的信仰支撑，结果，所谓的"讲政治""顾大局"和"看齐意识"，仅仅是服从行政命令的结果。

（5）党的各级干部，到底有多少还再信仰马克思主义？尤其是各级干部，究竟还有多少真正了解马克思主义政治经济学？

实在是令人堪忧。认为《资本论》已经过时，这是党内很多干部的普遍看法。最近有位政经专业的党的书记这样说："《资本论》是100多年前的理论，现在是建设时期，不是战争年代。"照这样的逻辑，打仗时高举着《资本论》冲锋陷阵，建设时就要把《资本论》丢进垃圾堆不成？可悲的是，连起码的政治经济学常识都糊里糊涂不知所云，这恰恰是目前很多领导干部的认知水平。《资本论》是干什么的？《资本论》研究的是资本主义生产关系，分析的是市场经济运行机制，揭示的是社会经济发展的客观规律，这跟打不打仗有什么关系？党的领导干部缺乏马克思主义政治经济学的基本素养到了如此荒谬的地步，遑论马克思主义的"三个自信"！窃以为，这是中共意识形态当下最具颠覆性的危险因素。

如何改变这种状况？这是非常紧迫和严峻的现实问题。其实，早在10年前，刘国光老师就尖锐地提出过这样的问题："高校的领导权是不是真的掌握在马克思主义者手中"？①这真是振聋发聩、一针见血，一语就点到了问题本质。刘国光的话有人听了会很不舒服，很不自在，甚至很不以为然。但是，刘老说的难道不是事实吗？从量变到质变，事情的发展经历了一个历史过程。然而，不进则退，必须高度重视问题的严重性，必须采取有效措施，标本兼治。就我个人的体会而言，应当尽快从制度和机制上进行以下改革。

---

① 刘国光老师尖锐地指出："领导权很关键。中央一再强调，社会科学单位的领导权要掌握在马克思主义者手中。经济院系、研究机构的领导权一定要掌握在坚定的马克思主义者手里。因为一旦掌握在非马克思主义者手中，那么教材也变了，队伍也变了，什么都变了。复旦大学张薰华教授对这个状况很担心，他说只要领导权掌握在西化的人手中，他们就要取消马克思主义经济学，排挤马克思主义经济学。"刘老不仅点到了问题的要害，还针对性地提出了很有前瞻性的整改意见（刘国光："对经济学教学和研究中一些问题的看法"，载《经济研究》2005年第10期）。至今读来，仍有很强的指导意义。

第一，从"治国理政"的高度加强顶层设计。高校领导，至少党委书记应当具有马克思主义的专业知识背景和训练。政治经济学专业的院长和书记，必须是来自马克思主义政治经济学的专业人才。刘国光先生说的好：要"加强高等经济院校和经济研究机构各级领导班子的建设，使领导岗位一定要掌握在马克思主义者手里。"为此，应当不断加强领导干部的马克思主义信念和素养的灌输教育。另外，有一个严峻的事实恐怕已经不能回避：不换思想，那就换人！

第二，从"政治方向"的高度抓好人才建设。开放是发展当代中国政治经济学的重要路径。引进海外人才是必要的，但不能只是一味引进西方经济学和应用经济学的专业人才。至少对于理论经济学和政治经济学专业来讲，应当着重引进国外马克思主义政治经济学的海龟，让海外的马克思主义者充实国内的人才队伍，让马克思主义研究前沿上讲台、进课堂。此外，对于海归也应当加强马克思主义教育。刘国光老师说："我们欢迎西方留学的学者回来充实我们对西方经济学的知识，充实我们对市场经济一般的知识，但是对于这些同志要进行再教育，特别是理工科出去的，过去没有接受过系统的马克思主义教育，要进行马克思主义的教育。"[1]

第三，从"补短板"的高度改革课程设置。学生普遍反映，目前的政治经济学教学主要存在以下短板：一是政治经济学的课时被西方黑板经济学的课时大大挤压，已经没有起码的生存空间；二是政治经济学专业研究生缺乏起码的《资本论》训练，即使开了这门课，也是零敲碎打，教材碎片化和内容随意化十分严重；三是经济类研究生在入学和学期的考试中，政治经济学已经被贬低到可有可无的地步。因此，应当在课时要求、系统规范，

---

[1] 刘国光：《对经济学教学和研究中一些问题的看法》，载《经济研究》2005年第10期。

以及相关考试上，补齐政治经济学的短板。尤其应当强化政治经济学专业研究生对《资本论》的系统学习。

第四，从"意识形态阵地"的高度扭转科研导向。虽然并无明文规定，但是，现在的经济学刊物拒登马克思主义政治经济学范式的论文，已经成了公开秘密和普遍现象。中国共产党的学术期刊不登或拒登马克思主义政治经济学的学术成果，这也是当下的一大奇葩。在社会科学的职称评定、课题评审，以及各种评奖上，科研导向的引领作用十分巨大，马克思主义意识形态尤其是马克思主义政治经济学必须深度介入，坚决占领，真正发挥应有的导向作用。最近《经济研究》刊登了马克思主义经济学家顾海良教授的文章：《开拓当代中国马克思主义政治经济学的新境界》，希望这是一个积极的开端。

2016年3月23日红歌会网

关于马克思主义政治经济学的两个问题

两个不同经济规律的斗争与消长

——致厦门大学吴宣恭教授函

（2016年5月14日）

吴宣恭同志，您好！

从"察网中国"看到您两篇近作：《警惕资本主义经济规律支配社会》和《当前政治经济学理论为何边缘化》，非常欣赏。诚如您所分析，现在的特色社会，在所有制和生产关系多元化的基础上，不可避免地就有两种截然不同的经济规律在发生作用，其互动和矛盾，其斗争和消长，决定着中国社会经济今日的动向和未来的命运。我十分赞同这一马克思主义的见解。

我在2009年写过《当前世界经济危机中中国的表现与中国特色社会主义模式的关系》[①]一文，大体上也表达过类似的观点。那时我是从当时世界经济危机中，中国虽然卷进去但却一枝独秀的角度，来说明中国模式虽然允许资本主义因素的存在而被卷入世界资本主义经济危机，但中国毕竟保留了较强的社会主义因素，因而能够渡过难关，这样来接触这个问题。而您在近文中则从当前经济赓续下行，产品产能过剩，与财富悬殊加剧，市场秩序恶化等现象切入，表明资本主义经济的主要社会矛盾正在我国加快发酵；如不对症下药，任何鼓励扶持措施都不可能奏效。由是大声疾呼，唤醒国人警惕，实属万分及时和必要。

我深盼当局能够体悟此中道理，切实用马克思历史唯物主

344　① 《刘国光经济论著全集》第17卷，知识产权出版社2017年版，第8页。

义和政治经济学基本原理（如经济基础与上层建筑的关系，所有制、生产关系与分配关系的关系，剩余价值和资本积累论等），来处理当前经济动荡中产能过剩，需求不足，财富悬殊加剧，市场秩序恶化等现象和问题。此中机理也很深奥，需要马克思主义学者和其他并非马克思主义但不是骨子里反马克思主义的学者共同努力深入探讨，献计献策，不能让新自由主义经济学一家独占舞台，一手遮天。

我近年体脑并衰，于研究力不从心，只好寄期望于经济学界衮衮诸公，尤其是壮青年学者了。

以上是即兴而写，思虑不周，请予指教。

刘国光经济学年谱

1923年

11月23日（阴历10月16日）生于江苏省南京市下关宝塔桥。祖父原籍湖南湘潭绳背冲，清末由湘来宁。

1935年　12岁

9月　进江苏省立江宁中学初中部学习。江宁中学在南京中华门外江宁县东山镇。

1937年　14岁

9月至10月　参加江宁中学抗日宣传队。在江宁县湖熟板桥一带活动。

11月　日军向南京进逼，由其父亲从学校接回。旋即由母亲携带由水路逃难至长沙，受当时在湖南大学任教的姨父程登科和干爹袁俊的照料。

11月至12月　在长沙逛八角亭书店看书，开始接触进步书籍，读斯诺的《红星照耀中国》（《西行漫记》），印象很深。

年底随母亲由长沙转汉口与父亲会合。

1938年　15岁

1月初　随继姨母杨惠贤（程登科之继妻）从汉口经三峡入川，到重庆。在重庆受姨父程登科家及母亲的朋友张懿娟的照料。

1月至4月　在重庆教育部江浙流亡学生登记处登记，等待分发。其间与江宁中学同学徐嗣兴（路翎）、姚抡达（姚牧）等聚游，闲逛进步书店，深受哲学（艾思奇等）、社会科学（张仲实等）与经济学（沈之远等）进步书籍（小册子）的启蒙。

5月至7月　分配到国立四川中学初中部学习（初三下）。初中部设在江北县文星场。

7月　初中毕业。随四川中学初中部由江北县文星场迁到合川县。

8月底　转升入国立四川中学

（后改为国立第二中学）高中部学习，校址在合川县濮岩寺。

1938年9月至1941年6月　15岁至18岁

在国立二中高中部学习。文理两方面都有兴趣，成绩都优异。1940年父亲自沦陷区南京来函，望考大学时选择工程专业，但自己逐渐倾向于社会科学。1940年购买郭大力、王亚楠翻译的《资本论》第一卷，通读。

1941年10月至1946年6月　18岁至23岁

西南联大经济系学习。其间1942年9月至1943年1月到曲溪县立初中教书。

1946年23岁

5月　在赵迺搏教授指导下，完成大学学士论文，以马克思地租理论为主轴的《地租理论纵览》；在徐毓楠教授指导下，完成高级经济学课程《读书心得》（英文）。联大毕业。

6月　由昆明经长沙、武汉返南京家中。西南联大介绍去台湾糖厂工作，未去。遵徐毓楠教授建议，8月到上海报考清华大学研究生院。录取后离南京绕道上海、天津，由海路到北平清华园。

10月至12月　在清华大学研究生院与导师徐毓楠探讨学习研究现代经济学问题。嗣因家庭经济问题，经南开大学教务主任陈序经教授介绍，得徐毓楠教授同意，由北平清华大学转往天津南开大学任经济系助教。

1946年12月至1948年7月　23岁至25岁

在天津南开大学经济系任助教，在南开经济研究所兼管资料室，在经济研究所听平津两地名教授系列讲座。

1948年9月　25岁

经陈岱荪教授介绍，到南京中央研究院社会研究所任助理员。9月25日与刘国贤（静萍）结婚。

1949年　26岁

4月　南京解放前后，参加中研院员工的护院斗争。

11月至12月　参加南京市手工业调查。完成马寅初著作评论一篇，在《社会科学》发表，是第一篇发表的经济论文。

1950年　27岁

春至秋　中国科学院派送到

北京华北人民革命大学政治研究院学习培训。

1950年冬至1951年春　27岁至28岁

南京市汤山区参加土地改革，在仙鹤乡工作，与冯华德合写《土地改革对解放生产力的重大意义》一文在《光明日报》发表。

1951年秋　28岁

中国科学院派赴苏联留学。经过陈岱荪、南汉宸面试选拔送往苏联学习。

1951年10月至1955年6月28岁至32岁

莫斯科国立经济学院研究生院研究生。

1955年6月　32岁

完成副博士论文《论物资平衡在国民经济平衡中的作用》的答辩，研究生毕业。

7月　由莫斯科回到北京，到中国科学院经济研究所工作，任所学术秘书。

1955年至1957年　32岁至34岁

兼财金组代理组长，主要协助苏联专家毕尔曼对我国工业流动资金问题和货币流通问题进行调研。

1957年年末至1958年年初34岁至35岁

国家统计局邀请苏联统计专家索波里来华作"国民经济平衡问题"系列讲学。统计局副局长孙冶方（当时已内定为中国科学院经济研究所代理所长）让刘国光担任讲座的编辑翻译组负责人。

1958年上半年　35岁

孙冶方到经济研究所任代理所长后，让刘国光和杨坚白、董辅礽筹组国民经济综合平衡研究组（后来的宏观研究室），下半年成立。杨坚白任组长，刘国光和董辅礽任副组长。

8月至9月　经济研究所平衡组与国家统计局平衡处组团赴河南郑州、许昌、鲁山、开封等地对"大跃进"粮食丰收中，消费转为积累的问题进行调研，题目是孙冶方出的。

12月　作为秘书与翻译，陪同经济研究所代理所长孙冶方与世界经济研究组组长勇龙桂赴捷克斯洛伐克，参加社会主义国家经济研究所学术协作会议。访问参观布拉格与斯洛伐克两城市。

1959年　36岁

1月至2月　继续陪同孙冶方、勇龙桂到苏联进行学术访问，就理论经济学、世界经济学与数量经济学问题向多位著名苏联学者进行访谈。参观访问莫斯科、列宁格勒、基辅三城市。

2月至3月　2月底返北京，为孙冶方整理访苏报告资料。

1960年　37岁

2月至9月　下放农村，在河北省昌黎县中梁山与马铁庄两地劳动锻炼。

9月　调回北京。

10月至12月　孙冶方组织撰写《社会主义经济论》一书，作为试稿，调部分研究人员住中央党校写作。刘国光负责两章，一是社会主义经济发展速度的决定因素；二是社会主义经济发展的波浪式。孙冶方称"速度因素"是书稿最好的一章。

1961年　38岁

2月至5月　孙冶方集中经济所一批骨干研究人员到香山饭店，研究讨论《〈社会主义经济论〉编写提纲》。参加者孙冶方、刘国光、董辅礽、孙尚清、何建章、桂世镛、赵效民等。张闻天、骆耕漠、李立三等有时也来参加讨论。

1961年至1962年　38岁至39岁

加入中国共产党（预备—转正）。

1961年　38岁

8月　参加杨坚白主持平衡组研究人员赴辽宁调查研究"大跃进"以来农轻重关系问题。

1962年　39岁

1月　参加国家十年计划工作经验总结（起草积累消费的关系部分）。

1961年至1964年　其间对我国经济建设的经验教训进行理论反思，对社会主义再生产问题、经济发展速度与比例问题、积累与消费问题、固定资产再生产问题等进行探索研究，写作、发表了多篇文章，有人誉为这是刘国光第一次创作井喷时期。

1964年　41岁

10月　康生派出70人组成的"四清工作队"进驻经济研究所，在所内开展以批判孙冶方、张闻天"反党集团"为内容的"社会主义教育运动"。刘国光、孙尚清、董辅礽等被划入孙冶方、张闻天反党集团的"一伙人"被审查。

1965年　42岁

9月　经济研究所内的社教运动基本结束，被派往京郊房山县周口店周口村，参加农村"四清运动"。

1966年　43岁

6月　调回经济所参加"文化大革命"。初期被划为"黑帮"，批判孙冶方、张闻天时陪斗，下放厨房劳动。

1967年至1969年　44岁至46岁

落实中央干部政策，被解放。

1969年　46岁

11月　下放到河南省信阳市息县东岳乡中国科学院哲学社会科学部成立的"五七干校"。在干校食堂、磨坊劳动，当养猪场场长。

1971年　48岁

春　干校由息县迁往信阳明港，集中搞运动。

1973年　50岁

4月　周总理令学部干校返回北京，继续搞运动。

1975年　52岁

年初　国家计委经济研究所于光远所长从学部借调刘国光、董辅礽、孙尚清、桂世镛、何建章等人到该所工作。"四清""文革"中断八年的经济研究工作逐步恢复。主要是参与计委综合局和研究室合作调研工作。

1976年　53岁

夏　参加国家计委副主任陈先带团到华东数省市调研考察。

秋　参加国家计委陈先率团考察罗马尼亚经济管理问题。

1977年　54岁

秋　参加国家计委副主任袁宝华带团到中南数省市调研考察。

1978年　55岁

冬　参加国家计委陈先率团考察南斯拉夫计划与市场问题。

兼任《经济研究》副主编。

1979年　56岁

调回中国社会科学院经济研究所任副所长。

4月　参加在无锡召开的社会主义商品经济和价值规律问题的讨论会。会议由薛暮桥、孙冶方主持。

会议提交论文《论社会主义经济中计划与市场的关系》（与赵人伟合写）。时任中共中央总书记胡耀邦在发表该文的中国社会科学院《未定稿》上批示："这是一篇研究新问题的文章，也是一篇标兵文章。在更多理论工作者还没有下最大决心，作最大努力转到这条轨迹上的时候，我们必须大力提高这种理论研究风气。"中央党校、国家计委、社会科学院等内部刊物全文转载。此文改写本提交1979年5月在奥地利召开的大西洋经济学年会，年会执行主席Helment Shuster给胡乔木电函称，该文受到年会的"热烈欢迎"，认为"学术上有重要意义"，并决定将此文同诺贝尔奖得主英国詹姆斯·E·米德的论文一同全文发表于《大西洋经济评论》1979年12月号。

11月至12月　参加于光远率团赴匈牙利考察经济体制改革问题，团员还有苏绍智、黄海。

1980年　57岁

3月　参加经济研究所许涤新应香港经济导报社之邀请率团到香港举行讲座。作了"关于我国

经济体制改革"的讲演。

4月　参加梅益应日本学士院邀请率团访问日本（钱钟书等参加）。

10月　在《经济研究》第11期发表《略论计划调节与市场调节的几个问题》一文。1983年在《人民日报》9月23日发表《再论买方市场》，首次提出中国改革要解决短缺经济向买方市场过渡的任务。

1981年　58岁

5月　参加许涤新率团赴英国参访，在牛津大学作"关于中国经济体制改革的一些情况和问题"的讲演。

7月　在承德休假期间，完成《关于马克思的生产劳动理论的几个问题》一文的写作。

1981年至1982年　58岁至59岁

兼任国家统计局副局长。

1982年　59岁

2月至4月　受国务院派遣，与国家计委柳随年和郑立三人，赴苏联作经济调研。这是二十多年中苏交恶以来的首次学术访问。回国后完成《苏联经济体制

改革情况和问题》报告，上报国务院。

2月　被任命为中国社会科学院副院长，兼任经济研究所所长，兼任《经济研究》杂志主编。

9月　被选为中国共产党第十二次全国代表大会代表，在十二大上被选为中央委员会候补委员。

9月6日　在《人民日报》发表《坚持经济体制改革的基本方向》。提出减少指令性计划，扩充指导性计划。受到《人民日报》评论员及《红旗》杂志的批判。以后事实发展证明此文观点正确。

10月　应云南省经委邀请向经济管理干部培训班讲苏联近况，到玉溪、曲溪、大理等地参观访问。

11月16日至30日　应日本学士院邀请率中国社会科学院代表团赴日本访问东京、大阪、名古屋、京都、福冈等。邢贲思、汪敬虞、叶水夫等参加。

1983年　60岁

6月19日　主持孙冶方经济科学奖励基金委员会成立大会，马洪任主任委员。薛暮桥为评奖委员会主任委员，刘国光为副主任委员。

8月　在青岛休假期间完成《有中国特色的经济体制和经济发展战略》一文的写作。

9月6日至23日　应澳大利亚社会科学院人文科学研究院邀请，率中国社会科学院代表团访问澳大利亚。参访堪培拉、悉尼、阿德莱德、布里斯班、墨尔本五个城市的十所大学，进行学术交流。

1984年　61岁

3月14日至26日　应世界银行经济发展研究所邀请，赴美国参加在华盛顿召开的"发展中的管理问题"学术讨论会。

5月　与国家计委陈先同志赴南京、苏州、上海考察经济问题，到南京大学经济系作中国经济发展战略问题报告，到江宁县东山镇、汤山镇参访。

7月13日　会见世界银行亚洲太平洋地区总经济师奥·耶那尔先生。双方就世界银行与中国社会科学院合作研究问题交换了意见。

9月　参加中共十二届三中全

会，会议制定关于经济体制改革的决定，确定中国社会主义经济为有计划的商品经济。

10月下半月 应美国国家经济研究所费尔德斯坦所长邀请，率中国社会科学院经济研究所代表团到美国波士顿、纽约、华盛顿进行学术访问。张卓元、乌家培、黄范章、沈立人等人参加。

12月 《中国经济的发展战略问题》一文作为"代序"发表于其主编的《中国经济发展战略问题研究》一书。

1985年 62岁

3月5日 应深圳市委和市政府邀请，率中国社会科学院调研组赴深圳进行深圳特区经济发展战略研究。

5月22日 出席孙冶方经济科学奖首届颁奖会，代表孙冶方经济科学奖基金委员会和评奖委员会讲话。

9月 参加中国社会科学院与国家体改委联合组织的"宏观经济管理国际研讨会"（"巴山轮"会议），中方参加者还有薛暮桥、马洪、廖季立等人，外方参加者有托宾［美］、林重庚［美］、康·克鲁斯［英］、阿尔帕特［法］、小林实［日］、布鲁斯［波］、科尔奈［匈］等。

11月4日 《试论我国经济的双重模式转换》一文在《人民日报》上发表，该文第一次从理论上提出经济体制模式与经济发展增长模式的双重转换问题。

1986年 63岁

1月7日 率团到法国考察国有企业管理问题，于祖尧、张曙光同行。

5月7日至25日 应邀访问澳大利亚阿德莱德大学和布里斯班大学，作了"关于中国经济体制改革问题"的讲演，在悉尼参加"亚洲研究理论会研讨会"作了发言。

5月 马洪传达原国务院总理赵紫阳调刘国光到国务院国家体制改革委员会任领导职务，刘国光以"不习吏事"恳辞，获得赵紫阳理解。

7月12日至14日 到银川参加全国统计会议，向宁夏自治区干部大会作了"关于社会主义商品经济问题"的讲演。

8月4日 应苏州市邀请到该市

向市干部作商品经济问题的报告。

8月7日　在江苏省社会科学院作"双重模式转换"的讲演，在省委党校也作了讲演。

9月1日至3日　9月1日在芜湖市社会科学界座谈。3日在合肥向省干部作"关于社会主义商品经济问题"的报告。

9月22日　会见联合国开发计划署经济发展研究所所长舒曼·贝利，双方就有关协作问题交换了意见。

10月7日　会见并宴请匈牙利科学院经济研究所所长奥洛达尔·希波什。

10月15日　在厦门大学参加王亚南纪念堂建立仪式。在厦门大学作了经济问题的讲演。

12月10日　应深圳市委邀请赴深圳，11日在市委作经济问题报告。

12月14日至18日　抵达香港。15日在香港中文大学作了"关于中国经济特区经济发展战略问题"的讲演。18日出席香港大学组织的"华人模式研讨会"，作了"中国经济大变动中的双重模式转换"的讲演。

12月28日　参加深圳市委召开的特区经济问题座谈会，当晚返港。

12月30日　与许涤新等参加香港《经济导报》四十周年庆典。

1987年　64岁

1月3日　在广州应广东省经济学会之邀作"中国经济大变动中的双重模式转换"讲演。

2月至3月　应邀率中国社会科学院代表团一行6人赴波兰和捷克两国考察访问，同行者有李今早等。

5月　孙冶方经济学奖1986年度颁奖大会在中华全国新闻工作者协会新闻大厅举行会议，刘国光在会上作了讲话。

7月　完成"关于我国经济体制改革的目标模式及模式转换的若干问题"（沈立人起草，刘国光定稿），作为"代序"发表于刘国光主编的《中国经济体制改革和模式研究》一书。

9月　应美国密执安大学邀请，在该校作"中国经济体制改革的若干问题""中国所有制关系的改革""中国价格改革的若干问题"三次学术讲演。21日在哈佛大学作"中国经济改革现状与问题"讲演。26日在华盛顿世界银行作"中国价格改革问题"讲演。

10月　作为代表出席中国共产党第十三次全国代表大会并当选为中央委员会候补委员。

11月23日　由国务院批准为国务院学位委员会委员。

12月　在李铁映主持的体改委研讨会上，作"稳中求进的改革思路"。并以"稳中求进的深化改革"专访稿刊载于1988年3月8日《人民日报》海外版。

1987年11月至1988年1月应海南建省筹备组许世杰、梁湘邀请率中国社会科学院调研组到海南进行经济发展战略调研。

12月5日至11日　到云南昆明参加全国畜牧学会，向省党政干部作报告，会后赴西双版纳参观访问。

1988年　65岁

1月2日至14日　到海南沿中线—东线考察。向省筹建组汇报中国社会科学院调研组在海南的调研情况。

2月22日　会见以日本《朝日新闻》社编委会成员石川真澄为团长的《朝日新闻》采访团，与日本客人座谈中国社会主义初级阶段理论问题。

3月17日　参加中共十三届二中全会，作了"正视通货膨胀问题"的发言。发言得到薛暮桥、戎子和等人来信赞同。

4月27日至5月16日　应英国牛津大学圣安东尼学院邀请访问英国，参加该校当代中国研究中心举办的"中苏改革比较国际研讨会"，作了"谈谈中国经济学界对近期经济改革的不同思路"的讲演。

5月25日　应邀出席美国福特基金会在北京饭店举行的驻京办事处成立庆祝会。

5月28日至6月6日　在南京与江苏省社会科学院同志座谈，在南京大学讲课，并在南京大学中美文化交流中心讲话。随后应芜湖市委邀请对该市党政干部讲演。

6月11日　刘国光会见来华访问的捷克斯洛伐克共和国科学院代表团，并与该团就双方合作交流事宜进行了会谈，双方于18日签订了合作协议。

7月29日至8月11日　7月29日在黑龙江省社会科学院作报告，8月11日向黑龙江省党政干部作报告。

8月9日　波兰科学院来函通知，今年5月27日在华沙召开的波兰科学院院士大会推选刘国光为波兰科学院外国院士。9月1日波兰驻华大使兹·邓鲍夫斯基和波兰科学院副学术秘书霍瓦伊教授代表波兰政府、波兰科学院授予刘国光"波兰科学院院士"称号。

8月18日至29日　应夏威夷大学之邀访问夏威夷大学经济系，参观珍珠港。

8月26日　在美国夏威夷大学作了"关于中国经济改革问题"的讲演。

9月4日至8日　参加上海"中美经济合作学术讨论会"和上海社会科学院三十周年庆祝会，作了讲演。接受上海社科院"荣誉研究员"称号。

9月25日至30日　参加中共十三届三中全会。

10月5日　在国家体改委、中国社会科学院、中宣部联合召开的全国经济理论研讨会上作了"中国经济改革理论十年回顾"

的报告。

11月28日　会见苏联《新时代》杂志总编辑伊格耶捷科一行，就中苏经济体制改革有关问题交换了意见。

11月30日　赵紫阳请薛暮桥、刘国光、吴敬琏三人在勤政殿谈经济形势和物价问题。

12月21日至24日　到长沙，在全国生态经济学会年会上作报告，到韶山参观毛泽东故居。

1989年　66岁

4月　应日本公明党邀请率团访日（朱绍文、王振中等参加），在东京参加中日经济研讨会，参访名古屋、木曾川、新泻等地。

5月6日　出席1988年度孙冶方经济科学奖颁奖大会并讲话。

6月23日　参加中共十三届四中全会。

9月　其主编的《中国经济体制改革的模式研究》一书荣获中宣部和国家新闻出版署设立的"1988年度中国图书奖"第一名。

11月5日至9日　参加中共十三届五中全会。

1990年　67岁

2月5日至26日　率中国社

会科学院经济学家代表团赴苏联参加中苏经济体制改革学术研讨会，作"中华人民共和国四十年经济发展"的讲演。

2月28日　参加在河南安阳召开的中国地区经济学会成立会并致辞。参观殷墟和岳飞故居。

5月7日　主持台湾教授访问团（台湾中山大学教授魏萼为团长，一行9人）与经济研究所、财贸研究所等7所有关人员座谈会。双方就如何密切两岸经贸关系，共同振兴民族经济等问题交换意见。

6月20日　会见联合国教科文组织社科部门发展研究处负责人，双方就人力资源调查等问题进行了交流。

7月中旬　参加国务院三峡工程论证汇报会，并入选三峡工程审查委员会委员。

7月27日　在广州市经济研究所举办的计划与市场讨论会上作讲演。

8月24日至29日　飞烟台、威海参加全国横向经济联系研讨会，作了讲演。

9月12日　应全国政协邀请作关于"90年代中国经济"的报告。

9月14日　"学习陈云论著"一文在《人民日报》发表。

10月6日至21日　应华盛顿城市管理研究所邀请，作为顾问参加由张卓元带队的财贸所课题组访问美国，考察土地开发与增长管理问题。

10月26日　上午，会见美国福特基金会驻京首席代表韩理思和前任首席代表盖思南，就中国社会科学院经济片由福特基金会资助的合作研究有关问题交换了意见。晚间，会见了英国牛津大学林至仁教授和奥索波教授，对派遣留学进修生等问题进行了商讨。

10月31日　到江西抚州参加中国生态经济学会年会并致辞。

11月2日至6日　参加全国工商管理局在杭州召开的工作会议；接受浙大经济学院兼职教授聘任；赴绍兴、兰亭、义乌等处参观访问。

11月19日　向来访的日本经济同友会中国委员会委员杉浦一行介绍中国当前的经济形势及展望。

11月20日　出席中国社会科学院经济研究所召开的"1990年经济形势分析与1991年经济发展

预测"首次座谈会，作为课题组负责人致辞。

11月30日至12月3日　赴上海嘉定参加企业管理研究成果评审会，在会上讲了经济形势，汪道涵等到会。12月3日参加在上海社会科学院召开的中美经济合作国际研讨会并致辞。

12月4日　向上海市社会科学院各所领导作了经济形势讲话。上午，时任上海市市长的朱镕基来看望。下午在上海财经大学讲课，由财大聘为兼职教授。

12月6日至8日　6日上午在江苏审计学院讲课。6日下午在南京大学中美经济学术活动中心座谈交流。7日在江苏省社会科学院经济研究所与江苏省南京市经济部门人员座谈。8日上午参加南京商学院经济发展管理研究中心开幕式，下午讲课。

1991年　68岁

1月7日　会见英国威廉姆斯学院克拉克教授。

1月30日　会见世界银行中国局经济学家尤索福等，双方就今后的合作研究进行了广泛谈论。

2月23日　出席江泽民、李鹏等中央领导同志在中南海怀仁堂同中国社会科学院领导和部分专家学者的座谈会。

2月23日至3月3日　参加国务院三峡工程规划委组织赴三峡及荆湖地区实地考察。

3月15日　会见英国驻华使馆代办寇大伟。介绍我国当前的经济改革和经济形势。

3月26日至30日　去西安，在国防科工委举办的研讨会上作"90年代中国经济发展"的讲演。

3月31日　会见英国哥拉斯格大学苏东所所长华莱士先生。

4月8日　在中山公园会见日本学士院院士隅谷三喜男夫妇一行，并就中国社会科学院与其签订"中国社会科学院日本研究基金协议"一事进行了磋商。

4月19日　参加国务院第80次常务会议。

5月4日　出席中国计划学会第二次全国会议，在会上作了"计划经济与市场经济"的发言。

5月11日　应邀参加全国宣传干部"经济宣传研讨班"，并就我国90年代经济发展问题向与会人员作报告。

6月11日　出席孙冶方经济科学奖励基金会第四届颁奖会，代表评奖委员会在会上讲话。

6月12日至14日　应邀赴北戴河，为劳动部举办的"全国大中型企业厂长经理研讨班"作报告。

6月17日　会见美国洛杉矶加州大学经济学教授哈罗德·德姆塞茨先生，就中国国有企业的自主权、国有企业与市场机制的关系等问题交换了意见。

6月19日　会见罗马尼亚科学院秘书长康斯坦丁内斯库院士、布加勒斯特大学历史系教授和罗科学院通讯院士斯特凡内斯库，介绍我国经济改革情况。

6月27日至28日　参加国家统计局在北戴河召开的经济形势讨论会。

7月13日至24日　应内蒙古自治区之邀，赴海拉尔市及中俄边境地区考察。向呼伦贝尔盟党政干部作了经济形势报告。

8月1日　参加国务院全体会议。

9月4日至8日　出席中国社会科学院经济所与甘肃省体改委、兰州大学、省社科院联合召开的经济体制改革研讨会；对甘肃省党政干部作了经济形势问题报告；赴敦煌莫高窟参观。

9月21日至28日　应联合国教科文组织总干事马约尔邀请赴巴黎参加"可持续发展国际研讨会"。24日作了发言。

10月10日　出席"经济形势分析与预测1991年秋季座谈会"并在会上讲话。

10月15日　在中央党校作"关于经济理论的几个问题"的学术报告。

10月17日至18日　参加江泽民在勤政殿召开的座谈会（出席的领导同志还有宋平、温家宝），座谈苏联剧变和战后资本主义问题，作了发言。

10月18日　会见台湾经济研究院院长刘泰英等3人，就两岸学术交流等问题交换了意见。

11月6日至8日　应日本经济同友会邀请，赴东京参加民营经济协会第五次国际研讨会，作了"当代中国经济的发展与对外开放"的讲演。

11月15日　会见并宴请诺贝尔奖得主美国克莱因教授。

11月25日至29日　出席中共十三届中央委员会第八次全会。

12月17日至18日　出席国务院学位委员会第十次会议。

1992年　69岁

1月17日　出席国务院第95次常务会议。

1月26日至2月7日　作为总理李鹏的经济顾问,与马洪随总理赴欧洲访问意大利、瑞士、葡萄牙、西班牙四国。

2月至10月　参加中共十四大报告的起草工作。

3月2日　参加国务院第十三次全体会议。

3月7日至18日　应德国外交部邀请,赴德国参访柏林洪堡大学、布来梅大学、基尔研究所、伊福经济研究所等单位,进行国有企业管理调研。在布来梅大学作"谈谈我国所有制关系的改革"的讲演。

3月31日　会见匈牙利通讯社首席记者鲍尔陶·久尔捷,就中国经济改革问题回答了记者的采访。

4月7日　在港澳中心会见世界银行驻中国代表处高级经济学家华尔诚先生。双方就今后合作研究项目的一些有关问题进行探讨。

4月23日　参加中国社会科学院1992年经济形势分析与预测春季座谈会,就经济形势分析与预测的重要意义和指导思想等问题讲话。

5月5日　会见美国斯坦福大学经济学教授刘遵义,就中国的经济发展及实行股份制等问题交换意见。

5月6日　会见台湾中华经济研究院董事长蒋硕杰。双方就海峡两岸经济发展中出现的问题以及应采取的政策进行交谈。

5月12日　出席全国哲学社会科学基金课题评审会议。

5月13日　参加第186次总理办公会,就我国的经济形势和当前经济工作在会上作了发言。

5月15日　应中宣部理论局邀请,为中宣部干部培训中心作"关于经济理论问题"的报告。

5月18日　应深圳市委李灏之邀请,与李京文率中国社会科学院调研组赴深圳进行"深圳经济发展战略问题"第二次调研。

6月3日　上午在勤政殿,江泽民就准备6月9日党校报告涉及问题召见刘国光谈话。谈话间选定倾向于用"社会主义市场经济"的提法。

下午会见澳大利亚政府经济顾问、澳前驻华大使罗斯·加纳特，就美国福特基金会资助中国社会科学院经济学科的项目评估交换意见。

6月17日　出席中国社会科学院工资课题组召开的总报告讨论会。并对课题总报告进行具体的指导，提出了一些具体意见。

为中国社会科学院研究生院博士生和教职工作"社会主义商品经济理论问题"的报告。

6月18日　出席国务院第三届学位委员会学科评议组召集人会议。

在中共中央国家机关代表会议上，当选为党的十四大代表。

7月15日　会见美国福特基金会亚洲地区负责人、前驻华办事处主任彼得·盖特纳。参加外方陪同的还有现任代表韩里思。

7月18日　参加《经济研究》《财贸研究》和《经济管理》三个编辑部召开的理论座谈会，并就我国经济发展速度问题作了发言。

7月21日　出席国务院全体会议。

7月25日　主持中国社会科学院举行的学术报告会并讲话。参加会议的有：世界银行副行长、首席顾问萨姆斯，北京大学、中国人民大学及中国社会科学院经济片的专家学者共30多人。

7月29日至8月18日　赴乌鲁木齐参加中国城市发展研究会主办的城市生态效益讨论会。在会上作了"关于我国90年代经济速度增长问题再思考"的讲演。接着从乌鲁木齐到天池、石河子、伊宁、喀什等地参观访问。8月17日参加新疆自治区召开的讨论十四大报告稿。18日下午在新疆自治区党委组织的报告会上作"社会主义市场经济问题"报告。

8月27日　会见美国哈佛大学波金斯教授，就中国经济改革和经济形势等问题进行会谈。

9月3日　应中国人民解放军总参谋长迟浩田邀请，在总参为师以上干部作"社会主义市场经济理论问题"的报告。

9月19日　中宣部、中组部在怀仁堂组织90年代改革发展讲座，刘国光作第一讲"关于社会主义市场经济理论的几个问题"。

9月29日　出席国务院第202次总理办公会。研究明年经济工作。

10月5日　参加中共十三届九中全会。

10月12日至18日　参加中共第十四次全国代表大会。

10月25日　在中央党校讲"社会主义市场经济问题"。

10月27日　在首都剧场向北京市干部作"关于社会主义市场经济问题"的报告。

11月7日　应全国总工会的邀请，为全国总工会系统两千多名干部作"社会主义市场经济"的报告。

11月9日　出席国务院学位委员会会议。

11月11日　下午在解放军总政治部讲"社会主义市场经济问题"。

11月12日至14日　应邀分别为中国共运学院、解放军总后军事医学科学院和中央党校办公厅等单位作"社会主义市场经济理论"的报告。

11月16日　在中国社会科学院作"社会主义市场经济问题"的报告。

11月17日至12月3日　应邀赴美。18日至20日在迈阿密大学和辛辛那提大学讲"中国经济改革与发展"。24日在华盛顿卡内基基金会作"中国当前经济发展形势"的讲演。12月2日至3日在旧金山斯坦福大学、伯克莱加州大学讲中国社会主义市场经济。随后到洛杉矶、拉斯维加斯和大峡谷等地参访。

12月16日　在天津市工会与市委宣传部召开的报告会作"社会主义市场经济问题"的报告。

12月21日至25日　在厦门参加中国社会科学院、台湾经济研究院联合召开的海峡两岸产业政策研讨会，并作"中国大陆社会主义市场经济的理论与实践"的讲演。在厦门大学作报告。到泉州、石狮等地参观访问。

1993年　70岁

1月19日　会见亚洲开发银行副行长汤姆森一行。

1月27日　作为副会长出席中国太平洋经济合作委员会正副会长会议。

2月9日 应国家体委邀请，为国家体委处以上干部作"社会主义市场经济理论"的报告。

2月13日 会见并宴请原苏联部长会议副主席俄罗斯科学院经济研究所所长阿尔巴金等人，向客人介绍我国经济体制改革情况。

2月15日 作家朱衍青为撰写路翎（徐嗣兴）传记来访，谈路翎早年情况。

2月20日 在院部学术报告厅主持俄罗斯科学院经济研究所所长阿尔巴金作"目前俄罗斯经济状况与前景"的报告。

2月22日 出席中国社会科学院经济研究所和孙冶方经济学奖励基金会联合举办的孙冶方同志逝世十周年纪念座谈会并讲话。

3月1日至8日 应浙江省舟山市委和市政府邀请，赴舟山群岛考察调研。

3月12日至31日 当选为全国人民代表大会第八届代表，参加3月13—31日的人大八届一次大会，被选为常委会委员，教科文委员会委员。

4月5日 应日本东京大学邀请，作为经济研究所代表团顾问，到日本访问（同行有朱绍文、何建章、于祖尧等），在东京大学经济系和三菱商贸集团总部作"关于中国经济发展形势"的讲演。

4月23日 出席中国社会科学院"经济形势分析与预测"春季座谈会，并在会上讲话。

5月5日 应邀出席由《经济日报》社、中国世界观察研究所主办与大连市经济研究中心协办召开的"把大连建成北方香港"研讨会开幕式并发言。

5月7日 会见台湾"经建会"前副主任叶万安夫妇，双方就当前两岸经济形势交换了看法。

5月10日至12日 应邀出席国家计委召开的"市场经济体制下计划与市场的作用"国际研讨会，并在会上发言。

5月13日 中国社会科学院召开"邓小平特区建设思想"研讨会，其在会上作了"邓小平的特区建设思想"的讲演。

5月17日至19日 到香港参加中国社会科学院数技经所与香港中文大学合作举行的中国地区经济发展研讨会，18日作了"中国地区经济发展战略的评价与展望"报告，19日参加香港友好协会午餐会，作关于中国经济形势的讲演。

5月31日至11月　参加中共十四届三中全会关于经济体制改革文件的起草工作。

6月14日至17日　到上海参加复旦大学"上海迈向21世纪国际大都市研讨会"，15日作"对上海建设国际化大都市若干问题的看法"的讲演。17日到苏州向江苏省宣传干部会讲"社会主义市场经济若干问题"。

6月29日　会见著名经济学家、前世界计量经济学会会长、哈佛大学教授乔根森，就中国社会科学院与乔根森教授等合作研究"生产率与环境和社会发展"课题等问题交换意见。

7月7日　会见亚洲银行首席经济学家萨蒂什博士。介绍中国社会科学院与世界银行合作的情况并建议亚行和中国社会科学院开展合作研究。

7月13日　下午陪同朱镕基副总理会见美国斯坦福大学刘遵义教授。

8月14日　出席由中国社会科学院经济学科片召开的国民经济发展战略课题讨论会并讲话。

8月30日　列席国务院第八次常务会议。

8月31日　列席国务院第九次常务会议。

10月10日　会见美国斯坦福大学教授、诺贝尔奖获得者阿曼夫妇。介绍我国沿海地区经济发展情况，双方就经济预测问题交换看法。

10月12日　出席"中国社会科学院经济形势分析与预测1993年秋季座谈会"并讲话。

10月15日　会见美国终身大使、美国战略与国际问题研究中心高级顾问黛安娜·杜根女士。

10月21日　会见英国牛津大学社会学部主席莫里斯教授和英国牛津大学中国中心主任林至仁博士。

11月11日至13日　作为起草组成员列席中共十四届三中全会，制定关于经济体制改革的决定。

11月18日　卸任中国社会科学院副院长，与前副院长钱钟书二人被聘为中国社会科学院特邀顾问。

11月20日至26日 应日本亚洲经济研究所的邀请访日。23日在东京作"关于中国经济走势"的报告。到医院看望病重的日本金融学家小林实。

11月27日 出席由国务委员李铁映主持召开的国务院住房制度改革领导小组第四次会议。

12月1日至4日 出席全国经济工作会议。

12月26日 参加在北京人民大会堂召开的毛泽东生平和思想研讨会，提交了"强国富民道路的开拓与发展——学习毛泽东思想"书面发言。

1994年　71岁

2月6日 向武汉市党政干部作"深化改革若干问题"的报告。

2月8日至17日 在广州对省党政干部，11日在中山市、13日在东莞市、15日在惠州市、17日在广州市对各市党政干部作"关于现代企业制度"的报告。

2月15日至25日 应新加坡原总理吴庆瑞与新加坡大学亚洲研究所邀请，访问新加坡，22日向公众讲演"中国经济体制改革面临的问题"。

3月5日 由人大科教文委员会委员，转为财经委员会委员。

3月8日至20日 参加全国人大八届二次会议。

3月2日至24日 到马来西亚吉隆坡参加太平洋经济合作理事会PECC第十届大会。23日在金融资本市场分组作"中国金融改革及其对外商来华投资的影响"的讲演。

4月2日至12日 先后在江苏省委党校、南京大学和南通市委党校讲演，在省社会科学院、南京大学中美文化合作中心等处座谈。

4月20日至24日 20日在河南财经大学作现代企业问题报告。21日下午向河南省常委学习中心组（四套班子）讲"现代企业制度与经济形势"。22日上午在河南财经论坛成立大会上，讲当前宏观经济形势的几个焦点问题。24日向洛阳市党政干部作"现代企业制度"的报告。

5月20日至26日 到湖南长沙参加湖南省市场经济研究成立会致辞。随后到张家界、桃源等地考察，在张家界与市领导座谈经济问题。

6月8日至12日　到西安参加全国城市发展研究会第三届代表大会，作工作报告，换届选举继续担任理事长。

6月15日　在福建省委举办的"社会主义市场经济问题讲座"上作"关于宏观调控体系改革与当前经济形势问题"的讲话。省委书记贾庆林出席并会见。

6月18日　在秦皇岛经济技术开发区发展战略专家研讨会讲"发挥潜在优势，走功能开发新路"。

7月13日至16日　参加上海市委举办的"上海面向21世纪战略研讨会"，作"对迈向21世纪的上海发展战略的几点建议"的发言。黄菊、徐匡迪主持会议。

8月15日至20日　到内蒙古呼伦贝尔盟，在海拉尔市对全盟干部作"社会主义市场经济问题"报告，到根河市参加建市庆典。

9月4日　在鞍山"迈向21世纪中国与亚太合作1994年国际研讨会"上发言，讲"中国大中型国有企业改革问题"。

9月23日至30日　应德国施韦比霍尔银行邀请，到德国慕尼黑、德雷斯顿等地访问并在施韦比霍尔银行总部作"关于中国经济改革和经济发展"的讲演。

10月5日至16日　参加人大常委检查组到浙江检查打假工作，到杭州、绍兴、宁波、奉化、义乌等地。

10月28日至11月3日　应日本青山大学邀请，出席在东京举办的"21世纪中国研讨会"，在29日的会上作了题为"中国经济体制改革的成就、难点和21世纪展望"的发言。11月1日向仙台公众作了"中国经济动向与中日经济关系"的讲演。3日在东京国际经济文化交流会讲演。

1995年　72岁

2月10日　在京西宾馆召开的京九沿线资源开发战略研讨会上作"关于京九沿线的资源开发"的发言。

2月2日至6月1日　应牛津大学当代中国研究中心邀请以访问学者身份赴英国。

3月17日　在伦敦中国驻英使馆作"国内经济形势展望与国企为重点的经济体制改革"的报告。

5月11日　在中国留英经济学

人中国经济学会召开的研讨会上作题为"谈谈当前中国国有企业改革的发展"的讲演。

6月11日至15日　应日本三井物产贸易经济研究所邀请赴日本东京，13日在该所作"中国经济走向与国有企业改革"的讲演。

8月17日至19日　到山东省诸城市。18日参加小城市国有企业改革研讨会，致辞。19日到日照港口参访。

10月5日至15日　参加人大常委会农业法执法检查组，到湖南省长沙、益阳、常德、桃源、石门、慈利、张家界等地进行执法检查。

10月17日　参加私营经济研究会作开幕致辞："私营企业主是社会主义的帮手"。

11月4日至6日　赴荆沙市参加中等城市第八届研讨会，作"关于城市经济发展战略"问题报告。

1996年　73岁

1月29日　参加"武汉与中西部发展战略研讨会"，作"发挥武汉地区协调发展中的作用"的发言。

3月5日至17日　参加人大第八届四次会议。

3月25日至27日　应延边科技大学之邀，到吉林延吉参访。26日去长白山。27日参加延边科技大学中德合作交流会致辞。

4月2日　写信给江泽民、李鹏、朱镕基、邹家华，关于海南大化肥厂不应建于三亚以免污染旅游环境，建议迁建于海南西部工业区。

4月9日至15日　参加国家计委南水北调审查组去南水北调中线考察（武汉—襄樊—丹江口—南阳—郑州）。

4月24日至5月5日　应奥中友好协会邀请到奥地利、维也纳、萨尔斯堡等地参观访问。29日在维也纳市政厅参加"区域发展与城市规划研讨会"并发言。

8月21日　在鞍山出席中国经济规律学会研讨会，并讲对"当前经济形势若干流行观点的一些看法"。朱镕基副总理阅后，在全国棉花工作会议上讲话时说："我顺便向同志们推荐一下社会科学院顾问刘国光同志，8月21日在鞍山一篇讲话，讲得非常好。

我看刘国光同志的水平，不是一般的经济学家能赶得上的，他结合实际，他能用一些基础的经济学理论来解释当前经济生活中的一些现实问题，同志们学习一下，把形势看得清楚一点。"

9月11日至11月21日 到美国斯坦福大学亚洲研究中心做访问学者，其间完成《中国中小企业改革若干问题》长文。因国内有中共十五大报告起草的任务，故提前结束访美。11月18日道经东京、香港，21日返回北京。

11月23日 参加在中南海布置十五大报告起草工作的会议。

12月27日 晚上在北京饭店，朋友、学生为刘国光举行五十周年学术活动座谈宴会。

1997年　74岁

1月7日 《人民日报》发表"论软着陆"（与刘树成合著），朱镕基副总理12月31日在原稿上批示："这是迄今为止总结宏观调控经验的一篇最好的文章。"

3月1日至14日 参加全国人大八届五次会议。

3月30日至31日 赴吉林延吉，31日参加延边科技大学第二

次中德合作交流会，作"关于我国经济情况"的发言。

5月18日至20日 参加深圳第四次高级顾问会，在会上作了"论深圳第二次创业"的发言。

7月17日 人大财经委员会开会讨论上半年经济，在会上作"略论当前经济形势"的发言。

9月2日 在广西北海召开的中国经济稳定发展国际研讨会，与克莱因同作主题讲演。

9月12日至19日 作为起草组成员列席中共第十五次全国代表大会，19日列席十五届一中全会。

9月15日 "从短缺到宽松"在《光明日报》发表，1997年《财贸经济》第10期发表"再论买方市场"。两文首次分析了中国经济经过两重模式转换，卖方市场格局开始转向买方市场。

11月1日至6日 到日本学术访问。2日在福冈久留米大学第二次社会经济国际研讨会上作了"关于中国经济改革与发展"的讲演，5日赴东京参观国会与市议会。

11月17日至21日 赴桂林，参加中国城市年鉴1997年工作会议并致辞，赴漓江、灵渠等地考

察访问。

11月30日至12月14日　应澳大利亚新南威尔斯大学之邀，赴澳进行学术访问，12月2日下午在堪培拉新南威尔斯大学研讨会上作"中国经济改革与发展若干难点问题"的讲演。到悉尼，布里斯班等城市参观访问。

1998年　75岁

2月20日　设便宴招待越南社会科学院人文中心代表团杜怀南等。

2月23日至26日　应香港工商专业联合会邀请，参加中国宏观经济学会代表团访问香港，在"迈向2000年的中国"研讨会上作了"国有企业的股份制改造"的讲演。

3月4日至4月8日　3月4日列席全国人大九次会议预备会议。4月8日华建敏来医院看望并邀请参加十五届二中全会关于农业问题的起草工作。

4月22日　上海国际电子商务论坛开幕，由韩正副市长、美国杜根大使和刘国光致辞。

4月27日　在中国社会科学院经济形势分析与预测座谈会上讲

"增长速度、宏观调控，供求关系"。朱镕基副总理5月7日阅后批示："刘国光同志的意见是经过深思熟虑的，文章很有说服力，建议可写成文章加以宣传。"

5月4日　在勤政殿，江总书记在十五届二中全会起草组讲话。刘国光参与起草工作。

5月15日至17日　参加澳门中小企业协会成立仪式并致辞，并作"关于中国经济形势"的讲演。

5月25日至6月4日　参加国务院发展研究中心与美国哈佛大学联合在波士顿召开的"中美第二届经济发展与体制改革研讨会"，27日下午作关于"东南亚金融危机与中国"的发言。

6月7日　出席在南宁市召开的发展战略研讨会，在开幕式上致辞。

6月　《江苏经济》杂志1998年第7期发表《江苏应为全国发展挑重担》一文。省委书记陈焕友阅后批："感谢国光同志对我省经济工作的肯定和支持。所提建议完全符合江苏实情。请省计经委认真研究并在实际工作中吸收其建议。"

7月　参加十五届二中全会文件起草组赴北戴河工作。

8月26日至9月4日　应台北国际关系研究中心邀请，到台北参观访问。27日在该中心举办的座谈会上作了"中国经济发展现状与前瞻"的讲演。

9月11日　国务院研究室召开形势讨论会，在会上讲了"关于当前经济形势及政策取向问题的看法"。

10月11日至14日　作为起草组成员参加中共十五届二中全会。

10月24日　出席孙冶方经济科学基金会和中国社会科学院经济研究所等单位共同举办的"纪念孙冶方90诞辰暨孙冶方经济学观点研讨会"并发言。

10月26日至11月1日　到珠海，参加伶仃洋大桥战略地位论证会并发言，赴外伶仃岛考察。

12月10日　在国内贸易局举办的流通体制改革开放座谈会上作"面对历史机遇，推进流通改革"的发言，提出流通是先导产业的概念。

1999年　76岁

3月15日至17日　到珠海参加伶仃洋大桥战略地位论证鉴定会，作了发言。16—17日去东澳岛考察。

4月19日　在中国社会科学院"经济形势分析与预测"春季讨论会上作"关于继续实行积极的财政政策的几点思考"的发言。

7月2日至7日　3日到成都参加留美学生会与西南财大合办的"劳动就业国际讨论会"开幕式并作"形势报告"。下午去三星堆参观。5日在重庆市社会科学院作形势报告，下午去合川国立二中参访母校故址。6日到大足县参观南宋石雕群。

8月23日　出席在辽宁省辽阳市召开的经济规律研究会第十次年会，在会上讲"关于经济形势与宏观调控问题"。

9月8日至26日　应加拿大西安大略大学邀请到加拿大伦敦市访问。9月19日作"关于中国国有企业改革的攻坚阶段"的报告。参访五大湖、尼加拉瓜瀑布、多伦多市等处。

11月19日至21日　到苏州参加20日召开的苏州市发展战略研究讨论会，在会上作"形势问题"讲演，21日到周庄参观。

11月22日至23日　陈锦华推荐刘国光担任中国石油化工集团顾问，23日中石化总裁李毅中、副总裁王基铭来访。

11月26日至12月5日　26日到昆明，27日参加"云南省建设绿色强省研讨会"开幕式，作了"云南省创建绿色强省的几点思考"的讲演。29日飞海口，30日参加中国城市发展研究会召开的"城市发展与生态环境研讨会"，作了"通货紧缩形势下的宏观调控"的讲演。30日下午飞昆明，12月1日至4日在大理、丽江参观访问。

12月29日　温家宝在玉泉山召集会议部署中共十五届五中全会文件起草"十五发展规划建议"工作，刘国光参加。

2000年　77岁

2月22日　《人民日报》发表"略论通货紧缩趋势问题"（与刘树成合写）。原题没有"趋势"二字，是朱镕基阅稿时加上的。

中国石化股份有限公司创立大会，产生董事会，刘国光与陈清泰当选为独立董事。

3月29日至30日　应新加坡国立大学东亚研究所之邀，赴新加坡访问，于30日讲"21世纪中国经济增长问题"。

4月27日至29日　到南京参加"影响中国当代十本经济学著作出版研讨会"，28日作"中国经济增长分析"的讲演。29日在南京大学讲了形势问题。

6月10日至11日　参加在深圳召开的中国城市发展研究会第四次代表大会，当选为荣誉理事长。

6月15日　参加在天津召开的第三届电子商务国际研讨会并致开幕辞。

8月31日至9月6日　与于祖尧访问韩国，在汉城向KDI，在大丘向大丘大学讲演"21世纪初中国经济增长与结构调整问题"。

9月13日　上午举行"数量经济学及其应用20周年回顾国际研讨会"，会上刘国光与美国诺贝尔奖得主克莱因教授等作了回顾发言。

11月9日至11日　作为起草组成员列席中共十五届五中全会。

10月17日　在中国社会科

学院"经济形势分析与预测"秋季座谈会上讲"当前经济形势与十五期间宏观调控政策取向"的讲话。

10月28日　在西安参加经济规律学会十一届年会和西部经济发展管理创新国际研讨会，作了"当前经济形势与十五期间宏观调控政策取向"的讲话。

11月10日　中俄友好协会第三届理事会第一次会议，推选刘国光等当荣誉理事并授予中俄友好奖章。

11月13日　在唐山市干部会上作了"城市化与唐山中小城镇规划问题"的报告。

12月6日　俄罗斯科学院吉他连科院士来电，祝贺刘国光被俄罗斯科学院授予荣誉博士称号。

2001年　78岁

1月13日　在人民日报社于海南三亚举办的"全球化国际研讨会"上作"全球化与我国经济结构调整问题"的讲演。

5月8日至12日　与夫人及数量经济与技术经济研究所副所长郑玉歆出访罗马尼亚，考察私人资本对外投资问题。

6月2日至9日　应香港商会邀请，国家发改委基金会安排，与桂世镛、吴树青赴香港参观访问。

8月1日至6日　应内蒙古林西县邀请，到该地区进行林牧业调研，同行有农业部石山等。

9月11日　在上海参加新知研究院学术研讨会。晚上去医院看望汪道涵同志。桂世镛、张卓元、刘诗白同去。

9月17日至28日　应俄罗斯科学院邀请，刘国光夫妇赴莫斯科与彼得堡访问。18日俄罗斯科学院院士大会授予刘国光荣誉博士。20日在俄罗斯科学院经济学部作"中国经济结构调整问题"学术报告。

10月23日至25日　23日在成都参加太平洋经济合作理事会东盟经济合作研讨会，作了形势发言。24—25日到峨眉山、乐山参观访问。

11月3日至8日　到湖北省十堰市参加中等城市经济研究会年会开幕式，作了经济形势问题讲话，在武当山等地参观访问。

12月5日　去南宁市参加中国城市年鉴工作会议，作了"中国宏观经济形势与宏观调控问题"的讲演。

12月7日　在广州市社会科学院成立20周年座谈会上，作了"中国宏观经济形势与宏观调控问题"的讲演。

12月8日　在北京人民大会堂举办的经济论坛上，作了"中国宏观经济形势与宏观调控问题"的讲演。

12月15日　在南京中国经济规律学会年会上，作了"中国宏观经济形势与宏观调控问题"讲演。

2002年　79岁

1月5日至4月5日　在海南三亚休息期间，完成《促进消费需求，提高消费率是扩大内需必然之路》《略论货币政策，减税和民间投资》两篇文章。中间两次返京：3月2日上午参加人民大会堂小礼堂举行的房地产协会组织的经济形势与房地产走势大型报告会，作了"经济形势问题"讲演；3月26日返京参加中石化股份有限责任公司董事会。

5月8日　太平洋经济合作理事会在澳门举办东亚经济合作研讨会，作"中国宏观经济形势问题"讲演。

5月17日　在国家发改委经济研究所"国宏论坛"作"当前经济形势的几个问题"讲演。

8月17日　乘火车去泰安，参加泰山经济论坛，作了经济形势讲话。会后到泰山、曲阜等地参观访问。

9月20日至28日　应波兰科学院邀请访问波兰、华沙、克拉科夫等地。

10月11日　参加中国社会科学院"经济形势分析与预测"秋季讨论会。作了"讲现实经济增长率向潜在增长率提升的几个问题"。

10月31日至11月2日　赴安徽省阜阳市，参加全国畜牧经济研讨会致辞。考察养牛事业。

12月15日　出席在济南召开的中国经济规律研究会年会上，作了"关于现实经济增长率向潜在增长率提升的几个问题"。

2003年　80岁

1月4日至4月7日　在三亚工作与休息，完成"研究宏观经济，要关注收入分配问题"文稿，2月19—26日期间飞回北京参加全国社会保障理事会和中国宏观经济学会的会议。

4月18日　上午，温家宝总理在玉泉山召集组建十六届三中全会起草班子，刘国光参加。

4月20日至22日　在青岛举行的中国现代经济史年会上讲"新中国53年以来宏观经济发展若干特点"的讲话。会后参观海尔集团，游览崂山。

8月　完成《谈谈政府职能与财政功能的转变》论文文稿。

9月5日至6日　在太原全国城市经济学会第四次会议上作了"关于收入分配问题"的报告，6日到平遥古城与乔家大院参观。

9月12日　参加人民大会堂江西厅吴邦国主持修改宪法座谈会。

10月11日至14日　作为起草组成员列席十六届三中全会，制定关于完善社会主义市场经济体制文件。

10月17日至21日　应成都市委宣传部邀请，到成都向市干部作了与改革有关问题的讲话。去九寨沟、都江堰游览。

10月22日至23日　由成都飞郑州，在河南财经学院参加"有中国特色社会主义经济"座谈

会，杨承训、刘诗白、卫兴华等参加，对教师和研究生作了分配问题的讲演。

11月1日　到上海参加在同济大学召开的经济规律第十四次年会，作"关于经济形势与收入分配问题"的讲演。

11月23日　八十岁生日，友人与学生在院部举办刘国光八十岁生日庆祝会经济学恳谈会，作了"八十心迹"的发言。

11月29日至12月2日　在海口中国改革综合研究院举办的"建设公共服务型政府"研讨会上作"谈谈政府职能与财政功能的转变"的报告。12月2日在深圳主持第十届孙冶方经济学奖颁奖大会。

12月6日　在中国管理科学院高层经济论坛作了"当前经济发展中的总量和结构问题"的讲演。

12月8日　到深圳参加深圳市第六次高级顾问会，作了"提高深圳市的竞争力"的发言。

2004年　81岁

2月3日　温家宝总理在国务院召开经济学家、社会学家座谈会征求意见（对政府工作报告），刘国光讲了双向防范（防

通胀与防通缩）与群众关心的政府行为等问题。

3月24日　全国社会保障理事会开会，作了发言。

4月25日至27日　应海南省邀请任省咨询顾问。26至27日参加海南省顾问会成立大会，在会上发言。

4月10日　中国宏观经济学会在钓鱼台国宾馆召开宏观经济形势座谈会，作了发言。

4月22日　在中国社会科学院"经济形势分析与预测"春季讨论会上作了"宏观经济问题小论三则"的讲话。

5月18日　上午，温家宝总理主持在国务院召开经济专家座谈会上，刘国光作了发言，谈"中性宏观调控政策问题"。

7月23日至26日　到湘西怀化新晃县参加"南方利用草山草地发展肉牛经济研讨会"及湖南新晃古夜郎黄牛文化节开幕致辞，何康等与会。7月25、26日乘火车到加华公司参访，游岳阳楼、洞庭湖、君山。

9月17日至19日　到浙江省兰溪县参加兰花节并在地区经济研

讨会上致辞。18日到温州德力西集团参访。19日游雁荡山。

10月10日　在中国社会科学院"经济形势分析与预测"秋季座谈会上讲"杂谈宏观调控问题"。

10月12日　体改研究会在友谊宾馆召开十二届三中全会20周年纪念会，刘国光作了发言。

10月18日　国务院召开座谈会，温家宝主持，刘国光作了发言。

11月7日至8日　飞澳门参加"海峡两岸港澳物流会"，刘国光在大会作了讲演。

12月17日　在中国管理科学院第五次高级论坛作了"双稳健的宏观调控政策"的讲演。

2005年　82岁

1月3日至3月15日　在三亚工作与休息，完成《更加重视社会公平问题》一文文稿。

3月24日　上午，中国宏观经济学会举办的"中国经济学杰出贡献奖"第一届颁奖仪式在人民大会堂举行。获奖者除刘国光外，有薛暮桥、马洪、吴敬琏。刘国光在颁奖会上作了简短答辞，综述对中国经济发展、经济改革、经济学现状的感受与经济学界同仁交流。

3月28日　中国社保基金理事会第二届一次会议改选，刘国光仍当选理事，作了发言。

4月9日　在宁波"天一论坛"作"双稳健宏观政策"的讲话。

5月13日至17日　14日出席中国经济史学会在南昌举办的"中国经济发展模式讨论会"，作"双稳健宏观调控政策"的讲演。15日在江西财经大学作"进一步重视社会公平问题"的讲演。会后游滕王阁并赴井冈山参观访问。

5月22日至28日　中国宏观经济学会和中国管理科学院先后在人民大会堂召开"陈云思想讨论会"，纪念其百年诞辰。刘国光作了发言。

6月11日　中国城市发展研究会第五次代表大会在杭州召开，刘国光作"关于社会公平问题"的讲演。习近平、程安东等到会。

7月15日　教育部社会科学中心樊建新访谈"关于经济学教学与研究若干问题"。上报此文后，中央常委李长春8月17日在给宣传口几位领导同志的批示中说："很多观点值得我们高度重视。"8月19日下午，当谈到刘国光同志时，又说："刘国光同志是一位有影响，有贡献的经济学家，一贯坚持马克思主义为指导，从改革开放以来，发表了许多文章，参与过许多决策研讨，作出了重要贡献。我们抓意识形态，坚持正确导向，就应当使坚持马克思主义的理论家有地位，有声音。"上述访谈在网上和媒体发表后，引起激烈讨论。至2006年6月由刘贻清、张勤德编辑出版《刘国光旋风实录》文集，和北京微微文化发展中心编辑出版《刘国光旋风实录》增补本。

9月3日　写信给胡锦涛、温家宝，送去"关于效率与公平"一篇小文，主张当前要淡化效率优先兼顾公平提法，把效率优先首先放到生产领域去讲，强调要更加重视社会公平问题。

9月8日　上午，参加马克思主义理论研究和建设工程组在京西宾馆审议"政治经济学提纲"。

9月12日　应发改委宏观研究院邀请，讲"关于经济学教学与研究中的若干问题"。

9月27日　应中国社会科学院研究生院邀请，讲"关于经济学教学与研究中的若干问题"。

10月12日　在"黑龙江省建设社会主义新农村"会议开幕式上致辞。

10月13日　在中国社会科学院"经济形势分析与预测"秋季讨论会上作"把效率优先放到应该讲的地方去讲"的发言。

10月21日　应贵州财经大学邀请，在中国经济规律学会召开的讨论会上，讲"关于经济学教学与研究中的若干问题"。

12月21日　应首都经贸大学邀请，讲"关于经济学教学与研究中的若干问题"。

12月26日　参加中国社会科学院马克思主义研究院成立大会。

2006年　83岁

1月8日—4月2日　在三亚工作与休息。3月应上海《解放日报》特邀，写《坚持正确改革方向》一文，该报竟以"技术原因"未发表。后此文在其他报刊发表，并未碰到"技术问题"。

4月17日至5月12日　上海《第一财经日报》记者郭晋辉采访笔者，后写出《"市场化"不应是中国改革的全称》一文，原定5月12日见报，但被派驻"审读员"禁发。嗣刘国光将此篇访谈稿改写为以《略论"市场化"改革》为题的文章，发表于《马克思主义文摘》等处。

6月23日至28日　23日在山东齐河县参加林业会议并致词。25日转到山东东营，考察参观胜利油田、黄河口开发区等处。28日在开发区礼堂作了"改革方向问题"的报告。

7月11日　中国社会科学院推选刘国光为中国社会科学院学部委员。

9月24日　出席中国经济规律研究会在湖北武汉江汉大学举办的第16次年会，作了"关于改革方向问题"的发言。

12月16日　中国社科院在人民大会堂为《刘国光文集》（十卷本）的出版举行发布会。

2007年　84岁

4月至5月　与河南财经学院杨承训教授合作研究"关于当前思想领域一些问题"，以对话形式发表于中国社会科学院《要报》等处。

7月至9月　研究写出《关于分配与所有制关系若干问题的思考》一文，在《中国社会科学内刊》和《红旗文稿》等处发表。

11月1日　参加中国经济规律研究会在南京财经大学举行的第17次年会，作了"关于收入分配问题"的主题演讲。

12月4日　在上海出席上海财经大学90周年校庆，作了对"十七大报告关于经济领域若干论述的理解"的发言。

2008年　85岁

1月5日至3月9日　在海南三亚休息，开始起草《试用马克思主义哲学方法总结改革开放30年》一文，年内陆续完稿，发表于《中国社会科学》（2008年第6期）杂志等处。

4月25日至4月29日　到海南海口参加海南庆祝建省20周年大会，会后去博鳌亚洲国际会场等处参观。

5月28日　上午，在中国人民大学中国人文社科论坛，作了"关于宏观调控近期目标"的讲话。

5月底至10月　魏礼群主编

《改革开放三十年见证与回顾》一书，邀刘国光写了《计划与市场关系变革的三十年及我在此过程中的一些经历》一文，编入该书。

8月31日　在上海复旦大学参加纪念蒋学模经济学研讨会，作了"关于从历史唯物主义反思30年"的讲话。

9月8日　趁参加上海社科院50周年纪念大会之机，又应邀到复旦大学经济学院作了"用马克思主义哲学方法分析30年经验"的讲话。

10月22日至24日　在香港出席孙冶方经济科学基金会与香港中文大学举办的"孙冶方100周年纪念研讨会"，会上作了"试用马克思主义哲学方法总结改革开放30年"的专题讲演。

11月2日　在湖南商学院参加中国经济规律研究会举办的第18届年会，会上作了"辩证地看30年改革开放"的讲话。

12月7日至8日　在南京大学参加"真理标准与改革开放30周年研讨会"，会上，作了"关于计划与市场30年变革的经历"的报告，又在南京大学商学院作了

"试用马克思主义哲学方法总结改革开放30年"的报告。

2009年　86岁

1月至3月　刘国光口述，杜建国整理的《有计划，是社会主义市场经济的强板》一文，发表于《绿叶》杂志第1期。

3月31日　教育部社科研究中心等单位召开"国际金融危机与发展中国特色社会主义研讨会"，刘国光会上作了"世界经济危机中中国表现与中国特色社会主义模式的关系"的发言。此文在《求是内参》等处刊发。

3月至4月　2005年对"经济学教学研究问题"发表一些看法以来，一些同志建议把这些看法称作"经济学新论"，建议把这几年的文章集成"新论"。循此思路，刘国光把改革开放以来对经济学若干重大理论问题的思考整理出来，选编了若干篇文章，以《经济学新论》为书名，由社会科学文献出版社2009年12月出版。

6月至7月　撰写《共和国60周年感言》一文，包括4个感言：（1）前30年和后30年；（2）从新民主主义到中国特色社会主

义；（3）经济建设与阶级斗争；（4）也谈"改革开放"。此文发表于《求是内参》《百年潮》、教育部高校社会科学发展研究中心《报刊文摘》等处。刘国光构思口述，毛立言协助整理，完稿《建国六十年来中国的计划与市场》一文，入选"第一届当代中国史国际高级论坛特稿"，以《中国特色社会主义运行机制的探索与创建》为题，发表于《当代中国史研究》2009年第5期。

11月16日　在辽宁沈阳大学参加中国经济规律研究会举办的第19次年会，会上作了"经济建设与阶级斗争"的主题报告，发表于《求是内参》。

11月21日　第13届孙冶方经济科学奖颁奖会，在山东日照举行，会上代表孙冶方经济科学基金会致开幕词。

12月22日　在湖南耒阳市，参加中国城市经济学会年会，作了"准确理解改革的含义和正确掌握不同领域改革进程"的发言。

2010年　87岁

1月5日至4月6日　三亚休息与工作。上年9月由刘国光口述，

党史研究室整理的《改革开放新时期的宏观调控》一文，在《百年潮》2010年第1期发表。另有一篇党史研究室编辑整理的口述稿《改革开放新时期的收入分配问题》，在《百年潮》2010年第4期发表。

5月29日　出席世界经济学研究会在苏州举办的年会，被授予"二十一世纪世界政治经济学杰出成果奖"。获奖论文是《试用马克思主义哲学方法总结改革开放三十年》，会上作了"实现市场经济与社会主义的有机统一"的获奖感言。

6月至7月　对马克思主义理论研究和建设工程办公室编写的《马克思主义政治经济学概论》一书的征求意见稿提出"审稿意见"，此意见书嗣以《关于社会主义政治经济学的若干问题》为题，在中国人民大学《政治经济学评论》第4期等处发表。

10月18日　在石家庄河北财经大学，中国经济规律研究会20周年年会上作了"社会主义初级阶段的主要矛盾"的发言。该文稿发表于《求是内参》。

11月　6日在北京"中国宏观经济学会座谈会"和26日安徽芜湖"中国城市经济学会年会"上，作了"分好蛋糕比做大蛋糕更重要更困难"的发言，该发言稿在多处发表。

2011年　88岁

5月　世界政治经济学学会在美国麻省召开"第六届国际学术论坛"，来自30多个国家的150多位学者出席了论坛，经各国学者推荐和理事会评审，学会最终决定将首届"世界马克思经济学奖"授予中国社会科学院特邀顾问刘国光。刘国光以录像方式与大会交流，发表了授奖答词"经济学研究的立场"，载于《光明日报》2011年7月15日。

5月5日　山东省委宣传部、山东电视台为纪念中国共产党成立90周年，联合拍摄大型电视政论片《信仰的力量》，电视台记者专访拍摄了"关于市场经济与计划经济的争论"访谈片。访谈纪要载于《社会主义市场经济理论问题》（2013年出版）一书中。

5月至6月　研究写作"国富、民穷"和"先富共富"的问

刘国光
经济论著全集
第
17
卷

题。6月完稿。6月25日在中国社科院与重庆市合办的"共同富裕研讨会"上和9月17日在北京对外经贸大学举办的中国经济规律研究会第21次年会上，以及12月26日在北京中国城市经济学会25周年年会上，都就此问题作了发言。此文稿以《中国财富走向》或以《国富与民富，先富与共富的一些问题》为题，先后在《经济研究》第10期等处发表。

年内　撰写《巩固社会主义市场经济的制度基础——初级阶段的基本经济制度》一文，先后发表于《上海社会科学报》2011年6月6日，《国企》杂志2011年第1期，《新华文摘》2011年第7期等处。为纪念中国共产党成立90周年，在上文基础上写出《公有制是社会主义初级阶段基本经济制度的基石》，在《国企》杂志2011年第7期、中国社会科学院《要报》《研究报告》2011年第36期等处发表，并以《关于社会主义初级阶段基本经济制度若干问题的思考》为题的改写稿，在《经济学动态》2011年第7期发表。此文后收入刘国光主编的

《共同理想的基石——国有企业若干重大问题评论》（2011年12月出版）一书中。

《人民日报》6月21日，发表了刘国光以《深化对公有制地位和作用的认识》为题的文章，《经济日报》7月28日以《坚持社会主义初级阶段的基本经济制度》为题，摘发了前述研究文章的内容。

9月16日　在首都对外经贸大学,出席中国经济规律研究会第21次年会，作了"坚持公有制为主体不断发展　国有经济才能制止两极分化"的发言。

11月27日至29日　出席孙冶方经济科学基金会在无锡召开的第14次颁奖会，代表孙冶方经济科学基金会在市委宴请会上致词。29日到玉祁镇孙冶方故居凭吊，到纪念馆参观。

2012年　89岁

3月24日　中国宏观经济学会召开常务理事会，座谈发展与改革问题。作了"改革必须坚持社会主义方向，坚持公有制为主体，坚持共同富裕，不搞两极分化"的发言，该发言内容以《不

坚持社会主义方向的改革同样死路一条》为题，发表于《人民论坛》2012年第3期等处。

4月14日　参加中国经济规律研究会在武汉大学召开的第22届年会，研讨财富的生产和分配理论问题。作了"端正改革方向"的发言。

8月28日　在中国经济社会发展资源第6届高层论坛会上，作了"重视发展集体经济"的发言。后此发言稿发表于中国社会科学院《要报》和《前线》杂志等处。

9月12日　《中国社会科学报》A04全版刊出该报记者，为纪念经济体制改革目标提出20周年，访问刘国光长篇谈话"中国社会主义市场经济的特色"。

9月22日　参加中国社科院马研学部与上海财经大学在上海财大举办的"首届全国马克思主义经济学论坛"，作了"关于社会主义政治经济学若干问题"的发言。

12月9日　在中国人民大学由该校经济学院《政治经济学评论》编辑部共同主办的"政治经济学评论"优秀论文奖颁奖典礼上，刘国光的论文《关于中国社

会主义政治经济学的若干问题》获得该奖。在获奖会上作了"关于社会主义初级阶段的矛盾和社会主义的本质特征"的发言。

12月26日　在天津三实纪综合律师事务所十二周年庆祝会上致词，阐述了"宏观经济走势、发展方式转变、做大蛋糕与分好蛋糕"等问题。

2013年　90岁

4月20日　参加在福建师范学院举办的"中国经济规律学会第23届年会"，作了"十八大后再论中国经济体制改革的方向——警惕以'市场化'为名推行私有化为实的倾向"的报告。5月12日在社科院"社会主义研究中心"举办的"居安思危"研讨会上也作了同题的发言。发言稿载于中国社科院《要报》《研究报告》2013年第86期、《党建研究》第7期。此文最终被修定为"十八大三中全会建言"报送中央有关同志。

5月6日　《经济日报内参》第46期发表《经济学家刘国光认为：深化经济改革不能搞过度市场化》。

6月13日　参加当代中国研

究所召开的"陈云的108周年纪念会",即兴作了"关于学习陈云经济思想的感言"。

6月26日至7月3日　《中国经济时报》记者访谈经济问题,该报8月7日和8月14日两期全版发表此访谈稿《刘国光:中国市场化问题的最早倡导者》;后又以《社会主义市场经济体制的来龙去脉》为题在《中国改革》杂志2013年第9期发表。

8月　2012年,应中国社会科学院学部委员会要求,编写《社会主义市场经济理论问题》一书,列入"学部委员专题文集"系列,于2013年8月出版。

11月　23日,在北京西郊玉泉山,学生庆贺刘国光九十岁华诞。26日,中国经济规律研究会等三个单位,在社科院学术报告厅,为庆贺刘国光九十岁生日举办"庆贺刘国光九十华诞暨完善社会主义市场经济体制研讨会"。会上刘国光作了"九十感恩"的发言。

12月8日　在北京钓鱼台国宾馆,出席"孙冶方经济科学基金会成立30周年纪念会暨第15届孙冶方经济科学奖颁奖大会"并在会上作了发言,旨在促进孙冶方经济科学奖会成为马克思主义经济学与西方经济学交流的平台,但要继承孙冶方的精神,坚持马克思主义经济学的主旋律地位。

12月22日　在北京大学科学报告厅,出席"中国经济社会发展智库第7届高层论坛",会上刘国光作了"谈谈政府和市场在资源配置中的作用"的发言。

2014—2015年　91-92岁

应中国社会科学院世界社会主义研究中心邀约,将2011年以来所写有关经济改革反思的文章汇编为《中国经济体制改革的方向问题》一书,纳入李慎明主编的"居安思危"丛书,由社会科学文献出版社2015年出版。

2016年　93岁

4月12日　就如何正视和克服马克思主义政治经济学边缘化及如何认识中国特色社会主义政治学与马克思主义政治学的关系问题,复《马克思主义理论研究和建设办公室》调研访谈函。

刘国光简历

1923年11月23日　生于江苏省南京市。

1946年　毕业于云南昆明国立西南联合大学经济系。

1946—1948年　天津南开大学经济系任助教。

1948年9月至1951年　南京中央研究院社会研究所任助理研究员。

1951—1955年　苏联莫斯科经济学院国民经济计划教研室研究生。

1955年起　在中国科学院（后为中国社会科学院）经济研究所工作，历任助理研究员、研究员、研究室主任、《经济研究》杂志主编、所长等职务。

1975—1980年　借调到国家计划委员会经济研究所工作。

1981—1982年　兼任国家统计局副局长。

1982—1993年　任中国社会科学院副院长。

1982—1992年　任中国共产党中央委员会第十二届、第十三届中央委员会候补委员。

1993年11月起　任中国社会科学院特邀顾问。

1993—1998年　任全国人民代表大会第八届常务委员会委员。

1988年5月27日　被波兰科学院选为外国院士。

2001年9月20日　被俄罗斯科学院选为荣誉博士。

2005年3月　获首届中国经济学杰出贡献奖。

2006年7月　被中国社会科学院推选为中国社会科学院学部委员。

2011年5月28日　获首届世界马克思经济学奖（美国麻省大学阿姆赫斯特分校，世界政治经济学学会颁发的）。

兼任北京大学、南京大学、

浙江大学、东北财经大学、上海财经大学等大学教授。

曾任国务院学位委员会委员，国务院三峡工程审查委员会委员，全国社会保障基金会理事会理事，中国石油化工股份有限公司独立董事，孙冶方经济科学基金会理事长、名誉理事长、理事及其评奖委员会主任、名誉主任委员，中国城市发展研究会理事长、名誉理事长，中国生态经济学会会长等职。

多年来，参加和领导过中国经济发展、宏观经济管理、经济体制改革等方面重大课题的研究、论证和咨询，是当前中国最著名和最有影响的经济学家之一。

刘国光简历

刘国光编著目录

主要著作

1.《社会主义再生产问题》（1980年10月　生活·读书·新知三联书店）

2.《马克思的社会再生产理论》（1981年4月　中国社会科学出版社）

3.《南斯拉夫的计划与市场》（1981年4月　吉林人民出版社）

4.《论经济改革与经济调整》（1983年12月　江苏人民出版社）

5.《苏联东欧几国的经济理论和经济体制》（1984年11月　中国展望出版社）

6.《刘国光选集》（1986年12月　山西人民出版社）

7.《中国经济大变动与马克思主义经济理论的发展》（1988年8月　江苏人民出版社）

8.《改革、稳定、发展》（1991年7月　经济管理出版社）

9.《刘国光经济文选》（1991—1992）（1993年10月　经济管理出版社）

10.《中国经济改革和发展的新阶段》（1996年1月　经济管理出版社）

11.《中国经济走向——宏观经济运行与微观经济改革》（1998年11月　江苏人民出版社）

12.《中国经济运行与发展》（2001年9月　广东经济出版社）

13.《刘国光自选集》（2003年9月　学习出版社）

14.《中国宏观经济问题》（2004年5月　经济管理出版社）

15.《刘国光集》（2005年7月　中国社会科学出版社）

16.《刘国光专集》（2005年10月　山西经济出版社）

17.《刘国光文集》（全十卷）（2006年12月　中国社会科学出版社）

18.《刘国光改革论集》（2008年9月 中国发展出版社）

19.《经济学新论》（2009年12月 社会科学文献出版社）

20.《刘国光经济文选》（2010年1月 中国时代经济出版社）

21.《社会主义市场经济理论问题》（2013年8月 中国社会科学出版社）

22.《中国经济体制改革的方向问题》（2015年1月 社会科学文献出版社）

主编与合著

1.《国民经济管理体制改革的若干理论问题》（1980年5月 中国社会科学出版社）

2.《匈牙利经济体制考察报告》（1981年8月 中国社会科学出版社）

3.《国民经济综合平衡的若干理论问题》（1981年10月 中国社会科学出版社）

4.《中国的经济体制改革》(1977—1980年)（1982年2月 人民出版社）

5.《苏联经济管理体制考察资料》（1983年8月 中国社会科学出版社）

6.《中国经济发展战略问题》（1984年1月 上海人民出版社）

7.《学习〈邓小平文选〉发展和繁荣社会科学》（1984年10月 中国社会科学出版社）

8.《深圳特区发展战略研究》（1985年12月 香港经济导报社）

9.《中国社会主义经济的改革、开放和发展》（1987年1月 经济管理出版社）

10.《海南经济发展战略》（1988年6月 经济管理出版社）

11.《中国经济体制改革的模式研究》（1988年7月 中国社会科学出版社）

12.《体制变革中的经济稳定增长》（1990年5月 中国计划出版社）

13.《经济大辞典》（计划卷）（1990年8月 上海辞书出版社）

14.《80年代中国经济改革与发展》（1991年7月 经济管理出版社）

15.《不宽松的现实和宽松的实现——双重体制下的宏观经济管理》（1991年8月 上海人民出版社）

16.《为什么三峡工程应尽快上马》（1992年1月　数量经济技术经济研究杂志社）

17.《深圳经济特区90年代经济发展战略》（1993年4月　经济管理出版社）

18.《工资改革新思路》（1993年10月　经济科学出版社）

19."向市场经济体制转轨"丛书（1993年12月　中国财政经济出版社）

20.《中国经济的两个根本性转变》（1996年12月　上海远东出版社）

21.《中国经济大转变——经济增长方式转变的综合研究（上、下册）》（2001年1月　广东人民出版社）

22.《中国十个五年计划研究报告》（2006年3月　人民出版社）

23.（1）《1949—1952年中华人民共和国经济档案资料选编》（12卷）（1989—1993年　中国社会科学出版社、社会科学文献出版社、中国物资出版社等）

（2）《1953—1957年中华人民共和国经济档案资料选编》（9卷）（1998年1月　中国物价出版社）

（3）《1958—1965年中华人民共和国经济档案资料选编》（10卷）（2011年5月　中国财政经济出版社）

24.《中国城市年鉴》（1989—2000年）（中国城市经济社会出版社、中国城市年鉴社）

25.《中国经济形势分析与预测》（1991—2006年）（经济蓝皮书）（数量经济技术经济研究杂志社、中国社会科学出版社、社会科学文献出版社等）

《刘国光经济论著全集》总目录

第1卷

（社会主义计划经济时期的研究1955—1964年）

刘国光

经济论著全集

第 17 卷

第2卷

（计划经济向商品经济和市场经济转型过渡时期的
探索1978—1980年）

第3卷

（计划经济向商品经济和市场经济转型过渡时期的
探索1980—1981年）

第4卷

（计划经济向商品经济和市场经济转型过渡时期的

探索1981—1983年）

《刘国光经济论著全集》总目录

第5卷

（计划经济向商品经济和市场经济转型过渡时期的探索
1983—1985年）

刘国光

经济论著全集

第 17 卷

《刘国光经济论著全集》 总目录

第6卷

（计划经济向商品经济和市场经济转型过渡时期的探索
1985—1987年）

第7卷

（计划经济向商品经济和市场经济转型过渡时期的探索1987—1989年）

《刘国光经济论著全集》 总目录

刘国光

经济论著全集

第

17

卷

《刘国光经济论著全集》总目录

刘国光

经济论著全集

第

17

卷

《刘国光经济论著全集》总目录

第9卷

（计划经济向商品经济和市场经济转型过渡时期的探索
1990—1992年）

刘国光

经济论著全集

第

17

卷

第10卷

（进入社会主义市场经济初期的思考1992—1993年）

第11卷

（进入社会主义市场经济初期的思考1993—1994年）

刘国光

经济论著全集

第

17

卷

《刘国光经济论著全集》总目录

第12卷

（进入社会主义市场经济初期的思考1994—1996年）

刘国光

经济论著全集

第

17

卷

刘国光

经济论著全集

第
17
卷

第14卷

（进入社会主义市场经济初期的思考1997—2000年）

刘国光

经济论著全集

第17卷

《刘国光经济论著全集》 总目录

《刘国光经济论著全集》总目录

第15卷

（进入社会主义市场经济初期的思考2000—2003年）

刘国光

经济论著全集

第

17

卷

第16卷

（社会主义市场经济的完善与发展时期的反思

2003—2009年）

《刘国光经济论著全集》 总目录

刘国光

经济论著全集

第

17

卷

第17卷

（社会主义市场经济的完善与发展时期的反思 2009—2016年）

刘国光

经济论著全集

第

17

卷

《刘国光经济论著全集》 总目录